司法协助类条约集

A COLLECTION OF TREATIES ON JUDICIAL ASSISTANCE

（2016—2023年）

中华人民共和国外交部
条约法律司　编

世界知识出版社

目 录

中华人民共和国与摩洛哥王国引渡条约

中华人民共和国和摩洛哥王国（以下称双方），

在相互尊重主权和平等互利的基础上，为促进两国在打击犯罪方面的更有效合作，决定缔结引渡条约，并达成协议如下：

第一条　引渡义务

双方同意根据本条约的规定，应对方请求，相互引渡在一方境内的被另一方通缉的人员，以便对其就可引渡的罪行进行追诉或者执行刑罚。

第二条　引渡的条件

一、以追诉为目的的引渡所针对的犯罪根据双方法律应当均可判处一年以上剥夺自由的刑罚或者更重的刑罚。

二、以执行刑罚为目的的引渡所针对的本条第一款所指犯罪的剩余刑期应当至少为六个月。

三、根据本条第一款确定某一行为是否根据双方法律均构成犯罪时，不应考虑双方法律是否将该行为归入同一犯罪种类或者使用同一罪名。

四、如果引渡请求涉及两个以上根据双方法律均构成犯罪的行为，只要其中有一项行为符合本条第一款、第二款规定的条件，被请求方即可以针对上述各项行为准予引渡。

第三条　应当拒绝引渡的理由

有下列情形之一的，应当拒绝引渡：

（一）如果在犯罪行为发生时，被请求引渡人是被请求方的国民。在此情况下，被请求方应当根据其法律以及请求方的请求，将该案件提交主管机关，以便提起刑事诉讼。为此目的，请求方应当向被请求方提供与该案件有关的文件和证据。被请求方应当通知请求方处理的结果。

（二）如果被请求方认为，引渡请求所针对的犯罪根据其法律是政治犯罪。为本条约的目的，政治犯罪不包括：

1. 根据双方都是缔约方的多边条约，缔约方应当承担或引渡或起诉义务所针对的犯罪；

2. 危及国家元首及其直系亲属、政府首脑或者成员生命的袭击行为，或者其他企图或者策划实施此种犯罪的行为；

3. 与恐怖主义有关的犯罪。

（三）如果被请求方有充分理由认为，请求引渡的目的是基于被请求引渡人的性别、种族、宗教、国籍、政治见解或者该人在司法程序中的地位将会因为上述任何原因受到损害。

（四）如果请求所针对的犯罪纯属军事犯罪。

（五）如果被请求方已经对被请求引渡人就引渡请求所针对的犯罪作出生效判决或者终止刑事诉讼程序。

（六）根据任何一方的法律，由于时效已过或者赦免等原因，被请求引渡人已经被免予追诉或者免予执行刑罚。

（七）如果被请求引渡人被缺席判决有罪，但请求方书面保证被请求引渡人有机会在其出庭的情况下对案件进行重新审理的除外。

第四条　可以拒绝引渡的理由

有下列情形之一的，可以拒绝引渡：

（一）如果引渡请求针对的犯罪根据被请求方的法律全部或者部分发生在被请求方境内或者管辖范围内；

（二）如果被请求方对被请求引渡人就引渡请求针对的犯罪正在进行刑事诉讼；

（三）被请求方在考虑了犯罪的严重性和请求方利益的情况下，认为由于被请求引渡人的年龄、健康等原因，引渡不符合人道主义考虑。

第五条　引渡请求及所需文件

一、引渡请求应当以书面形式通过外交途径提出。

二、引渡请求应有请求方机关的名称，并包括以下内容：

（一）由请求方主管机关出具的逮捕令，或者其他任何具有同等效力的文件；以及在被请求引渡人已被判刑的情况下，生效判决的原件或者经证明无误的副本；

（二）引渡请求针对的犯罪事实和行为的说明，包括犯罪时间、地点、性质、经过、结果以及定罪、刑罚和有关时效的法律规定；

（三）对被请求引渡人尽可能准确的描述，并附有其他任何可以用来确认其身份、下落和国籍的信息；

（四）如果引渡请求针对某个需要继续服刑的人，关于需要执行的剩余刑期的说明。

三、引渡请求所需文件应当由请求方主管机关签字或者盖章。

四、如果被请求方认为，为支持引渡请求所提供的材料不充分，可以要求自通过外交途径通知请求方之日起三十天内提交补充材料。如果请求方提出合理要求，这一期限可以延长十五天。如果请求方未在该期限内提交补充材料，应当被视为自动放弃请求，但是不妨碍请求方就同一犯罪对同一人重新提出引渡请求。

第六条　临时羁押

一、在紧急情况下，请求方主管机关可以请求临时羁押被请求引渡人。被请求方的主管机关应当根据其法律就此作出决定。

二、临时羁押请求应当说明已出具第五条第二款第（一）项所提到的文件之一，并且有意提出引渡请求。还应当说明引渡请求所针对的犯罪，实施该犯罪的时间、地点、经过及适用的法律规定，并且应当尽可能提供有关被请求引渡人的描述以及在可能的情况下其所在地。

三、临时羁押请求应当通过外交途径、国际刑警组织或者双方同意的其他途径以书面形式提出。请求方应当被及时地通知有关请求的结果。

四、如果被请求方在自羁押之日起四十五天内未收到引渡请求以及第五条中提到的文件，则应当解除临时羁押。如果随后收到引渡请求，释放不得妨碍重新逮捕和引渡。

第七条　特定规则

一、除准予引渡所针对的犯罪外，请求方对被引渡的人，不得因其在引渡前所实施的其他犯罪而追诉或者执行刑罚，但是有下列情形的除外：

（一）被请求方事先同意。为此目的，被请求方可以要求提供本条约第五条所规定的文件或者资料，以及被引渡人就有关犯罪所作的陈述。

（二）该人在可以自由离开请求方之日后的三十天内未离开该方。但是由于其无法控制的原因未能离开请求方的时间不计算在此期限内。

（三）该人在已经离开请求方后，又自愿回到该方。

二、如果对被引渡人的犯罪的法律定性发生改变，则根据新的犯罪定性，该人仅在根据本条约可以引渡的情况下被追诉或者执行刑罚。

第八条　向第三国再次引渡

未经被请求方同意，请求方不得将被引渡人移交给第三国，但有本条约第七条规定的被引渡人未离开请求方或者返回请求方的情形时除外。

第九条　数国提出的引渡请求

如果两个以上国家对同一犯罪或者不同犯罪提出引渡请

求，被请求方应当在考虑所有相关情况后自行作出决定，特别是是否存在条约关系、被请求引渡人的国籍、收到请求的不同时间、不同犯罪的严重性、犯罪发生地点和再引渡到第三国的可能性。

第十条　对引渡请求作出决定

一、被请求方应当根据本国法律规定的程序处理引渡请求，并且及时通过外交途径将决定通知请求方。

二、被请求方如果全部或者部分拒绝引渡请求，应当将理由通知请求方。

第十一条　移交被引渡人

一、如果被请求方同意引渡，双方应当商定执行引渡的时间、地点等有关事宜。同时，被请求方应当将被引渡人在移交之前为引渡而被羁押的时间通知请求方。

二、如果请求方在商定的执行引渡之日后的十五天内未接收被引渡人，被请求方应当立即释放该人，并且可以拒绝请求方就同一犯罪再次提出的引渡该人的请求。

三、如果一方因为其无法控制的原因不能在商定的期间内移交或者接收被引渡人，应当立即通知另一方。双方应当再次商定执行引渡的有关事宜。

第十二条　暂缓引渡或者临时引渡

一、被请求方可以在同意引渡后暂缓引渡被请求引渡人，直至该人相关诉讼程序终结，或者如果该人被判有罪，应当直至该人服完引渡请求针对的犯罪之外的犯罪所判处的刑罚。在这种情况下，被请求方应当通知请求方其决定。

二、本条第一款的规定不影响在必要情况下将被请求引渡人临时移交给请求方，但请求方应当在完成诉讼程序后将该人送还被请求方。

第十三条　扣押及移交物品

一、如果请求方提出请求，被请求方应当在本国法律允许的范围内，扣押在其境内发现的犯罪所得、犯罪工具以及可作为证据的财物，并且在准予引渡的情况下，将这些财物移交给请求方。

二、在准予引渡的情况下，即使因为被请求引渡人死亡或者脱逃而无法实施引渡，本条第一款提到的财物仍然可以移交。

三、被请求方为审理其他未决刑事诉讼案件，可以推迟移交上述财物直至诉讼终结，或者在请求方承诺返还的条件下临时移交这些财物。

四、移交上述财物不得损害被请求方或者任何第三方对该财物的合法权利。如果存在此种权利，请求方应当根据被请求方的要求在诉讼结束之后尽快将被移交的财物无偿返还给被请求方。

第十四条　通报结果

请求方应当根据被请求方的要求，及时向被请求方通报有关对被引渡人进行刑事诉讼、执行刑罚或者将该人引渡给第三国的情况。

第十五条　过　境

一、一方从第三国引渡人员需要经过另一方领土时，应当通过外交途径请求另一方允许该人过境。

二、被请求方在收到包含相关信息的过境请求后，应当根据其国内法规定的程序处理该请求。被请求方应当尽快批准过境请求，除非其根本利益会因此受到损害。

第十六条　费　用

被请求方应当承担在其境内的引渡程序所产生的费用。

请求方应当承担与移交被请求引渡人有关的交通费用和过境费用。

第十七条　语　言

引渡请求及其所需文件应当附有被请求方文字的译文或者英文译文。

第十八条　争议的解决

由于本条约解释或者适用所产生的任何争议，双方应当通过外交途径协商解决。

第十九条　最后条款

一、本条约须经批准。

二、缔约双方应当在各自完成国内法律程序后通过外交途径通知对方。本条约自后一份通知书收到之日起第三十天生效。

三、本条约应当适用于其生效之后提出的请求，即使相关犯罪发生于本条约生效前。

四、本条约不影响双方根据双方均为缔约方的其他条约开展引渡合作。

五、本条约可以随时经双方书面协议予以修订。此类修订应当按照本条第一款规定的相同程序生效，并构成本条约的一部分。

六、缔约任何一方可以随时通过外交途径书面通知另一方终止本条约。上述终止自通知之日起满六个月后生效。本条约的终止不影响条约终止前已经开始的引渡程序。

下列签署人经各自政府适当授权，签署本条约，以昭信守。

本条约于二〇一六年五月十一日订于北京，一式两份，每份均用中文和阿拉伯文写成，两种文本同等作准。

中华人民共和国代表　　　　**摩洛哥王国代表**

اتفاقية تسليم المجرمين
بين المملكة المغربية وجمهورية الصين الشعبية

إن المملكة المغربية وجمهورية الصين الشعبية،

المشار إليهما فيما يلي بـ "الطرفين المتعاقدين"،

رغبة منهما في إقامة تعاون أكثر فعالية بينهما في مجال مكافحة الجريمة على أساس الاحترام المتبادل للسيادة الوطنية والمساواة والمنفعة المتبادلة.

اتفقتا على ما يلي:

المادة الأولى
التزامات التسليم

يتفق الطرفان المتعاقدان أن يسلما بعضهما البعض، بناء على طلب، وطبقا لمقتضيات هذه الاتفاقية، أي شخص مطلوب من الطرف الطالب قصد متابعته أو تنفيذه لحكم من أجل فعل موجب للتسليم.

المادة الثانية
أسس التسليم

1– يتم تسليم الشخص المطلوب قصد متابعته من أجل جميع الأفعال المعاقب عليها بعقوبة سالبة للحرية لمدة لا تقل عن سنة أو بعقوبة أشد بمقتضى قانون الطرفين المتعاقدين؛

2– يتم تسليم الشخص المطلوب قصد تنفيذ عقوبة صادرة عن محاكم الطرف الطالب من أجل الأفعال المنصوص عليها في الفقرة الأولى من هذه المادة على أن تكون المدة المتبقية من العقوبة لا تقل عن ستة أشهر؛

3– إذا تعلق الأمر بتحديد ما إذا كان الفعل يشكل جريمة حسب قوانين الطرفين طبقا للفقرة الأولى من هذه المادة، لا يهم إن كانت قوانين الطرفين تصنف الأفعال ضمن نفس الفئة من الجرائم أو أنها تصف هذه الجريمة بنفس المصطلح.

4– إذا كان طلب التسليم يشمل فعلين أو أكثر يعد كل واحد منهما جريمة وفقا لقانون الطرفين المتعاقدين، فيمكن للطرف المطلوب الموافقة على طلب التسليم من أجل الأفعال المذكورة أعلاه، طالما يتوافق فعل واحد منها مع شرط المدة المنصوص عليها في الفقرتين الأولى والثانية من هذه المادة.

المادة الثالثة
أسباب الرفض الإلزامي للتسليم

يرفض التسليم:

أ- إذا كان الشخص المطلوب تسليمه من رعايا الطرف المطلوب. تحدد صفة الرعايا باعتبار الفترة التي ارتكبت فيها الجريمة التي يطلب من أجلها التسليم. وفي هذه الحالة، وبناء على طلب الطرف طالب التسليم؛ يمكن للطرف المطلوب، وفقا لقانونه، عرض القضية على سلطاته المختصة قصد القيام بالمتابعات الجنائية. ولهذا الغرض يقدم الطرف الطالب للطرف المطلوب طلبا معززا بالبيانات والأدلة التي يتوفر عليها. يشعر الطرف المطلوب الطرف الطالب بمآل طلبه؛

ب- إذا كانت الجريمة المطلوب من أجلها التسليم تعتبر جريمة سياسية بمقتضى قانون الطرف المطلوب إليه التسليم. غير أنه وتطبيقاً لهذه الاتفاقية، لا يعد من قبيل الجرائم السياسية:

- الجرائم التي تدخل ضمن مجال أية اتفاقية دولية متعددة الأطراف انضم إليها الطرفان المتعاقدان والتي تلزمهما بتسليم ومتابعة الشخص المطلوب؛

- الاعتداء على حياة رئيس دولة أحد الطرفين أو أحد أفراد عائلته أو رئيس أو أحد أعضاء الحكومة أو أية جريمة تتضمن المحاولة أو التآمر من أجل ارتكاب تلك الجريمة؛
- أية جريمة تتعلق بالإرهاب.

ج- إذا كانت للطرف المطلوب أسباب جدية للاعتقاد بأن طلب التسليم قد تم تقديمه لمتابعة أو معاقبة شخص لاعتبارات تتعلق بالجنس أو بالعرق أو بالدين أو مرتبطة بالجنسية أو بآرائه السياسية، أو إذا كانت وضعيته أثناء محاكمته يمكن أن تتضرر نتيجة إحدى هذه الأسباب؛

د- إذا كانت الجريمة موضوع طلب التسليم تعتبر جريمة عسكرية بحتة؛

هـ- إذا كان الشخص المطلوب تسليمه قد صدر في حقه حكم نهائي بالطرف المطلوب من أجل نفس الجريمة التي أسس عليها طلب التسليم، أو إذا قررت السلطات المختصة للطرف المطلوب عدم تحريك متابعة وفقاً لما هو منصوص عليه في قانون هذا الأخير؛

و-إذا سقطت المتابعة أو العقوبة على الشخص المطلوب تسليمه للتقادم أو العفو وفقا لتشريع أي من الطرفين المتعاقدين؛

ز- إذا كان الشخص المطلوب تسليمه قد أدين غيابيا، إلا إذا قدم الطرف الطالب للطرف المطلوب تعهدا كتابيا لضمان إعادة محاكمة الشخص المطلوب حضوريا.

المادة الرابعة
أسباب الرفض الاختياري للتسليم

يمكن رفض التسليم في الحالات التالية:

أ- إذا كانت الجريمة موضوع طلب التسليم وفق تشريع الطرف المطلوب قد ارتكبت أو ارتكب جزء منها داخل إقليم هذا الأخير أو دائرة اختصاصه؛

ب- إذا كان الشخص المطلوب موضوع متابعات لدى الطرف المطلوب من أجل الجريمة أو الجرائم التي قدم لسببها طلب التسليم؛

ج- إذا اعتبر الطرف المطلوب أن تسليم الشخص المطلوب من شأنه أن يتعارض مع الاعتبارات الإنسانية بسبب سنه أو حالته الصحية أو أية ظروف شخصية، وذلك بعد الأخذ بعين الاعتبار خطورة الجريمة المرتكبة ومصلحة الطرف الطالب.

المادة الخامسة
طلب التسليم والوثائق المرفقة به

1- يحرر طلب التسليم كتابة ويوجه عبر القناة الدبلوماسية.

2- يتضمن طلب التسليم اسم الجهة المختصة في إصداره ويكون مرفقا بما يلي:

أ- أمر بإلقاء القبض صادر عن سلطة مختصة بالطرف الطالب، أو أية وثيقة أخرى لديها نفس الحجية، وإذا كان الطلب يتعلق بشخص محكوم عليه، أصل أو نسخة مطابقة للأصل للحكم النهائي؛

ب- عرض للوقائع والأفعال الجرمية المطلوب من أجلها التسليم يوضح تاريخ ومكان وظروف ارتكابها ونتائجها الإجرامية وتكييفها القانوني والنصوص القانونية المتعلقة بالجريمة والعقوبة وبإثبات الجريمة وبالتقادم؛

ج- وصف دقيق قدر الإمكان للشخص المطلوب مع أية معلومات أخرى من شأنها أن تساعد على تحديد هويته، ومكان تواجده وجنسيته.

د- تحديد المدة المتبقية من العقوبة عندما يكون الشخص مطلوباً لتنفيذ العقوبة.

3- الوثائق المر فقة بطلب التسليم تكون موقعة أو مختومة من السلطة المختصة في الطرف الطالب.

4- إذا تبين للطرف المطلوب أن المعلومات المقدمة لدعم طلب التسليم غير كافية، فله أن يطلب معلومات إضافية داخل أجل ثلاثون (30) يوما تحتسب ابتداء من تاريخ إشعار الطرف الطالب بالطريق الدبلوماسي. يمكن تمديد هذا الأجل من الطرف الطالب بخمسة عشرة (15) يوما إذا كانت هناك أسباب معقولة. إذا لم يقدم الطرف الطالب المعلومات الإضافية المطلوبة خلال الأجل المحدد فسيعتبر كما لو أنه تنازل عن طلب التسليم، دون أن يمنع ذلك الطرف الطالب من تقديم طلب جديد للتسليم حول نفس الشخص وحول نفس الجريمة.

المادة السادسة
الاعتقال المؤقت

1- يمكن للسلطة المختصة بالطرف الطالب، في حالة الاستعجال، تقديم طلب الاعتقال المؤقت للشخص المطلوب في التسليم. تبت السلطة المختصة بالطرف المطلوب في هذا الطلب وفقا لقانون الطرف المطلوب.

2- يبين في طلب الاعتقال المؤقت وجود أحد الوثائق المنصوص عليها في الفقرة 2- أ من المادة 5. كما يبين أن الهدف من وراء تقديمه هو توجيه طلب للتسليم، ويتضمن طلب الاعتقال المؤقت أيضا ملخص الوقائع والجريمة المطلوب من أجلها التسليم مع تحديد تاريخ ومكان ارتكابها ووصفا دقيقا للشخص المطلوب تسليمه، ومكان تواجده عند الاقتضاء والنصوص القانونية المطبقة.

3- يتم توجيه طلب الاعتقال المؤقت إما بواسطة القناة الدبلوماسية أو بواسطة منظمة الشرطة الجنائية الدولية (الأنتربول) أو بواسطة أية وسيلة أخرى يتفق عليها الطرفان المتعاقدان تترك أثرا كتابيا. ويشعر الطرف الطالب فورا بمآل طلبه.

4- يتعين إنهاء الاعتقال المؤقت إذا مرت عليه خمسة وأربعون (45) يوما دون توصل الطرف المطلوب بطلب التسليم والوثائق المشار إليها في المادة 5، ولا يحول منح السراح دون اعتقال الشخص المطلوب في التسليم مرة ثانية شريطة أن يتم التوصل لاحقا بطلب التسليم.

المادة السابعة
قواعد الاختصاص

1- لا يمكن للطرف الطالب أن يتابع أو ينفذ عقوبة على الشخص المطلوب في التسليم من أجل فعل سابق للتسليم غير الفعل الذي وقع التسليم من أجله إلا في الحالات التالية:

1- إذا وافق الطرف المطلوب التسليم مسبقا. وفي حالة هذه الموافقة، يمكن للطرف المطلوب طلب تقديم الوثائق أو المعلومات المذكورة في المادة 5 من هذه الاتفاقية وكذا تصريح الشخص المسلم بخصوص الجريمة المعنية.

2- إذا لم يغادر الشخص المسلم إقليم الطرف الطالب في أجل ثلاثين (30) يوما وكانت له الحرية في ذلك، غير أن هذه المدة لا تشمل المدة التي لم يغادر خلالها هذا الشخص إقليم الطرف الطالب لأسباب خارجة عن إرادته.

3- إذا عاد بمحض إرادته إلى إقليم الطرف الطالب بعد مغادرته له.

2- إذا وقع تغيير في الوصف القانوني للفعل الذي سلم الشخص من أجله، فإنه لا يتابع ولا تنفذ العقوبة عليه إلا إذا كان الفعل الذي وقع تغيير في وصفه يمنح من أجله التسليم وفقا لمقتضيات هذه الاتفاقية.

المادة الثامنة
إعادة التسليم للدولة الأخرى

لا يمكن للطرف الطالب الذي تسلم الشخص المطلوب تسليم هذا الأخير إلى دولة أخرى، دون موافقة الطرف الذي سلمه لها، إلا إذا لم يغادر الشخص إقليم الطرف الطالب أو عاد إليه حسب الشروط المقررة في المادة 7 من هذه الاتفاقية.

المادة التاسعة
تقديم عدة طلبات للتسليم

إذا توصل الطرف المطلوب بعدة طلبات للتسليم من دول مختلفة تتعلق إما بنفس الأفعال أو بأفعال مختلفة، فإنه يبت بكامل الحرية في هاته الطلبات مع الأخذ بعين الاعتبار كل الظروف ولا سيما وجود اتفاقية ذات الصلة، جنسية الشخص المطلوب تسليمه، وتاريخ التوصل بهذه الطلبات، خطورة الأفعال ومكان ارتكابها. وإمكانية التسليم اللاحق بين الدول الطالبة.

المادة العاشرة
القرار المتعلق بطلب التسليم

1- ينظر الطرف المطلوب في الطلب وفقا للإجراءات المنصوص عليها في قانونه الداخلي ويعلم الطرف الطالب بقراره في أقرب الآجال عبر القناة الدبلوماسية.

2- إذا رفض الطرف المطلوب طلب التسليم كليا أو جزئيا، تبلغ أسباب الرفض إلى الطرف الطالب.

المادة الحادية عشر
تسليم الشخص الواجب تسليمه

1- إذا وافق الطرف المطلوب على طلب التسليم، يتشاور الطرفان ويتفقان على التاريخ والمكان والمسائل الأخرى المتعلقة بتنفيذ التسليم، في ذلك الحين، يعلم الطرف المطلوب الطرف الطالب بالمدة التي كان الشخص الواجب تسليمه خلالها رهن الاعتقال من أجل التسليم قبل تسليمه.

2- إذا لم يستلم الطرف الطالب الشخص المطلوب تسليمه خلال الخمسة عشر (15) يوما بعد التاريخ المتفق عليه لتنفيذ التسليم، يفرج الطرف المطلوب عن هذا الشخص ويمكنه رفض طلب جديد لتسليم هذا الشخص من أجل نفس الجريمة.

3- إذا لم يسلم أو يستلم أحد الأطراف الشخص الواجب تسليمه خلال المدة المتفق عليها لأسباب خارجة عن إرادته، يخطر الطرف الآخر في أقرب الآجال. ويتفق الطرفان من جديد حول المسائل الخاصة بتنفيذ التسليم.

المادة الثانية عشر
التسليم المؤجل أو المؤقت

1- يمكن للطرف المطلوب، بعد الموافقة على طلب التسليم، أن يؤجل تسليم الشخص المطلوب إلى حين إنهاء الإجراءات المتعلقة بمتابعته أو إذا كان هذا الشخص قد صدر في حقه حكم بالإدانة، إلى حين تنفيذه للعقوبة المحكوم بها عليه من أجل فعل غير الفعل موضوع طلب التسليم. وفي هذه الحالة يشعر الطرف المطلوب الطرف الطالب بقراره.

2- لا تحول أحكام الفقرة الأولى من هذه المادة، دون التسليم المؤقت للشخص المطلوب تسليمه إلى الطرف الطالب كلما كان ذلك لازما، شريطة أن تتم إعادته إلى الطرف المطلوب، بعد الانتهاء من إجراءات المتابعة لدى الطرف الطالب.

المادة الثالثة عشر
حجز وتسليم الأشياء

1- بناء على طلب الطرف الطالب، يتعين على الطرف المطلوب إذا ما سمح قانونه الداخلي بذلك حجز عائدات وأدوات الجريمة وكذا الأشياء الأخرى التي وجدت على إقليمه من شأنها أن تستعمل كأدلة إثبات. إذا تم قبول التسليم، يتوجب عليه تسليم هذه الأشياء إلى الطرف الطالب.

2- عندما يقبل التسليم، يمكن تسليم الأشياء المذكورة في الفقرة الأولى من هذه المادة، حتى وإن لم يتم تسليم الشخص المطلوب بسبب وفاته أو فراره.

3- يجوز للطرف المطلوب، من أجل القيام بإجراءات زجرية أخرى عالقة، تأجيل تسليم الأشياء المذكورة أعلاه، إلى غاية الانتهاء من هذه المتابعات أو تسليم هذه الأشياء مؤقتا شريطة أن يلتزم الطرف الطالب بإعادتها.

4- لا يمس تسليم هذه الأشياء أي حق شرعي منها للطرف المطلوب أو أي طرف آخر. إذا وجدت هذه الحقوق، على الطرف الطالب، بناء على طلب الطرف المطلوب أن يعيد الأشياء المسلمة متى أمكن ذلك وبدون مصاريف إلى الطرف المطلوب في أقرب الآجال بعد الانتهاء من المتابعات.

المادة الرابعة عشر
إشعار بالنتائج

يشعر الطرف الطالب، في أقرب الآجال، بناء على طلب الطرف المطلوب، مآل المتابعات أو تنفيذ العقوبة ضد الشخص المسلم وكذا مآل طلب إعادة تسليمه لدولة ثالثة.

المادة الخامسة عشر
العبور

1- في حالة تسليم شخص إلى أحد الطرفين من دولة ثالثة عبر أراضي الطرف الآخر، يطلب الطرف الذي يتعين تسليم الشخص له من الطرف الآخر عبر القناة الدبلوماسية، أن يأذن لذلك الشخص بعبور أراضيه.

2- عندما يتسلم الطرف المطلوب مثل هذا الطلب، الذي ينبغي أن يتضمن المعلومات اللازمة، تبت فيه وفقا للإجراءات التي ينص عليها قانونها. ويوافق الطرف المطلوب بصفة عاجلة إلا إذا كان ذلك يمس بمصالحه الأساسية.

المادة السادسة عشر
المصاريف

يتحمل الطرف المطلوب المصاريف الناتجة عن مسطرة التسليم.
يتحمل الطرف الطالب المصاريف الناتجة عن النقل والعبور للشخص المطلوب تسليمه.

المادة السابعة عشر
اللغات

يرفق طلب التسليم والوثائق المرفقة به بترجمة إلى لغة الطرف المطلوب أو بترجمة إلى اللغة الإنجليزية.

المادة الثامنة عشر
حل الخلافات

يتم حل أي خلاف ناتج عن تأويل أو تطبيق هذه الاتفاقية بالتشاور بين الطرفين المتعاقدين عبر القناة الدبلوماسية.

المادة التاسعة عشر
مقتضيات ختامية

1- تخضع هذه الاتفاقية للمصادقة.

2- تدخل هذه الاتفاقية حيز التنفيذ بعد مضي ثلاثين (30) يوما من تاريخ التوصل، عبر القناة الدبلوماسية، بآخر الإشعارين المتعلقين باستكمال الطرفين المتعاقدين للإجراءات القانونية المتطلبة لكلا البلدين طبقا لقانونهما الداخلي.

3- تطبق مقتضيات هذه الاتفاقية على الطلبات التي يتم التوصل بها بعد دخولها حيز التنفيذ حتى ولو كانت الجريمة المعنية قد ارتكبت قبل ذلك التاريخ.

4- لا تؤثر هذه الاتفاقية على التعاون الذي يجريه الطرفان المتعاقدان في مجال تسليم المجرمين وفقا لاتفاقيات أخرى يكونان طرفا فيها.

5- يمكن تعديل هذه الاتفاقية في أي وقت باتفاق كتابي بين الطرفين المتعاقدين، وتدخل هذه التعديلات حيز التنفيذ وفقا لنفس الإجراءات الواردة في هذه المادة وتكون جزءً لا يتجزأ من هذه الاتفاقية.

6- يمكن للطرفين المتعاقدين إنهاء العمل بهذه الاتفاقية في أي وقت بتوجيه إشعار كتابي بالإنهاء للطرف الآخر بواسطة القناة الدبلوماسية، ويسري مفعول الإنهاء ستة أشهر بعد تاريخ الإشعار المذكور. لا يؤثر إنهاء هذه الاتفاقية على مسطرة التسليم التي بدأت قبل هذا الإنهاء.

ولهذا الغرض، قام الموقعان المخول لهما من قبل حكومتيهما بالتوقيع على هذه الاتفاقية.

حرر في بتاريخ في نظيرين أصليين باللغتين العربية والصينية، ولكلا النصين نفس الحجية القانونية.

中华人民共和国和比利时王国
引渡条约

中华人民共和国和比利时王国（以下称双方），

在相互尊重主权和平等互利的基础上，为促进双方在打击犯罪方面的有效合作，决定缔结本条约，并达成协议如下：

第一条　引渡义务

任何一方有义务根据本条约的规定，应请求方请求，向另一方引渡在其境内发现的被另一方通缉的人员，以便对其进行刑事诉讼或者执行刑罚。

第二条　可引渡的犯罪

一、只有在引渡请求所针对的行为，在提出请求时，根据双方法律均构成犯罪，并且符合下列条件之一时，才能准予引渡：

（一）为进行刑事诉讼而请求引渡的，根据双方法律，对于该犯罪均可判处一年以上有期徒刑或者更重的刑罚；

（二）为执行刑罚而请求引渡的，在提出引渡请求时，被请求引渡人尚未服完的刑期至少为六个月。

二、根据本条第一款确定某一行为是否根据双方法律均构成犯罪时，不应考虑双方法律是否将该行为归入同一犯罪种类或者使用同一罪名。

三、如果引渡请求涉及两个以上根据双方法律均构成犯罪的行为，只要其中有一项行为符合本条第一款规定的条件，被请求方即可以针对上述各项行为准予引渡。

四、不得以被请求方法律未规定与请求方法律同类的税收或者关税，或者未就税收、关税、海关或者外汇管制制定同类的法规为理由而拒绝引渡。

第三条　应当拒绝引渡的理由

有下列情形之一的，应当拒绝引渡：

（一）被请求方认为，引渡请求所针对的犯罪是政治犯罪或者与政治犯罪有关的犯罪。政治犯罪或者与政治犯罪有关的犯罪不应包括双方均为缔约国的国际公约不认为是政治犯罪的犯罪。谋杀或企图谋杀国家元首或者其家庭成员不应被视为政治犯罪或者与政治犯罪有关的犯罪。双方均为缔约国的国际公约所定义的恐怖主义犯罪不应被视为政治犯罪或者与政治犯罪有关的犯罪。

（二）引渡请求所针对的犯罪仅构成军事犯罪。

（三）被请求方有充分理由认为，请求引渡的目的是基于被请求引渡人的种族、性别、宗教、国籍或者政治见解而对该人进行起诉或者处罚，或者该人在司法程序中的地位将会因为上述任何原因受到损害。

（四）根据请求方的法律，由于时效已过，已经不可能对被请求引渡人进行起诉或执行刑罚。

（五）被请求方已经对被请求引渡人就引渡请求所针对的犯罪事实作出生效判决。

（六）被请求引渡人在请求方曾经遭受或者可能遭受酷刑，或者其他残忍、不人道或者有辱人格的待遇或者处罚。

（七）请求方根据缺席判决提出引渡请求，但请求方保证被请求引渡人有机会在其出庭的情况下对案件进行重新审理的除外。

（八）被请求引渡人在犯罪时未达到刑事责任年龄。

（九）被请求引渡人可能因引渡请求针对的犯罪被判处死刑，除非请求方保证不判处死刑，或者在判处死刑的情况下不执行死刑。

第四条　可以拒绝引渡的理由

有下列情形之一的，可以拒绝引渡：

（一）被请求方根据本国法律对引渡请求所针对的犯罪具有刑事管辖权，并且对被请求引渡人就该犯罪正在进行刑事诉讼或者准备提起刑事诉讼；

（二）被请求方在考虑了犯罪的严重性和请求方利益的情况下，认为由于被请求引渡人的年龄、健康状况，引渡不符合人道主义考虑。

第五条　国民不引渡

一、双方均有权拒绝引渡本国国民。国籍按照引渡请求提出时的国籍予以确定。

二、如果根据本条第一款未准予引渡，被请求方应当根据请求方的请求，将该案件提交主管机关以便根据国内法对该人提起刑事诉讼。为此目的，请求方应当向被请求方提供与该案件有关的文件和证据。

第六条　联系途径

一、引渡请求及辅助文件应当通过外交途径转递。

二、所有其他与请求有关的联系应当由下列部门直接进行：

（一）在中华人民共和国方面为外交部；

（二）在比利时王国方面为联邦公共服务司法部。

第七条　引渡请求及所需文件

一、引渡请求应当以书面形式提出并包括以下内容：

（一）请求机关的名称；

（二）被请求引渡人的姓名、年龄、性别、国籍、职业、住所地或者居所地以及其他有助于确定被请求引渡人的身份和可能所在地的资料；如有可能，有关其外表特征的描述，该人的照片、指纹和身份证件号码；

（三）有关犯罪事实以及罪名的说明，包括犯罪的时间、地点、行为和结果；

（四）有关该项犯罪的刑事管辖权、定罪和刑罚的法律规定；

（五）有关允许减刑或假释的法律规定，如根据请求方法律，被请求引渡人就引渡请求所针对的犯罪可能被判处无期徒刑；

（六）有关追诉时效或者执行刑罚的时效的法律规定。

二、除本条第一款规定外，

（一）旨在对被请求引渡人进行刑事诉讼的引渡请求还应当附有经证实的逮捕证副本；

（二）旨在对被请求引渡人执行刑罚的引渡请求还应当附有经证实的已生效的判决书副本，该判决应当表明或通过单独的文件表明该判决已经生效，以及已经执行刑期的说明。

三、请求方根据本条第一款和第二款提交的引渡请求书和其他有关文件，应当由请求方的主管机关正式签署或者盖章，并应当附有被请求方官方文字或官方文字之一的译本，但双方另有约定的除外。

第八条　补充材料

如果被请求方认为，为支持引渡请求所提供的材料不充分，可以要求在三十天内提交补充材料。如果请求方提出合理要求，这一期限可以延长十五天。如果请求方未在该期限内提交补充材料，应当被视为自愿放弃请求，但是不妨碍请求方就同一犯罪对同一人重新提出引渡请求。

第九条　临时羁押

一、在紧急情况下，一方可以在提出引渡请求前，请求另一方临时羁押被请求引渡人。此种请求可以通过本条约第六条规定的途径、国际刑警组织或者双方同意的其他途径以电子形式提出。

二、临时羁押请求应当包括本条约第七条第一款第（一）、

（二）、（三）项所列内容，并说明已经备有第七条第二款所列文件，以及即将提出正式引渡请求。

三、被请求方应当将处理该请求的结果毫不延迟地通知请求方。

四、如果被请求方在羁押被请求引渡人之后的四十五天内未收到正式引渡请求，则应当解除临时羁押。

五、如果被请求方随后收到了正式引渡请求，则根据本条第四款解除临时羁押不应妨碍对被请求引渡人的重新羁押和后续引渡。

第十条　对引渡请求作出决定

一、被请求方应当根据本国法律规定的程序处理引渡请求，并且及时将决定通知请求方。

二、被请求方如果全部或者部分拒绝引渡请求，或者暂停引渡程序，应当将拒绝或者暂停的理由告知请求方。

第十一条　移交被引渡人

一、如果被请求方准予引渡，双方应当商定执行移交的时间、地点及其他有关事宜。

二、如果请求方在商定的执行引渡之日后的十五天内未接收被引渡人，被请求方应当立即释放该人，并且可以拒绝请求方就同一犯罪再次提出的引渡该人的请求，但本条第三款另有规定的除外。

三、如果一方因为其无法控制的原因不能在商定的期间内移交或者接收被引渡人，该方应当在本条第二款规定的时限届满前通知另一方。双方应当再次商定执行引渡的有关事宜，并适用本条第二款的规定。

第十二条　对羁押的影响

被引渡人因引渡目的在被请求方境内被羁押的时间应折抵在请求方被判处的刑期。为此目的，被请求方应当将被引渡人在移交之前已被羁押的时间告知请求方。

第十三条　脱逃情况下提出新的引渡请求

被引渡人在请求方的刑事诉讼终结或者服刑完毕之前逃回被请求方的，请求方可以就同一犯罪再次提出引渡请求。在此情况下，请求方无需提交本条约第七条规定的文件和材料。

第十四条　暂缓引渡和临时引渡

一、如果被请求引渡人正在被请求方因为引渡请求所针对的犯罪之外的犯罪被提起刑事诉讼或者服刑，被请求方可以在作出准予引渡的决定后，暂缓引渡该人直至诉讼终结或者服刑完毕。被请求方应当将暂缓一事通知请求方。

二、如果暂缓引渡可能导致刑事诉讼时效的过期或对请求方的刑事诉讼造成严重妨碍，被请求方可以根据请求，在不妨碍其正在进行的刑事诉讼，并且请求方保证在完成有关程序后立即将该被请求引渡人无条件送还被请求方的情况下，向请求方临时引渡该人。

第十五条　竞合的请求

当包括一方在内的两个以上国家对同一人就同一犯罪或者不同犯罪提出引渡请求时，被请求方在决定向哪一国引渡该人时，应当考虑所有相关情况，特别是如下情况：

（一）请求是否根据条约提出；

（二）不同犯罪的相对严重性；

（三）犯罪发生的时间和地点；

（四）被请求引渡人的国籍和通常居住地；

（五）各项请求提出的不同日期；

（六）再向第三国引渡的可能性。

第十六条　特定规则

一、除准予引渡所针对的犯罪外，请求方对于根据本条约被引渡的人，不得就该人在引渡前所实施的其他犯罪进行包括判处刑罚在内的刑事诉讼或者执行刑罚，但是有下列情形之一的除外：

（一）被请求方同意。为此目的，被请求方可以要求提供本条约第七条所规定的文件或者资料，以及被引渡人就有关犯罪所作的陈述。只有在寻求同意的请求所针对的犯罪符合本条约规定的引渡条件的情况下，被请求方方能同意。

（二）该人在可以自由离开请求方之日后的三十天内未离开该方。但是由于其无法控制的原因未能离开请求方的时间不计算在此期限内。

（三）该人在已经离开请求方后又自愿回到该方。

（四）该人已自愿同意且已充分了解到相关后果。

二、请求方可以根据其法律采取任何措施以避免时效届满导致的法律后果。

三、如果诉讼程序中指控的罪名发生变化，只有在符合下列条件时方可对被引渡人就新罪名进行追诉和判刑：

（一）该新罪名实质上是基于引渡请求及其辅助文件中所包含的相同事实；

（二）根据该新罪名的构成要件，该项犯罪亦属于可以引渡的犯罪。

第十七条　引渡给第三国

除第十六条第一款第（二）、（三）项规定的情形外，未经被请求方同意，请求方不得将被引渡人就该人在移交（给请求方）前所犯罪行引渡给第三国。被请求方可以要求提供第七条第一、二款提及的文件。

第十八条　移交财物

一、如果请求方提出请求，被请求方应当在本国法律允许的范围内，扣押在其境内发现的犯罪所得、犯罪工具以及可作为证据的其他财物，并且在准予引渡的情况下，将这些财物移交给请求方。

二、在准予引渡的情况下，即使因为被请求引渡人死亡、失踪或者脱逃而无法实施引渡，本条第一款提到的财物仍然可以移交。

三、被请求方为审理其他未决刑事诉讼案件，可以推迟移交上述财物直至诉讼终结，或者在请求方承诺返还的条件下临时移交这些财物。

四、移交上述财物不得损害被请求方或者任何第三方对该财物的合法权益。如果存在此种权益，请求方应当在诉讼终结之后尽快将被移交的财物无偿返还给被请求方或者该第三方。

第十九条　过　境

一、一方从第三国引渡人员需经过另一方领土时，应当向另一方提出过境请求。该请求应当包括该人的姓名、年龄、性别、国籍、职业、住所地或居所地、案情概要、罪名和已经或者依法可能判处的刑罚。如果使用航空运输并且没有在另一方境内降落的计划，则无需提出过境请求。

二、被请求方在不违反其国内法律且符合本条约规定的引渡条件的情况下，应当同意请求方提出的过境请求。

第二十条　通报结果

请求方应当根据被请求方的要求，及时向被请求方通报有关对被引渡人进行刑事诉讼、执行刑罚或者将该人引渡给第三国的情况。

第二十一条　费　用

在被请求方引渡程序中产生的费用应当由被请求方承担。与移交被引渡人有关的交通费用和过境费用应当由请求方承担。

第二十二条 与其他条约的关系

一、本条约不影响双方根据双方均为缔约方的其他条约开展引渡合作。

二、本条约不影响双方根据其参加的任何多边公约所享有的权利和承担的义务，其中包括一九五一年七月二十八日订立的《关于难民地位的公约》和一九六一年四月十八日订立的《维也纳外交关系公约》。

第二十三条 争议的解决

由于本条约的解释或者适用所产生的任何争议，应当通过外交途径协商解决。

第二十四条 生效、修订和终止

一、任何一方根据本国法律完成本条约生效所需的一切必要程序后，应当通过外交照会通知另一方。本条约自后一份照会发出之日起第三十天生效。

二、本条约可以随时经双方书面协议予以修订。此类修订应当按照本条第一款规定的相同程序生效，并构成本条约的一部分。

三、任何一方可以随时通过外交途径以书面形式通知终止本条约。本条约自该通知发出之日后第一百八十天终止。本条约的终止不影响条约终止前已经开始的引渡程序。

四、本条约适用于其生效后提出的任何请求，即使有关犯罪发生于本条约生效前。

下列签署人经各自政府适当授权，签署本条约，以昭信守。

本条约于二〇一六年十月三十一日订于北京，一式两份，每份均用中文、法文、荷兰文和英文写成，四种文本同等作准。如遇解释上的分歧，以英文本为准。

中华人民共和国代表　　　　**比利时王国代表**

TRAITÉ

ENTRE
LA RÉPUBLIQUE POPULAIRE DE CHINE
ET LE ROYAUME DE BELGIQUE

SUR L'EXTRADITION

La République Populaire de Chine et Le Royaume de Belgique

(ci-après dénommés « les Parties »),

Désireux de promouvoir, sur la base du respect mutuel de la souveraineté, de l'égalité et des avantages réciproques, une coopération efficace entre les deux Parties dans la lutte contre la criminalité,
Ont décidé de conclure le présent Traité et sont convenus de ce qui suit :

Article 1er
Obligation d'extrader

Chacune des Parties s'engage à livrer à l'autre Partie, conformément aux dispositions du présent Traité et à la demande de la Partie requérante, toute personne qui, se trouvant sur son territoire, est recherchée par l'autre Partie aux fins de poursuites pénales ou d'exécution de la peine infligée à cette personne.

Article 2
Infractions donnant lieu à extradition

1. L'extradition ne sera accordée que si le fait à raison duquel elle est demandée constitue une infraction au moment où la demande est présentée en vertu des législations des deux Parties et remplit l'une des conditions suivantes :

(a) si la demande d'extradition est présentée aux fins de poursuites pénales, l'infraction est punie, selon les lois des deux Parties, d'une peine privative de liberté d'au moins un an ou d'une peine plus sévère ; ou

(b) si la demande d'extradition est présentée aux fins d'exécution d'une peine privative de liberté, la durée de la peine restant à exécuter par la personne réclamée est de six mois au moins au moment de la demande d'extradition.

2. Pour déterminer si un fait constitue une infraction en vertu de la législation des deux Parties conformément au paragraphe 1er du présent article, il n'est pas tenu compte de ce que les législations des deux Parties classent ou non ce fait dans la même catégorie d'infractions et le décrivent ou non en des termes identiques.

3. Si la demande d'extradition vise deux ou plusieurs faits constituant chacun une infraction en vertu des législations des deux Parties et dont l'un au moins remplit les conditions prévues au paragraphe 1er du présent article, la Partie requise peut accorder l'extradition pour l'ensemble de ces infractions.

4. L'extradition ne pourra être refusée au motif que la législation de la Partie requise n'impose pas le même type de taxes ou d'impôts ou ne contient pas le même type de réglementation en matière de taxes, d'impôts, de douane et de change que la législation de la Partie requérante.

Article 3
Motifs obligatoires de refus d'extradition

L'extradition sera refusée si :

(a) la Partie requise considère que l'infraction pour laquelle l'extradition est demandée constitue une infraction politique ou une infraction liée à une infraction politique. Une infraction politique ou une infraction liée à une infraction politique ne comprend pas les infractions non considérées comme infraction politique en vertu d'une quelconque convention internationale à laquelle les deux Parties sont parties. L'assassinat ou la tentative d'assassinat d'un chef d'État ou d'un membre de sa famille ne sera pas considéré(e) comme une infraction politique ou une infraction liée à une infraction politique. Une infraction terroriste telle que définie aux termes de tout Traité international à laquelle les deux Parties sont Parties ne sera pas considérée comme une infraction politique ou une infraction liée à une infraction politique ;

(b) l'infraction pour laquelle l'extradition est demandée constitue uniquement une infraction militaire ;

(c) la Partie requise a des raisons sérieuses de croire que la demande d'extradition a été présentée aux fins de poursuivre ou de punir la personne réclamée pour des considérations de race, de sexe, de religion, de nationalité ou d'opinions politiques ou que la situation de cette personne dans le cadre d'une procédure judiciaire risque de subir un préjudice pour l'une quelconque de ces raisons ;

(d) la poursuite ou l'exécution de la peine de la personne réclamée est devenue impossible par suite de prescription conformément à la législation de la Partie requérante ;

(e) la Partie requise a déjà rendu un jugement définitif à l'encontre de la personne à extrader pour les faits visés par la demande d'extradition ;

(f) la personne réclamée a été ou pourrait être soumise à des actes de torture ou à d'autres peines ou traitements cruels, inhumains ou dégradants sur le territoire de la Partie requérante ;

(g) la demande d'extradition est présentée par la Partie requérante en vertu d'un jugement rendu par défaut à moins que la Partie requérante ne garantisse à la personne réclamée la faculté d'un nouveau jugement en sa présence ;

(h) la personne réclamée n'a pas atteint l'âge de la majorité pénale au moment de l'infraction ;

(i) la personne réclamée risque d'être condamnée à la peine capitale pour l'infraction visée par la demande d'extradition, à moins que la Partie requérante ne donne des assurances que la peine capitale ne sera pas prononcée ou, si elle est prononcée, qu'elle ne sera pas exécutée.

Article 4
Motifs facultatifs de refus

L'extradition peut être refusée si :

(a) conformément à sa législation nationale, la Partie requise est compétente en matière pénale à l'égard de l'infraction pour laquelle l'extradition est demandée et mène ou envisage d'engager une procédure pénale à l'encontre de la personne réclamée pour cette infraction ;

(b) la Partie requise, tout en tenant compte de la gravité de l'infraction ainsi que des intérêts de la Partie requérante, estime que l'extradition serait incompatible avec des considérations d'ordre humanitaire eu égard à l'âge ou à l'état de santé de cette personne.

Article 5
Refus d'extradition des nationaux

1. Chacune des Parties a la faculté de refuser l'extradition de ses nationaux. La nationalité est appréciée au moment de la demande d'extradition.

2. Si l'extradition n'est pas accordée en vertu du paragraphe 1er du présent article, la Partie requise saisira, à la demande de la Partie requérante, ses autorités compétentes de l'affaire en vue d'engager des poursuites pénales à l'encontre de la personne conformément à sa législation nationale. À cette fin, la Partie requérante procurera à la Partie requise les documents et les éléments de preuve relatifs à l'affaire.

Article 6
Voies de communication

La demande d'extradition et les pièces requises à l'appui de celle-ci seront transmises par la voie diplomatique.

Toutes les autres communications relatives à la demande seront transmises directement entre :

- pour la République Populaire de Chine, le Ministère des Affaires étrangères ;
- pour le Royaume de Belgique, le Service public fédéral Justice ;

Article 7
Demande d'extradition et documents requis

1. La demande d'extradition revêt la forme écrite et contient ce qui suit :

(a) le nom de l'autorité requérante ;

(b) les nom, âge, sexe, nationalité, profession, domicile ou résidence de la personne réclamée et tous renseignements de nature à permettre d'établir l'identité de cette personne et l'endroit où elle se trouve ; le cas échéant, le signalement, des photographies et les empreintes digitales de cette personne et le numéro des documents d'identification ;

(c) un exposé des faits constitutifs de l'infraction, y compris la date, le lieu, le fait et les conséquences de l'infraction ainsi que la qualification de l'infraction ;

(d) les dispositions de lois relatives à la compétence pénale, à l'incrimination et à la peine encourue pour cette infraction ;

(e) les dispositions légales pertinentes autorisant la commutation ou la libération conditionnelle si, conformément à la législation de la Partie requérante, la personne réclamée est susceptible d'être condamnée à la réclusion à perpétuité pour l'infraction à raison de laquelle l'extradition est demandée ; et

(f) les dispositions légales relatives à la prescription de l'action pénale ou de l'exécution de la peine.

2. Outre les dispositions du paragraphe 1er du présent article,

(a) la demande d'extradition présentée aux fins de poursuites pénales à l'encontre de la personne réclamée sera également accompagnée d'une copie certifiée conforme du mandat d'arrêt ;

(b) la demande d'extradition présentée aux fins d'exécution d'une peine infligée à la personne réclamée sera également accompagnée d'une copie certifiée conforme du jugement définitif indiquant, dans le jugement même ou dans un document séparé, que le jugement a acquis force de chose jugée, et d'une déclaration précisant la fraction de la peine déjà purgée.

3. La demande d'extradition et les autres pièces pertinentes soumises par la Partie requérante conformément aux paragraphes 1er et 2 du présent article doivent être revêtues d'office de la signature ou du sceau de l'autorité compétente de la Partie requérante et accompagnées de traductions dans la langue officielle ou l'une des langues officielles de la Partie requise, sauf convention contraire des deux Parties.

Article 8
Informations complémentaires

Si la Partie requise considère que les informations communiquées à l'appui d'une demande d'extradition sont insuffisantes, elle peut demander des informations complémentaires dans le délai de trente jours. Ce délai peut être prolongé de quinze jours à la demande en bonne et due forme de la Partie requérante. Si la Partie requérante n'a pas fourni le complément d'information dans ce délai, elle est présumée avoir renoncé volontairement à sa demande. La Partie requérante conserve néanmoins la possibilité de présenter une nouvelle demande d'extradition de la même personne pour la même infraction.

Article 9
Arrestation provisoire

1. En cas d'extrême urgence, une Partie peut demander à l'autre l'arrestation provisoire de la personne réclamée avant de présenter une demande d'extradition. Cette demande peut être soumise sous forme électronique soit par les voies prévues à l'article 6 du présent Traité, soit par l'Organisation internationale de Police Criminelle (INTERPOL), soit par d'autres voies convenues par les deux Parties.

2. La demande d'arrestation provisoire contient les éléments prévus au paragraphe 1er, alinéas (a), (b) et (c) de l'article 7 du présent Traité, une déclaration attestant l'existence des pièces visées au paragraphe 2 de l'article 7 et une déclaration selon laquelle une demande officielle d'extradition de la personne réclamée suivra.

3. La Partie requise informera sans délai la Parte requérante de la suite réservée à sa demande.

4. L'arrestation provisoire prend fin si, dans le délai de quarante-cinq jours à compter de l'arrestation de la personne réclamée, la Partie requise n'a pas été saisie de la demande officielle d'extradition.

5. La fin de l'arrestation provisoire en vertu du paragraphe 4 du présent article ne s'oppose pas à une nouvelle arrestation et à l'extradition subséquente de la personne réclamée si la Partie requise a reçu ultérieurement la demande formelle d'extradition.

Article 10
Décision sur la demande d'extradition

1. La Partie requise traitera la demande d'extradition conformément aux procédures prévues par sa législation nationale et notifiera sa décision sans délai à la Partie requérante.

2. Si Partie requise refuse tout ou partie de la demande d'extradition ou en cas de suspension de la procédure, les motifs du refus ou de la suspension seront notifiés à la Partie requérante.

Article 11
Remise de la personne à extrader

1. Si l'extradition a été accordée par la Partie requise, les Parties conviennent de la date, du lieu et des autres modalités de la remise.

2. Sauf disposition contraire au paragraphe 3 du présent article, si la Partie requérante n'a pas pris en charge la personne à extrader dans les quinze jours après la date convenue pour l'exécution de l'extradition, la Partie requise doit immédiatement remettre cette personne en liberté et peut refuser une nouvelle demande d'extradition, présentée par la Partie requérante, de ladite personne pour la même infraction.

3. En cas de force majeure empêchant la remise ou la prise en charge de la personne à extrader, la Partie intéressée en informera l'autre Partie avant l'expiration du délai visé au paragraphe 2. Les Parties conviendront une nouvelle fois des modalités pour l'exécution de l'extradition et les dispositions du paragraphe 2 du présent article seront applicables.

Article 12
Impact sur la détention

La période passée en détention par la personne extradée sur le territoire de la Partie requise aux fins d'extradition sera déduite de la période d'emprisonnement sur le territoire de la Partie requérante. À cette fin, la Partie requise notifiera à la Partie requérante la durée de la détention de la personne à extrader avant sa remise.

Article 13
Nouvelle demande d'extradition en cas d'évasion

Si la personne extradée s'évade et retourne sur le territoire de la Partie requise avant la fin de la procédure pénale ou avant d'avoir purgé sa peine sur le territoire de la Partie requérante, la Partie requérante peut présenter une nouvelle demande d'extradition du chef de la même infraction. Dans ce cas, la Partie requérante ne doit pas soumettre les documents et pièces visés à l'article 7 du présent Traité.

Article 14
Remise ajournée et temporaire

1. Si la partie réclamée fait l'objet de poursuites ou purge une peine sur le territoire de la Partie requise pour une infraction autre que celle pour laquelle l'extradition est demandée, la Partie requise peut, après avoir décidé d'accorder l'extradition, ajourner la remise jusqu'à la conclusion de la procédure ou jusqu'au terme de la peine. La Partie requise informera la Partie requérante de l'ajournement.

2. Si l'ajournement de la remise risque d'entraîner la prescription de l'action pénale ou d'entraver sérieusement la procédure pénale sur le territoire de la Partie requérante, la Partie requise peut, sur demande et dans la mesure où sa procédure pénale en cours ne s'en trouve pas entravée, remettre temporairement la personne réclamée à la Partie requérante pour autant que cette dernière s'engage à lui renvoyer ladite personne de façon inconditionnelle et immédiatement à la fin de la procédure en question.

Article 15
Concours de demandes

Si deux ou plusieurs États, dont l'une des Parties, demandent l'extradition de la même personne, que ce soit pour la même infraction ou pour des infractions différentes, la Partie requise décidera de l'État vers lequel la personne doit être extradée compte tenu de toutes les circonstances pertinentes, en particulier :

(a) l'existence d'un Traité à l'appui de la demande ;

(b) la gravité relative des infractions respectives ;

(c) les date et lieu de la commission des infractions ;

(d) la nationalité et la résidence habituelle de la personne réclamée ;

(e) les dates respectives des demandes ;

(f) la possibilité d'une extradition subséquente vers un État tiers.

Article 16
Règle de la spécialité

1. La personne extradée en vertu du présent Traité ne sera ni poursuivie dans le cadre d'une procédure pénale, ni jugée, ni soumise à l'exécution d'une peine sur le territoire de la Partie requérante pour une infraction, commise par cette personne antérieurement à son extradition, autre que celle pour laquelle l'extradition est accordée, sauf si :

(a) la Partie requise y consent. Aux fins d'un tel consentement, la Partie requise peut demander que lui soient soumis les documents et informations visés à l'article 7 du présent Traité ainsi qu'une déclaration faite par la personne extradée au sujet de l'infraction en question. Le consentement de la Partie requise ne sera donné que si l'infraction pour laquelle ce consentement est requis n'empêche pas l'extradition en vertu du présent Traité ;

(b) ayant eu la liberté de quitter le territoire de Partie requérante, cette personne ne l'a pas fait dans les trente jours. Ce délai n'inclut toutefois pas la période pendant laquelle cette personne ne quitte pas le territoire de la Partie requérante pour des raisons indépendantes de sa volonté ;

(c) après avoir quitté le territoire de la Partie requérante, cette personne y est volontairement retournée ; ou

(d) cette personne a exprimé son consentement volontairement et en étant parfaitement consciente des conséquences.

2. La Partie requérante peut néanmoins prendre toutes mesures en vue d'une interruption de la prescription conformément à sa législation.

3. Lorsque la qualification de l'infraction incriminée est modifiée au cours de la procédure, la personne extradée ne sera poursuivie ou jugée que pour autant que l'infraction nouvellement qualifiée :

(a) soit fondée substantiellement sur les mêmes faits que ceux exposés dans la demande d'extradition et les documents requis à l'appui de celle-ci, et

(b) s'avère être une infraction permettant l'extradition eu égard à ses éléments constitutifs.

Article 17
Réextradition vers un État tiers

Sauf dans le cas prévu au paragraphe 1er, alinéas (b) et (c), de l'article 16, la Partie requérante ne peut, sans le consentement de la Partie requise, extrader vers un État tiers une personne qui lui aura été remise et qui est recherchée par ledit État tiers pour des infractions commises antérieurement à sa remise. La Partie requise pourra exiger la production des pièces prévues aux paragraphes 1er et 2 de l'article 7.

Article 18
Remise de biens

1. À la demande de la Partie requérante, la Partie requise saisira, dans la mesure permise par sa législation, les produits et instruments de l'infraction et tous autres biens pouvant servir de pièces à conviction trouvés sur son territoire et, si l'extradition est accordée, les remettra à la Partie requérante.

2. Lorsque l'extradition est accordée, les biens visés au paragraphe 1er du présent article peuvent néanmoins être remis si l'extradition ne peut avoir lieu par suite de la mort, de la disparition ou de l'évasion de la personne réclamée.

3. La Partie requise peut, aux fins de toute autre procédure pénale en cours, ajourner la remise des biens précités jusqu'à la conclusion de cette procédure ou les remettre provisoirement à condition que la Partie requérante s'engage à les restituer.

4. La remise de ces biens ne portera pas atteinte aux droits ou intérêts légitimes que la Partie requise ou toute tierce partie pourrait faire valoir sur ces biens. Si de tels droits ou intérêts existent, la Partie requérante restituera les biens remis sans frais à la Partie requise ou à la tierce partie dans les plus brefs délais après la fin de la procédure.

Article 19
Transit

1. Lorsqu'une Partie doit extrader une personne d'un État tiers en passant par le territoire de l'autre Partie, elle doit demander à l'autre Partie l'autorisation de ce transit. Cette demande comporte le nom, l'âge, le sexe, la nationalité, la profession, le domicile ou la résidence de la personne, un exposé des faits, la qualification de l'infraction ainsi que la peine infligée ou susceptible d'être infligée par la loi. Cette demande ne sera pas requise en cas de transport par la voie aérienne sans atterrissage prévu sur le territoire de l'autre Partie.

2. La Partie requise accédera à la demande de transit présentée par la Partie requérante dans la mesure où elle n'est pas contraire à sa législation nationale et remplit les conditions d'extradition en vertu du présent Traité.

Article 20
Notification du résultat

La Partie requérante communiquera rapidement à la Partie requise, à la demande de celle-ci, les informations sur la procédure engagée contre la personne extradée, l'exécution de la peine ou la réextradition de cette personne vers un État tiers.

Article 21
Frais

Les frais occasionnés par les procédures d'extradition sur le territoire de la Partie requise seront à la charge de cette Partie. Les frais de transport et de transit dans le cadre de la remise seront à la charge de la Partie requérante.

Article 22
Relations avec d'autres traités

Le présent Traité n'empêchera pas la coopération mutuelle entre les Parties en matière d'extradition conformément à d'autres Traités auxquels les deux Parties sont parties.

Le présent Traité ne portera pas atteinte aux droits et obligations des Parties au titre de toute convention multilatérale, dont Le Traité du 28 juillet 1951 relatif au statut des réfugiés et le Traité du 24 avril 1961 sur les relations diplomatiques.

Article 23
Règlement des différends

Tout différend résultant de l'interprétation ou de l'application du présent Traité sera réglé au moyen de consultations par la voie diplomatique.

Article 24
Entrée en vigueur, modification et dénonciation

1. Chacune des deux Parties notifiera à l'autre Partie par note diplomatique l'accomplissement des procédures requises par son droit interne pour l'entrée en vigueur du présent Traité. Le présent Traité entrera en vigueur le trentième jour suivant la date d'envoi de la dernière note diplomatique.

2. Le présent Traité peut être modifié à tout moment par accord écrit entre les Parties. Toute modification prendra effet conformément à la procédure prescrite par le paragraphe 1er du présent article et fera partie intégrante du présent Traité.

3. Chacune des Parties peut dénoncer le présent Traité à tout moment par notification écrite adressée par la voie diplomatique. La dénonciation prendra effet le cent quatre-vingtième jour suivant la date de remise de la notification. La dénonciation du présent Traité n'affectera pas les procédures d'extradition entamées antérieurement à la dénonciation.

4. Le présent Traité s'applique à toute demande présentée après son entrée en vigueur même si les infractions concernées ont eu lieu antérieurement à son entrée en vigueur.

EN FOI DE QUOI, les soussignés, dûment autorisés à cet effet par leurs Gouvernements respectifs, ont signé le présent Traité.

FAIT en double exemplaire à BeiJing, le 31 Octobre , en chinois, en français, en néerlandais et en anglais, tous les textes faisant également foi. En cas de divergence d'interprétation, le texte anglais prévaudra.

Pour la République Populaire de Chine **Pour le Royaume de Belgique**

UITLEVERINGSVERDRAG

TUSSEN
DE VOLKSREPUBLIEK CHINA
EN
HET KONINKRIJK BELGIË

De Volksrepubliek China en Het Koninkrijk België

(hierna 'de Partijen' genoemd),

Wensen de effectieve samenwerking tussen beide Partijen in het bestrijden van criminaliteit te bevorderen op basis van wederzijds respect voor de soevereiniteit, de gelijkheid en het wederzijds voordeel

Hebben besloten dit Verdrag te sluiten en als volgt overeen te komen:

Artikel 1
Uitleveringsplicht

Elke Partij verbindt zich ertoe overeenkomstig de bepalingen van dit Verdrag en op verzoek van de verzoekende Partij personen uit te leveren die op haar grondgebied gevonden werden en door de andere Partij gezocht zijn met de bedoeling strafrechtelijke procedures in te stellen tegen of het vonnis opgelegd aan die persoon uit te voeren.

Artikel 2
Strafbare feiten

1. Een uitlevering zal niet worden toegestaan tenzij het gedrag waarvoor uitlevering gevraagd wordt overeenkomstig de wetgeving van beide Partijen een misdrijf vormt op het moment dat het verzoek gedaan wordt en voldoet aan de onderstaande voorwaarden:

(a) wanneer het uitleveringsverzoek gedaan wordt met de bedoeling een strafrechtelijke procedure in te stellen en het misdrijf volgens de wetgeving van beide Partijen bestraft wordt met een gevangenisstraf gedurende een periode van minstens een jaar of met een zwaardere straf; of

(b) wanneer het uitleveringsverzoek gedaan wordt met de bedoeling een gevangenisstraf op te leggen en de gevangenisstraf die nog uitgezeten moet worden door de gezochte persoon minstens zes maanden bedraagt op het moment dat het uitleveringsverzoek gedaan wordt.

2. Bij het vaststellen of het gedrag overeenkomstig alinea 1 van dit artikel een misdrijf vormt volgens de wetgeving van beide Partijen zal het van geen belang zijn of de wetgeving van beide Partijen het gedrag onder dezelfde misdrijfcategorie plaatst of het misdrijf met dezelfde terminologie benoemt.

3. Indien het uitleveringsverzoek betrekking heeft op twee of meer gedragingen die elk een misdrijf vormen volgens de wetgeving van beide Partijen en minstens een ervan voldoet aan de voorwaarden beschreven in alinea 1 van dit artikel, kan de aangezochte Partij de uitlevering voor al die misdrijven toestaan.

4. Een uitlevering kan niet worden geweigerd op grond van het feit dat de aangezochte Partij niet dezelfde belasting of heffing oplegt of niet dezelfde soort regeling inzake belastingen, heffingen, douane en deviezen kent als de verzoekende Partij.

Artikel 3
Verplichte weigeringsgronden

De uitlevering zal worden geweigerd als:

(a) de aangezochte Partij van mening is dat het misdrijf waarvoor de uitlevering gevraagd wordt een politiek misdrijf of een met een politiek misdrijf misdrijfverband houdend misdrijf is. Een politiek misdrijf of een met een politiek misdrijf verband houdend misdrijf zal geen misdrijf omvatten dat als een politiek misdrijf beschouwd wordt volgens eender welk internationaal Verdrag waarin beide Partijen Partij zijn. De moord of poging tot moord op een staatshoofd of een lid van zijn of haar familie zal niet worden beschouwd als een politiek misdrijf of een met een politiek misdrijf verband houdend misdrijf. Een terroristisch misdrijf zoals gedefinieerd in eender welk internationaal Verdrag waarin beide Partijen Partij zijn, zal niet worden beschouwd als een politiek misdrijf of een met een politiek misdrijf verband houdend misdrijf;

(b) het misdrijf waarvoor de uitlevering gevraagd wordt enkel een militair misdrijf vormt;

(c) de aangezochte Partij voldoende redenen heeft om aan te nemen dat het uitleveringsverzoek gedaan werd om de gezochte persoon te vervolgen of te straffen op grond van zijn of haar ras, geslacht, geloof, nationaliteit of politieke overtuiging of dat de positie van die persoon in gerechtelijke procedures om een van die redenen benadeeld kan zijn;

(d) de vervolging of de tenuitvoerlegging van de straf van de gezochte persoon onmogelijk geworden is door verjaring volgens de wetgeving van de verzoekende Partij;

(e) de aangezochte Partij voor de feiten waarvoor om de uitlevering verzocht wordt al een definitief vonnis uitgesproken heeft tegen de uit te leveren persoon;

(f) de gezochte persoon door de verzoekende Partij aan folteringen en andere wrede, onmenselijke of vernederende behandelingen of bestraffingen onderworpen werd of zou kunnen worden;

(g) het uitleveringsverzoek door de verzoekende Partij gedaan wordt ingevolge een verstekvonnis, tenzij de verzoekende Partij kan garanderen dat de gezochte persoon de gelegenheid kreeg om de zaak opnieuw te laten behandelen in zijn of haar aanwezigheid;

(h) de gezochte persoon niet de leeftijd van strafrechtelijke meerderjarigheid heeft op het moment van het misdrijf;

(i) de gezochte persoon voor het misdrijf waarvoor om de uitlevering wordt gevraagd, veroordeeld kan worden tot de doodstraf, tenzij de verzoekende Partij verzekert dat de doodstraf niet zal worden opgelegd of, indien ze wordt opgelegd, niet ten uitvoer zal worden gebracht.

Artikel 4
facultatieve weigeringsgronden

Een uitlevering kan worden geweigerd als:

(a) de aangezochte Partij overeenkomstig haar nationale wetgeving strafrechtelijke rechtsmacht heeft over het misdrijf waarvoor om de uitlevering wordt verzocht en voor het misdrijf een strafrechtelijke procedure voert of van plan is in te stellen tegen de gezochte persoon;

(b) de aangezochte Partij, rekening houdend met de ernst van het misdrijf en de belangen van de verzoekende Partij, van mening is dat de uitlevering onverenigbaar zou zijn met humanitaire overwegingen wegens de leeftijd of de gezondheidstoestand van de persoon.

Artikel 5
Weigering van de uitlevering van onderdanen

1. Elke Partij beschikt over de discretionaire bevoegdheid om de uitlevering van haar eigen onderdanen te weigeren. Met de nationaliteit wordt rekening gehouden wanneer het uitleveringsverzoek gedaan wordt.
2. Indien de uitlevering niet toegestaan wordt ingevolge alinea 1 van dit artikel, zal de aangezochte Partij, indien de verzoekende Partij daarom vraagt, de zaak voorleggen aan haar bevoegde instanties met de bedoeling overeenkomstig haar nationale wetgeving strafrechtelijke procedures in te stellen tegen de persoon. Hiervoor zal de verzoekende Partij aan de aangezochte Partij alle documenten en bewijzen bezorgen die verband houden met de zaak.

Artikel 6
Communicatiekanalen

Het uitleveringsverzoek en de ondersteunende documenten zullen via het diplomatieke kanaal worden verzonden.

Alle andere mededelingen omtrent het verzoek zullen rechtstreeks worden overgemaakt tussen:
- voor de Volksrepubliek China, het Ministerie van Buitenlandse Zaken;
- voor het Koninkrijk België, de Federale Overheidsdienst Justitie.

Artikel 7
Uitleveringsverzoek en vereiste documenten

1. Het uitleveringsverzoek zal schriftelijk worden ingediend en het volgende omvatten:

(a) de naam van de verzoekende instantie;

(b) de naam, de leeftijd, het geslacht, de nationaliteit, het beroep, het domicilie of de verblijfplaats van de gezochte persoon en alle andere informatie die kan helpen bij het bepalen van de identiteit en de mogelijke locatie van de persoon; en, indien beschikbaar, de beschrijving van het voorkomen van de persoon, foto's en vingerafdrukken van de persoon en het nummer van identificatiedocumenten;

(c) een overzicht van de feiten van het misdrijf, waaronder tijdstip, plaats, gedrag en de gevolgen van het misdrijf, alsook de verklaring van het misdrijf;

(d) de wetsbepalingen die betrekking hebben op de strafrechtelijke bevoegdheid, de criminalisering en de sanctie die op het misdrijf van toepassing is;

(e) de relevante wetsbepalingen die strafvermindering of voorwaardelijke vrijlating toelaten indien de gezochte persoon overeenkomstig de wetgeving van de verzoekende Partij voor het misdrijf waarvoor om de uitlevering wordt verzocht, veroordeeld kan worden tot een levenslange gevangenisstraf; en

(f) de bepalingen van de wetten die betrekking hebben op verjaring bij vervolging of tenuitvoerlegging van straffen.

2. Naast de bepalingen van alinea 1 van dit artikel

(a) zal het uitleveringsverzoek dat ingediend wordt met de bedoeling strafrechtelijke procedures in te stellen tegen de gezochte persoon ook vergezeld worden van een eensluidend afschrift van het aanhoudingsbevel;

(b) het uitleveringsverzoek dat ingediend wordt met de bedoeling een op de gezochte persoon opgelegde straf ten uitvoer te leggen, zal tevens vergezeld worden van een eensluidend afschrift van het definitieve vonnis met vermelding, indien het vonnis zelf in een afzonderlijk document staat, dat het vonnis in kracht van gewijsde is gegaan, alsook een verklaring waarin staat hoeveel van de straf al uitgezeten werd.

3. De brief met het uitleveringsverzoek en alle andere relevante documenten ingediend door de verzoekende Partij overeenkomstig alinea's 1 en 2 van dit artikel zal officieel worden ondertekend en verzegeld door de bevoegde instantie van de verzoekende Partij en zal vergezeld worden van vertalingen in de officiële taal of een van de officiële talen van de aangezochte Partij, tenzij beide Partijen anders zijn overeengekomen.

Artikel 8
Aanvullende informatie

Indien de aangezochte Partij van mening is dat de informatie die verstrekt werd ter ondersteuning van een uitleveringsverzoek ontoereikend is, kan die Partij vragen aanvullende informatie te bezorgen binnen dertig dagen. Op een naar behoren gemotiveerd

verzoek van de verzoekende Partij kan de tijdslimiet worden verlengd met vijftien dagen. Indien de verzoekende Partij de bijkomende informatie niet bezorgt binnen die termijn, zal ervan worden uitgegaan dat ze vrijwillig afstand gedaan heeft van het verzoek. Dat zal de verzoekende Partij echter niet beletten een nieuw uitleveringsverzoek voor dezelfde persoon en hetzelfde misdrijf in te dienen.

Artikel 9
Voorlopige aanhouding

1. In geval van hoogdringendheid kan een Partij bij de andere Partij een verzoek om voorlopige aanhouding van de gezochte persoon indienen alvorens een uitleveringsverzoek in te dienen. Dat verzoek kan elektronisch worden ingediend via de kanalen zoals voorzien in artikel 6 van dit Verdrag, de Internationale Criminele Politieorganisatie (INTERPOL) of andere kanalen zoals overeengekomen tussen de Partijen.

2. Het verzoek om voorlopige aanhouding zal de inhoud bevatten waarnaar verwezen wordt in artikel 7, alinea 1, (a), (b) en (c) van dit Verdrag, een verklaring van het bestaan van de documenten waarnaar verwezen wordt in artikel 7, alinea 2, en een verklaring dat een formeel verzoek om uitlevering van de gezochte persoon zal volgen.

3. De aangezochte Partij zal de verzoekende Partij onmiddellijk op de hoogte brengen van het resultaat van de behandeling van het verzoek.

4. De voorlopige aanhouding zal worden beëindigd als de aangezochte Partij, binnen een termijn van vijfenveertig dagen na de aanhouding van de gezochte persoon, geen formeel uitleveringsverzoek heeft gekregen.

5. De beëindiging van de voorlopige aanhouding ingevolge alinea 4 van dit artikel zal geen afbreuk doen aan het opnieuw aanhouden en de erop volgende uitlevering van de gezochte persoon als de aangezochte Partij nadien het formele uitleveringsverzoek heeft ontvangen.

Artikel 10
Beslissing aangaande het uitleveringsverzoek

1. De aangezochte Partij zal het uitleveringsverzoek behandelen overeenkomstig de procedures vastgelegd in haar nationale wetgeving en zal de verzoekende Partij onmiddellijk op de hoogte brengen van haar beslissing.

2. Indien de aangezochte Partij het uitleveringsverzoek geheel of gedeeltelijk weigert of in geval van de opschorting van de procedure, zullen de redenen voor de weigering of de opschorting worden meegedeeld aan de verzoekende Partij.

Artikel 11
Overlevering van de uit te leveren persoon

1. Indien de uitlevering werd toegestaan door de aangezochte Partij, zullen de Partijen een tijdstip en plaats bepalen, alsook andere relevante afspraken maken voor de overlevering.

2. Indien de verzoekende Partij de uit te leveren persoon niet overgenomen heeft binnen vijftien dagen na de afgesproken datum voor de tenuitvoerlegging van de uitlevering, zal de aangezochte Partij de persoon onmiddellijk vrijlaten en kan ze een nieuw verzoek van de verzoekende Partij om uitlevering van die persoon voor hetzelfde misdrijf weigeren, tenzij anders bepaald is in alinea 3 van dit artikel.

3. Indien de overlevering of overname van de uit te leveren persoon door overmacht niet mogelijk is, zal de desbetreffende Partij de andere Partij op de hoogte brengen vóór het vervallen van de tijdslimiet bepaald in alinea 2. De Partijen zullen in dat geval opnieuw afspraken maken voor de tenuitvoerlegging van de uitlevering en in dat geval zullen de bepalingen van alinea 2 van dit artikel van toepassing zijn.

Artikel 12
Impact op de hechtenis

De tijd die door de uitgeleverde persoon in het kader van de uitlevering in hechtenis uitgezeten werd op het grondgebied van de aangezochte Partij zal worden afgetrokken van de hechtenistijd bij de verzoekende Partij. Hiertoe zal de aangezochte Partij de verzoekende Partij in kennis stellen van de tijd gedurende dewelke de uit te leveren persoon voorafgaand aan de overgave werd vastgehouden.

Artikel 13
Nieuw uitleveringsverzoek bij ontsnapping

Wanneer de uitgeleverde persoon ontvlucht en naar de aangezochte Partij terugkeert alvorens de strafrechtelijke procedure ten einde is of zijn door de verzoekende Partij opgelegde straf is uitgevoerd is Partij, kan de verzoekende Partij een nieuw uitleveringsverzoek indienen met betrekking tot hetzelfde misdrijf. In dat geval dient de verzoekende Partij niet opnieuw de documenten en het materiaal zoals bepaald in artikel 7 van dit Verdrag voor te leggen.

Artikel 14
Uitgestelde en tijdelijke overlevering

1. Indien de gezochte persoon bij de aangezochte Partij vervolgd wordt of een straf uitzit voor een ander misdrijf dan waarvoor de uitlevering is gevraagd, kan de aangezochte Partij, na beslist te hebben om de uitlevering toe te staan, de overlevering uitstellen tot de rechtszaak ten einde is of de straf is uitgezeten. De aangezochte Partij zal de verzoekende Partij op de hoogte brengen van het uitstel.

2. Als het uitstellen van de overlevering tot de verjaring van de strafrechtelijke procedure bij de verzoekende Partij zou kunnen leiden of de strafrechtelijke procedure ernstig zou

kunnen belemmeren, kan de aangezochte Partij, op vraag en in zoverre de lopende strafrechtelijke procedure niet verhinderd wordt, de gezochte persoon tijdelijk aan de verzoekende Partij overleveren op voorwaarde dat de verzoekende Partij zich ertoe verbindt de persoon onvoorwaardelijk en onmiddellijk na beëindiging van de desbetreffende procedure terug over te dragen.

Artikel 15
Gelijktijdige verzoeken

Wanneer twee of meer staten, waaronder een van de Partijen, om de uitlevering van dezelfde persoon verzoeken wegens ofwel hetzelfde misdrijf, ofwel verschillende misdrijven, zal de aangezochte Partij bij het bepalen aan welke staat de persoon zal worden uitgeleverd rekening houden met alle relevante omstandigheden, in het bijzonder:

(a) of er verzoeken werden ingediend ingevolge een Verdrag;

(b) de relatieve ernst van de respectieve misdrijven;

(c) het tijdstip en de plaats van het feitelijke plegen van het misdrijf

(d) de nationaliteit en de gebruikelijke verblijfplaats van de gezochte persoon;

(e) de respectieve data van de verzoeken;

(f) de mogelijkheid op een daaropvolgende uitlevering aan een derde-staat.

Artikel 16
Specialiteitsregel

1. De overeenkomstig dit Verdrag uitgeleverde persoon zal niet worden vervolgd en evenmin worden veroordeeld in het kader van een strafrechtelijke procedure, noch zal de persoon onderworpen worden aan de tenuitvoerlegging van een vonnis bij de verzoekende Partij voor een ander misdrijf dat door die persoon voor zijn uitlevering gepleegd werd, dan het misdrijf waarvoor de uitlevering is toegestaan, tenzij:

(a) de aangezochte PartijPartij daartoe de toestemming geeft. Om die toestemming te kunnen geven, kan de aangezochte Partij verzoeken de documenten en informatie te bezorgen waarnaar verwezen wordt in artikel 7 van dit Verdrag, alsook een verklaring door de uitgeleverde persoon met betrekking tot het desbetreffende misdrijf. De toestemming van de aangezochte Partij zal enkel worden gegeven als het misdrijf waarvoor de toestemming gevraagd wordt niet de uitlevering krachtens de voorwaarden van dit Verdrag belemmert;

(b) de persoon het grondgebied van de verzoekende Partij niet heeft verlaten binnen de dertig dagen na daartoe de vrijheid te hebben gekregen. Die termijn omvat echter niet de tijd gedurende dewelke de persoon het grondgebied van de verzoekende Partij niet kan verlaten om redenen buiten de wil van die laatste;

(c) de persoon vrijwillig is teruggekeerd naar het grondgebied van de verzoekende Partij na het te hebben verlaten; of

(d) de persoon vrijwillig en zich ten volle bewust van de gevolgen heeft toegestemd.

2. De verzoekende Partij kan echter alle maatregelen krachtens haar wetgeving treffen om eventuele rechtsgevolgen van verjaring te voorkomen.

3. Wanneer de omschrijving van het ten laste gelegde misdrijf wordt gewijzigd in de loop van de procedure, zal de uitgeleverde persoon alleen worden vervolgd of veroordeeld op voorwaarde dat het misdrijf onder de nieuwe omschrijving:

(a) gebaseerd is op substantieel dezelfde feiten als die in het uitleveringsverzoek en de ondersteunende documenten, en

(b) aan de hand van de wezenlijke elementen aangetoond kan worden dat het om een misdrijf gaat waarvoor een uitlevering toegestaan is.

Artikel 17
Verderlevering aan een derde-staat

Behalve zoals bepaald in artikel 16, alinea 1, (b) en (c) zal de verzoekende Partij geen persoon die aan de verzoekende Partij overgeleverd werd en door een derde-staat gezocht wordt aan die derde-staat uitleveren in het kader van misdrijven die gepleegd werden vóór de overlevering zonder daarvoor de toestemming te hebben gekregen van de aangezochte Partij. De aangezochte Partij kan de voorlegging van de documenten vermeld in artikel 7, alinea's 1 en 2 vragen.

Artikel 18
Overdracht van eigendommen

1. Indien de verzoekende Partij daarom verzoekt, zal de aangezochte Partij, in zoverre toegestaan door haar nationale wetgeving, de opbrengsten en de middelen van het misdrijf en alle andere eigendommen die als bewijs kunnen dienen en die gevonden werden op haar grondgebied in beslag nemen en, wanneer de uitlevering is toegestaan, aan de verzoekendeoverdragen.

2. Wanneer de uitlevering is toegestaan, kunnen de eigendommen waarnaar verwezen wordt in alinea 1 van dit artikel echter worden overgedragen wanneer de uitlevering niet kan worden uitgevoerd wegens het overlijden, het verdwijnen of de ontvluchting van de gezochte persoon.

3. De aangezochte Partij kan, om eventuele andere hangende strafrechtelijke procedures te voeren, de overdracht van voormelde eigendommen uitstellen tot die procedures ten einde zijn of de eigendommen tijdelijk overdragen op voorwaarde dat de verzoekende Partij zich ertoe verbindt om ze terug te bezorgen.

4. De overdracht van die eigendommen zal geen afbreuk doen aan de wettelijke rechten of belangen van de aangezochte Partij of elke derde met betrekking tot die eigendommen. Wanneer die rechten of belangen bestaan, zal de verzoekende Partij de overgedragen eigendommen zonder kosten aan de aangezochte Partij of de derde terugbezorgen van zodra dat mogelijk is na het beëindigen van de procedure.

Artikel 19
Doortocht

1. Wanneer de ene Partij een persoon vanuit een derde-staat moet uitleveren via het grondgebied van de andere Partij, zal ze de andere Partij vragen om toelating voor die doortocht. Dat verzoek zal de naam, de leeftijd, het geslacht, de nationaliteit, het beroep, het domicilie of de verblijfplaats van de persoon, alsook een samenvatting van de feiten, een omschrijving van het misdrijf en de straf die wettelijk opgelegd werd of kan worden bevatten. Dergelijk verzoek is niet vereist wanneer gebruikgemaakt wordt van luchtvervoer en er geen landing gepland is op het grondgebied van de andere Partij.

2. De aangezochte Partij zal het verzoek om transit ingediend door de verzoekende Partij inwilligen voor zover het niet strijdig is met haar nationale wetgeving en volgens dit Verdrag aan de uitleveringsvoorwaarden voldoet.

Artikel 20
Kennisgeving van het resultaat

De verzoekende Partij zal, op verzoek van de aangezochte Partij, aan de aangezochte Partij meteen alle informatie bezorgen over de procedures of de tenuitvoerlegging van het vonnis tegen de uitgeleverde persoon en alle informatie over de uitlevering van die persoon aan een derde staat.

Artikel 21
Kosten

Kosten voortvloeiend uit de procedures voor uitlevering in de aangezochte Partij zullen worden gedragen door die Partij. Vervoer- en transitkosten die verband houden met de overlevering zullen worden gedragen door de verzoekende Partij.

Artikel 22
Verband met andere Verdragen

1. Dit Verdrag belemmert de Partijen niet met elkaar samen te werken aan een uitlevering volgens andere Verdragen waarin beide Partijen Partij zijn.

2. Dit Verdrag heeft geen impact op eventuele rechten en plichten van de Partijen krachtens een multilaterale overeenkomst, waaronder het Verdrag van 28 juli 1951 betreffende de status van vluchtelingen en het Verdrag van 27 april 1961 betreffende diplomatieke relaties.

Artikel 23
Regeling van geschillen

Alle geschillen die voortvloeien uit de interpretatie of toepassing van dit Verdrag zullen in overleg via de diplomatieke kanalen worden beslecht.

Artikel 24
Inwerkingtreding, wijziging en beëindiging

1. Elke Partij zal de andere Partij door middel van een diplomatieke nota ervan in kennis stellen dat krachtens haar wetgeving alle nodige maatregelen werden getroffen voor de inwerkingtreding van dit Verdrag. Dit Verdrag treedt in werking op de dertigste dag vanaf de datum van laatstgenoemde diplomatieke nota.

2. Dit Verdrag kan te allen tijde worden gewijzigd door middel van een schriftelijke overeenkomst tussen de Partijen. Elke wijziging zal van kracht worden volgens dezelfde procedure zoals beschreven in alinea 1 van dit artikel en zal deel uitmaken van dit Verdrag.

3. Elke Partij kan dit Verdrag te allen tijde door middel van een schriftelijke kennisgeving via de diplomatieke kanalen beëindigen. De beëindiging wordt van kracht op de honderdtachtigste dag na de datum van de kennisgeving. De beëindiging van dit Verdrag zal geen invloed hebben op de uitleveringsprocedures die gestart werden vóór de beëindiging.

4. Dit Verdrag is van toepassing op elk verzoek ingediend na de vankrachtwording, zelfs al vonden de desbetreffende misdrijven plaats vóór de vankrachtwording van het Verdrag.

TEN GETUIGE WAARVAN de ondergetekenden, naar behoren hiertoe gemachtigd door hun respectieve overheden, dit Verdrag ondertekend hebben.

OPGEMAAKT in tweevoud te op (de) (dag) (maand) (jaar) in het Chinees, Frans, Nederlands en Engels, waarbij alle teksten gelijkelijk authentiek zijn. Bij interpretatieverschillen heeft het Engels voorrang.

Voor de Volksrepubliek China **Voor het Koninkrijk België**

TREATY BETWEEN THE PEOPLE'S REPUBLIC OF CHINA AND THE KINGDOM OF BELGIUM ON EXTRADITION

The People's Republic of China and the Kingdom of Belgium (hereinafter referred to as "the Parties"),

Desirous to promote the effective cooperation between the two Parties in the suppression of crime on the basis of mutual respect for sovereignty, equality and mutual benefit,

Have resolved to conclude this Treaty and agreed as follows:

Article 1
Obligation to Extradite

Each Party undertakes to extradite to the other, in accordance with the provisions of this Treaty and at the request of the Requesting Party, persons found in its territory and wanted by the other Party for the purpose of conducting criminal proceedings against or enforcing the sentence imposed on that person.

Article 2
Extraditable Offences

1. Extradition shall not be granted unless the conduct for which the extradition is sought constitutes an offence at the time when the request is made under the laws of both Parties and meets one of the following conditions:

(a) where the request for extradition is made for the purpose of conducting criminal proceedings, the offence is punishable under the laws of both Parties by the penalty of imprisonment for a period of at least one year or by any heavier penalty; or

(b) where the request for extradition is made for the purpose of enforcing a sentence of imprisonment, a period of sentence that remains to be served by the person sought is at least six months at the time when the request for extradition is made.

2. In determining whether the conduct constitutes an offence under the laws of both Parties in accordance with Paragraph 1 of this Article, it shall not matter whether the laws of both Parties place the conduct within the same category of offence or denominate the offence by the same terminology.

3. If the request for extradition concerns two or more conducts each of which constitutes an offence under the laws of both Parties and at least one of which fulfils the conditions provided for in Paragraph 1 of this Article, the Requested Party may grant extradition for all of those offences.

4. Extradition may not be refused on the ground that the law of

the Requested Party does not impose the same kind of tax or duty or does not contain a tax, duty, custom or exchange regulation of the same kind as the law of the Requesting Party.

Article 3
Mandatory Grounds for Refusal

Extradition shall be refused if:

(a) the Requested Party considers that the offence for which the extradition is requested is a political offence or an offence connected with a political offence. A political offence or an offence connected with a political offence shall not include an offence which is not regarded as a political offence under any international convention to which both Parties are parties. The taking or attempted taking of the life of a Head of State or a member of his or her family shall not be considered as a political offence or an offence connected with a political offence. A terrorist offence as defined under any international convention to which both Parties are parties shall not be considered as a political offence or an offence connected with a political offence;

(b) the offence for which the extradition is requested only constitutes a military offence;

(c) the Requested Party has substantial grounds for believing that the request for extradition has been made for the purpose of prosecuting or punishing the person sought on account of that person's race, sex, religion, nationality or political opinion, or that that person's position in judicial proceedings may be prejudiced for any of those reasons;

(d) the prosecution or the enforcement of the sentence of the person sought has become impossible due to lapse of time according to the law of the Requesting Party;

(e) the Requested Party has already made a final judgment against the person to be extradited for the facts for which extradition is requested;

(f) the person sought has been or would possibly be subjected to torture or other cruel, inhuman or humiliating treatment or punishment in the Requesting Party;

(g) the request for extradition is made by the Requesting Party pursuant to a judgment rendered in absentia, unless the Requesting Party guarantees that the person sought has the opportunity to have the case retried in his or her presence;

(h) the person sought has not reached the age of criminal majority at the time of the offence;

(i) the person sought may be sentenced to death for the offence for which the extradition is requested, unless the Requesting Party gives assurance that the death penalty will not be imposed or, if imposed, will not be carried out.

Article 4
Discretionary Grounds for Refusal

Extradition may be refused if:

(a) the Requested Party has criminal jurisdiction over the offence for which the extradition is requested in accordance with its national law, and is conducting or contemplates to institute a criminal proceeding against the person sought for that offence;

(b) the Requested Party, while taking into account the seriousness of the offence and the interests of the Requesting Party, considers that the extradition would be incompatible with humanitarian considerations in view of that person's age or health condition.

Article 5
Refusal of Extradition of Nationals

1. Each Party has discretion to refuse extradition of its nationals. Nationality is appreciated when the extradition request is made.

2. If extradition is not granted pursuant to Paragraph 1 of this Article, the Requested Party shall, if the Requesting Party so requests, submit the case to its competent authorities with a view to instituting criminal proceedings against the person under its national law. For this purpose, the Requesting Party shall provide the Requested Party with documents and evidence relating to the case.

Article 6
Channels of Communication

The request for extradition and the supporting documents shall be transmitted through the diplomatic channel.

All other communications concerning the request shall be transmitted directly between:

—for the People's Republic of China, the Ministry of Foreign Affairs;

—for the Kingdom of Belgium, the Federal Public Service Justice.

Article 7
Request for Extradition and Required Documents

1. The request for extradition shall be made in written form and include the following:

(a) the name of the requesting authority;

(b) the name, age, sex, nationality, occupation, domicile or residence of the person sought and other information that may help to establish that person's identity and possible location; and if available, the description of that person's appearance, the photographs and fingerprints of that person and the number of identification documents;

(c) a statement of the facts of the offence, including the time, place, conduct and consequences of the offence, as well as the statement of the offence;

(d) the provisions of the laws relating to criminal jurisdiction, criminalization and penalty of the offence;

(e) the relevant legal provisions permitting commutation or parole, if, in accordance with the law of the Requesting Party, the person sought may be sentenced to life imprisonment for the offence for which the extradition is requested; and

(f) the provisions of the laws relating to lapse of time on prosecution or enforcement of the sentence.

2. In addition to the provisions of Paragraph 1 of this Article,

(a) the request for extradition which is made for the purpose of conducting criminal proceedings against the person sought shall also be accompanied by a certified copy of the warrant of arrest;

(b) the request for extradition which is made for the purpose of enforcing a sentence imposed on the person sought shall also be accompanied by a certified copy of the final judgment with the indication, in the judgment itself or in a separate document, that the judgment has entered into force, and a statement indicating how much of the sentence has already been served.

3. The letter of request for extradition and other relevant documents submitted by the Requesting Party in accordance with Paragraphs 1 and 2 of this Article shall be officially signed or sealed by the competent authority of the Requesting Party and be accompanied by translations into the official language or one of the official languages of the Requested Party, unless both Parties have agreed otherwise.

Article 8
Additional Information

If the Requested Party considers that the information furnished in support of a request for extradition is not sufficient, the Party may request that additional information be furnished within thirty days. At a duly request by the Requesting Party, the time limit may be extended for fifteen days. If the Requesting Party fails to submit additional information within that period, it shall be considered as having renounced its request voluntarily. However, the Requesting Party shall not be precluded from making a new request for extradition of the same person for the same offence.

Article 9
Provisional Arrest

1. In case of urgency, one Party may make a request to the other Party for the provisional arrest of the person sought before making a request for extradition. Such request may be submitted in electronic form through the channels provided for in Article 6 of this Treaty, the International Criminal Police Organization (INTERPOL) or other channels agreed by both Parties.

2. The request for provisional arrest shall contain the contents referred to in Article 7, Paragraph 1, (a), (b) and (c) of this Treaty, a statement of the existence of documents referred to in Article 7, Paragraph 2 and a statement that a formal request for extradition of the person sought will follow.

3. The Requested Party shall, without delay, inform the Requesting Party of the result of its handling of the request.

4. Provisional arrest shall be terminated if, within a period of forty-five days after the arrest of the person sought, the Requested Party has not received the formal request for extradition.

5. The termination of provisional arrest pursuant to Paragraph 4 of this Article shall not prejudice the re-arrest and subsequent extradition of the person sought if the Requested Party has subsequently received the formal request for extradition.

Article 10
Decision on the Request of Extradition

1. The Requested Party shall handle the request for extradition in accordance with the procedures provided by its national law, and shall promptly inform the Requesting Party of its decision.

2. If the Requested Party refuses the whole or any part of the request for extradition or in the event of suspension of the proceedings, the reasons for refusal or suspension shall be notified to the Requesting Party.

Article 11
Surrender of the Person to Be Extradited

1. If the extradition has been granted by the Requested Party, the Parties shall agree on time, place and other relevant matters relating to the surrender.

2. If the Requesting Party has not taken over the person to be extradited within fifteen days after the date agreed for the execution of the extradition, the Requested Party shall release that person immediately and may refuse a new request by the Requesting Party for extradition of that person for the same

offence, unless otherwise provided for in Paragraph 3 of this Article.

3. If circumstances beyond one's control prevent the surrender or takeover of the person to be extradited, the interested Party shall inform the other Party before the expiration of the time limit laid down in Paragraph 2. The Parties shall once again agree on the relevant matters for the execution of the extradition, and the provisions of Paragraph 2 of this Article shall apply.

Article 12
Impact on Detention

The period of time served in custody by the person extradited in the territory of the Requested Party for the purpose of extradition will be deducted from the time of imprisonment in the Requesting Party. For this purpose, the Requested Party shall inform the Requesting Party of the period of time for which the person to be extradited has been detained prior to the surrender.

Article 13
New Request for Extradition in Case of Escape

Where the extradited person escapes and returns to the Requested Party before the criminal proceedings are terminated or his or her sentence is served in the Requesting Party, a new request for extradition can be made by the Requesting Party in respect of the same offence. In this case, the Requesting Party does not need to submit the documents and material provided for in Article 7 of this Treaty.

Article 14
Postponed and Temporary Surrender

1. If the person sought is being proceeded against or is serving a sentence in the Requested Party for an offence other than that for which the extradition is requested, the Requested Party may, after having made a decision to grant extradition, postpone the surrender until the conclusion of the proceeding or the completion of the sentence. The Requested Party shall inform the Requesting Party of the postponement.

2. If the postponement of the surrender may cause lapse of time of criminal proceedings or seriously impede the criminal proceedings in the Requesting Party, the Requested Party may, upon request and to the extent that its ongoing criminal proceedings are not hindered, temporarily surrender the person sought to the Requesting Party provided that the Requesting Party undertakes to return that person unconditionally and immediately upon conclusion of the relevant proceedings.

Article 15
Concurrent Requests

Where two or more States, including one of the Parties, request for the extradition of the same person either for the same offence or for different offences, the Requested Party, in determining to which State the person is to be extradited, shall consider all the relevant circumstances, in particular:

(a) whether the requests were made pursuant to a treaty;

(b) the relative seriousness of the respective offences;

(c) the time and place of the commission of the offence;

(d) the nationality and habitual residence of the person sought;

(e) the respective dates of the requests;

(f) the possibility of subsequent extradition to a third state.

Article 16
Rule of Speciality

1. The person extradited in accordance with this Treaty shall not be proceeded against in a criminal proceeding, including not being sentenced, nor shall the person be subject to the enforcement of a sentence in the Requesting Party for an offence committed by that person before his or her extradition other than that for which the extradition is granted, unless:

(a) the Requested Party has consented. For the purpose of such consent, the Requested Party may require the submission of the documents and information referred to in Article 7 of this Treaty, and a statement by the extradited person with respect to the offence concerned. The consent of the Requested Party shall be given only if the offence for which such consent is requested does not prevent extradition under the terms of this Treaty;

(b) that person has not left the Requesting Party within thirty days after having been free to do so. However, this period of time shall not include the time during which that person fails to leave the Requesting Party for reasons beyond his or her control;

(c) that person has voluntarily returned to the Requesting Party after leaving it; or

(d) that person has consented voluntarily and in full awareness of the consequences.

2. The Requesting Party may, however, take any measures under its law to prevent any legal effects of lapse of time.

3. When the description of the offence charged is altered in the course of proceedings, the extradited person shall only be proceeded against or sentenced provided the offence under the new description is:

(a) based on substantially the same facts contained in the extradition request and its supporting documents, and

(b) shown by its constituent elements to be an offence which would allow extradition.

Article 17
Re-extradition to a Third State

Except as provided for in Article 16, paragraph 1, (b) and (c), the Requesting Party shall not, without the consent of the Requested Party, extradite to a third State a person surrendered to the Requesting Party and sought by the said third State in respect of offences committed before his or her surrender. The Requested Party may request the production of the documents mentioned in

Article 7, Paragraphs 1 and 2.

Article 18
Handing Over of Property

1. If the Requesting Party so requests, the Requested Party shall, to the extent permitted by its national law, seize the proceeds and instrumentality of the offence and other property which may serve as evidence found in its territory, and when extradition is granted, shall hand over these property to the Requesting Party.

2. When the extradition is granted, the property referred to in Paragraph 1 of this Article may nevertheless be handed over even if the extradition cannot be carried out owing to the death, disappearance or escape of the person sought.

3. The Requested Party may, for conducting any other pending criminal proceedings, postpone the handover of above-mentioned property until the conclusion of such proceedings, or temporarily hand over that property on condition that the Requesting Party undertakes to return it.

4. The handover of such property shall not prejudice any legitimate rights or interests of the Requested Party or of any third party to that property. Where these rights or interests exist, the Requesting Party shall return the handed over property without charge to the Requested Party or the third party as soon as possible after the conclusion of the proceedings.

Article 19
Transit

1. When one Party is to extradite a person from a third state through the territory of the other Party, it shall request the other Party for the permission of such transit. Such request shall contain the name, age, sex, nationality, occupation, domicile or residence of the person; a summary of the facts, the statement of the offence, as well as the penalty imposed or that may be imposed by law. No such request is required where air transportation is used and no landing in the territory of the other Party is scheduled.

2. The Requested Party shall grant the request for transit made by the Requesting Party, insofar as it is not contrary to its national law and it complies with the conditions for extradition under this Treaty.

Article 20
Notification of Result

The Requesting Party shall, upon request of the Requested Party, provide the Requested Party promptly with the information on the proceedings or the enforcement of the sentence against the extradited person or information concerning the extradition of that person to a third state.

Article 21
Expenses

Expenses arising from the procedures for extradition in the Requested Party shall be borne by that Party. Expenses of transportation and the transit expenses in connection with the surrender shall be borne by the Requesting Party.

Article 22
Relationship with Other Treaties

1. This Treaty shall not prevent the Parties from cooperating with each other on extradition in accordance with other treaties to which both Parties are parties.

2. This Treaty shall not affect any rights enjoyed by and any obligations imposed on the Parties under any multilateral convention, amongst which the Convention of 28 July 1951 relating to the Status of Refugees and the Convention of 24 April 1961 on Diplomatic Relations.

Article 23
Settlement of Disputes

Any dispute arising from the interpretation or application of this Treaty shall be settled by consultation through diplomatic channels.

Article 24
Entry into Force, Amendment and Termination

1. Each Party shall inform the other by diplomatic note that all necessary steps have been taken under its laws for entry into force of this Treaty. This Treaty shall enter into force upon the thirtieth day from the date of the later diplomatic note.

2. This Treaty may be amended at any time by written agreement between the Parties. Any such amendment will enter into force in accordance with the same procedure prescribed in Paragraph 1 of this Article and will form part of this Treaty.

3. Either Party may terminate this Treaty by notice in writing through diplomatic channels at any time. Termination shall take effect on the one hundred and eightieth day after the date on which the notice is given. Termination of this Treaty shall not affect the extradition proceedings commenced prior to the termination.

4. This Treaty applies to any request presented after its entry into force even if the relevant offences occurred before the entry into force of this Treaty.

IN WITNESS WHEREOF, the undersigned, being duly authorized thereto by their respective Governments, have signed this Treaty.

DONE in duplicate at ________ on this day of ________, in the Chinese, French, Dutch, and English languages, all texts being equally authentic. In case of divergence of interpretation, the English text shall prevail.

For the People's Republic of China For the Kingdom of Belgium

中华人民共和国和塞浦路斯共和国引渡条约

中华人民共和国和塞浦路斯共和国（以下称双方），

在相互尊重主权和平等互利的基础上，为促进两国在打击犯罪方面的有效合作，决定缔结本条约，并达成协议如下：

第一条　引渡义务

任何一方均有义务根据本条约的规定，应请求方请求，向另一方引渡在其境内发现的被另一方通缉的人员，以便对其进行刑事诉讼或者执行刑罚。

第二条　可引渡的犯罪

一、只有在引渡请求所针对的行为根据双方法律均构成犯罪，并且符合下列条件之一时，才能准予引渡：

（一）为进行刑事诉讼而请求引渡的，根据双方法律，对于该犯罪均可判处一年以上有期徒刑或者更重的刑罚；

（二）为执行刑罚而请求引渡的，在提出引渡请求时，被请求引渡人尚未服完的刑期至少为六个月。

二、根据本条第一款确定某一行为是否根据双方法律均构成犯罪时，不应考虑双方法律是否将该行为归入同一犯罪种类或者使用同一罪名。

三、如果引渡请求涉及两个以上根据双方法律均构成犯罪的行为，只要其中有一项行为符合本条第一款规定的条件，被请求方即可以针对上述各项行为准予引渡。

第三条　应当拒绝引渡的理由

有下列情形之一的，应当拒绝引渡：

（一）被请求方认为，引渡请求所针对的犯罪是政治犯罪，或者被请求方已经给予被请求引渡人受庇护的权利，但恐怖主义犯罪或者双方均为缔约方的国际公约不认为是政治犯罪的不应视为政治犯罪；

（二）被请求方有充分理由认为，请求引渡的目的是基于被请求引渡人的种族、性别、宗教、国籍或者政治见解而对该人进行起诉或者处罚，或者该人在司法程序中的地位将会因为上述任何原因受到损害；

（三）引渡请求所针对的犯罪仅构成军事犯罪；

（四）准予引渡与被请求方法律的基本原则相抵触；

（五）被请求引渡人是被请求方国民；

（六）根据任何一方的法律，由于时效已过或者赦免等原因，被请求引渡人被免予追诉或者免予执行刑罚；

（七）被请求方已经对被请求引渡人就引渡请求所针对的犯罪作出生效判决或者终止刑事诉讼程序；

（八）有充分理由相信被请求引渡人将在请求方遭受酷刑或者其他残忍、不人道或者有辱人格的待遇或者处罚；

（九）请求方根据缺席判决提出引渡请求，但请求方保证被请求引渡人有机会在其出庭的情况下对案件进行重新审理的除外。

第四条　可以拒绝引渡的理由

有下列情形之一的，可以拒绝引渡：

（一）被请求方根据本国法律对引渡请求所针对的犯罪具有刑事管辖权，并且对被请求引渡人就该犯罪正在进行刑事诉讼或者准备提起刑事诉讼；

（二）被请求方在考虑了犯罪的严重性和请求方利益的情况下，认为由于被请求引渡人的年龄、健康或者其他个人情况，引渡不符合人道主义考虑。

第五条　在被请求方提起刑事诉讼的义务

如果根据本条约第三条第（五）项未准予引渡，则被请求方应当根据请求方的要求，将该案提交其主管机关以便根据其本国法律提起刑事诉讼。为此目的，请求方应当向被请求方提供与该案有关的文件和证据。

第六条　联系途径

为本条约的目的，双方应当通过外交途径进行联系，但本条约另有规定的除外。

第七条　引渡请求及所需文件

一、请求方应当提交包含或者附有以下内容的引渡请求书：

（一）请求机关的名称；

（二）被请求引渡人的姓名、年龄、性别、国籍、身份证件号码、职业、住所地或者居所地以及其他有助于确定被请求引渡人的身份和可能所在地的资料；如有可能，有关其外表特征的描述，该人的照片和指纹；

（三）有关犯罪事实的说明，包括犯罪的时间、地点、行为和结果；

（四）有关该项犯罪的刑事管辖权、定罪和刑罚的法律规定的文本；

（五）任何有关追诉时效或者执行刑罚时效的法律规定的文本。

二、除本条第一款规定外，

（一）旨在对被请求引渡人进行刑事诉讼的引渡请求还应当附有请求方主管机关签发的逮捕证的副本；

（二）旨在对被请求引渡人执行刑罚的引渡请求还应当附有已经发生法律效力的法院判决书的副本和关于已经执行刑期的说明。

三、请求方根据本条第一款和第二款提交的引渡请求书和其他有关文件，应当由请求方的主管机关正式签署或者盖章，并应当附有被请求方语言或者英语的译文。

第八条　补充材料

如果请求方提供的材料被认为不足以使被请求方依据本条约作出决定，被请求方应当要求提供必要的补充材料，并且可以对接收该补充材料设定时限。

补充材料可以通过外交途径或者第九条规定的其他途径，以任何书面形式提交。

第九条　临时羁押

一、在紧急情况下，一方可以在提出引渡请求前，请求另一方临时羁押被请求引渡人。此种请求可以通过本条约第六条规定的途径、国际刑警组织或者双方同意的其他途径以书面形式提出。

二、临时羁押请求应当包括本条约第七条第一款所列材料，并说明已经备有第七条第二款所列文件，以及即将对被请求引渡人提出正式引渡请求。

三、被请求方应当将处理该请求的结果及时通知请求方。

四、如果被请求方在羁押被请求引渡人之后的三十天内未收到正式引渡请求，则应当解除临时羁押。经请求方请求并说明理由，上述期限可以延长十五天。

五、如果被请求方后来收到了正式的引渡请求，则根据本条第四款解除的临时羁押不应妨碍对被请求引渡人的引渡。

第十条　对引渡请求作出决定

一、被请求方应当根据本国法律规定的程序处理引渡请求，并且及时将决定通知请求方。

二、被请求方如果全部或者部分拒绝引渡请求，应当将拒绝理由告知请求方。

第十一条　移交被引渡人

一、如果被请求方准予引渡，双方应当商定执行引渡的时间、地点等有关事宜。同时，被请求方应当将被引渡人在移交之前已经被羁押的时间告知请求方。

二、如果请求方在商定的执行引渡之日后的十五天内未接收被引渡人，被请求方应当立即释放该人，并且可以拒绝请求方就同一犯罪再次提出的引渡该人的请求，但本条第三款另有规定的除外。

三、如果一方因为其无法控制的原因不能在依据本条第一款商定的期间内移交或者接收被引渡人，应当立即通知另一方。双方应当再次商定执行引渡的时间、地点等事宜，并适用本条第二款的规定。

第十二条　重新引渡

被引渡人在请求方的刑事诉讼终结或者服刑完毕之前逃回被请求方的，被请求方可以根据请求方就同一犯罪提出的新的引渡请求准予重新引渡，请求方无需提交本条约第七条规定的文件和材料。

第十三条　暂缓引渡和临时引渡

一、如果被请求引渡人正在被请求方因为引渡请求所针对的犯罪之外的犯罪被提起刑事诉讼或者服刑，被请求方可以在作出准予引渡的决定后，暂缓引渡该人直至诉讼终结或者服刑完毕。被请求方应当将暂缓引渡一事通知请求方。

二、如果暂缓引渡可能严重妨碍请求方的刑事诉讼，被请求方可以根据请求，在不妨碍其正在进行的刑事诉讼，并且请求方保证在完成有关程序后立即将该人无条件送还的情况下，向请求方临时引渡该人。

第十四条　数国提出的引渡请求

当包括一方在内的两个以上国家对同一人就同一犯罪或者不同犯罪提出引渡请求时，被请求方在决定向哪一国引渡该人时，应当考虑所有相关情况，特别是：

（一）请求是否根据条约提出；

（二）不同犯罪的严重性；

（三）犯罪发生的时间和地点；

（四）被请求引渡人的国籍和通常的居住地；

（五）各请求提出的时间；

（六）再向第三国引渡的可能性。

第十五条　特定规则

除准予引渡所针对的犯罪外，请求方对于根据本条约被引渡的人，不得就该人在引渡前所实施的其他犯罪进行刑事诉讼或者执行刑罚，也不能将其引渡给第三国，但是有下列情况之一的除外：

（一）被请求方事先同意。为此目的，被请求方可以要求提供本条约第七条所规定的文件和资料，以及被引渡人就有关犯罪所作的陈述。

（二）该人在可以自由离开请求方之日后的三十天内未离开该方。但是由于其无法控制的原因未能离开请求方的时间不计算在此期限内。

（三）该人在已经离开请求方后又自愿回到该方。

第十六条　移交财物

一、如果请求方提出请求，被请求方应当在本国法律允许的范围内，扣押在其境内发现的犯罪所得、犯罪工具以及可作为证据的财物，并且在准予引渡的情况下，将这些财物移交给请求方。

二、在准予引渡的情况下，即使因为被请求引渡人死亡、失踪或者脱逃而无法实施引渡，本条第一款提到的财物仍然可以移交。

三、被请求方出于进行其他未决刑事诉讼程序的目的，可以推迟移交上述财物直至诉讼终结，或者在请求方承诺返还的条件下临时移交这些财物。

四、移交上述财物不得损害被请求方或者任何第三方对该财物的合法权益。如果存在此种权益，请求方应当在诉讼结束之后尽快将被移交的财物无偿返还给被请求方或者该第三方。

第十七条　过　境

一、一方从第三国引渡人员需经过另一方领土时，应当向另一方提出过境请求。如果使用航空运输并且没有在另一方领土内降落的计划，则无需提出过境请求。

二、被请求方在不违反其法律的情况下，应当同意请求方提出的过境请求。

第十八条　通报结果

请求方应当根据被请求方的请求，及时向被请求方通报有关对被引渡人进行刑事诉讼、执行刑罚或者将该人再引渡给第三国的情况。

第十九条　费　用

在被请求方的引渡程序中产生的费用应当由被请求方承担。与移交或者接收被引渡人有关的交通费用和过境费用应当由请求方承担。

第二十条　与其他条约的关系

本条约不影响双方根据双方均为缔约方的其他条约开展引渡合作。

第二十一条　争议的解决

由于本条约的解释或者适用所产生的任何争议，应当通过外交途径协商解决。

第二十二条　生效、修订和终止

一、任何一方根据本国法律完成本条约生效所需的一切必要程序后，应当通过外交照会通知另一方。本条约自后一份照会发出之日起第三十天生效。

二、本条约可以经双方书面协议随时予以修订。此类修订应当按照本条第一款规定的相同程序生效，并构成本条约的一部分。

三、任何一方可以随时通过外交途径，以书面形式通知终止本条约。本条约自该通知发出之日后第一百八十天终止。本条约的终止不影响条约终止前已经开始的引渡程序。

四、本条约适用于其生效后提出的任何请求，即使有关犯罪发生于本条约生效前。

下列签署人经各自政府适当授权，签署本条约，以昭信守。

本条约于二〇一八年六月二十九日订于北京，一式两份，每份均用中文、希腊文和英文写成，三种文本同等作准。如遇解释上的分歧，以英文本为准。

中华人民共和国代表　　　　**塞浦路斯共和国代表**

ΣΥΜΦΩΝΙΑ ΕΚΔΟΣΗΣ

ΜΕΤΑΞΥ

ΤΗΣ ΛΑΪΚΗΣ ΔΗΜΟΚΡΑΤΙΑΣ ΤΗΣ ΚΙΝΑΣ

ΚΑΙ

ΤΗΣ ΚΥΠΡΙΑΚΗΣ ΔΗΜΟΚΡΑΤΙΑΣ

Η Λαϊκή Δημοκρατία της Κίνας και η Κυπριακή Δημοκρατία (εφεξής καλούμενες «τα Συμβαλλόμενα Μέρη»),

Επιθυμώντας την προώθηση της αποτελεσματικής συνεργασίας μεταξύ των δύο κρατών σε σχέση με την καταστολή του εγκλήματος στη βάση του αμοιβαίου σεβασμού της κρατικής κυριαρχίας, της ισότητας και του αμοιβαίου οφέλους,

Έχουν αποφασίσει να υπογράψουν την παρούσα Συμφωνία και έχουν συμφωνήσει τα κάτωθι:

Άρθρο 1

Υποχρέωση Έκδοσης

Έκαστο Συμβαλλόμενο Μέρος αναλαμβάνει την υποχρέωση να εκδίδει στο άλλο, σύμφωνα με τις πρόνοιες της παρούσας Συμφωνίας και κατόπιν αιτήματος του άλλου Συμβαλλομένου Μέρους, πρόσωπα που βρίσκονται στο έδαφός του και που αναζητούνται από το άλλο Μέρος για σκοπούς ποινικής δίωξης ή έκτισης ποινής που τους έχει επιβληθεί.

Άρθρο 2

Αδικήματα για τα οποία δύναται να χωρήσει Έκδοση

1. Δεν δύναται να χωρήσει έκδοση εκτός εάν η πράξη για την οποία ζητείται αποτελεί αδίκημα σύμφωνα με τους νόμους και των δύο Συμβαλλομένων Μερών και ικανοποιεί μία εκ των πιο κάτω προϋποθέσεων:

(α) σε περίπτωση που η έκδοση ζητείται για σκοπούς ποινικής δίωξης, το αδίκημα τιμωρείται σύμφωνα με τους νόμους και των δύο Συμβαλλομένων Μερών με ποινή φυλάκισης τουλάχιστον ενός έτους ή με μεγαλύτερη ποινή, · ή

(β) σε περίπτωση που η έκδοση ζητείται για σκοπούς έκτισης ποινής, η προς έκτιση περίοδος φυλάκισης που απομένει είναι τουλάχιστον έξι μήνες κατά το χρόνο υποβολής του αιτήματος έκδοσης.

2. Η απόφαση κατά πόσο η πράξη συνιστά αδίκημα σύμφωνα με τους νόμους και των δύο Συμβαλλομένων Μερών δυνάμει της παραγράφου 1 του παρόντος Άρθρου, δεν εξαρτάται από το κατά πόσο τα Συμβαλλόμενα κράτη μέλη έχουν τοποθετήσει την πράξη στην ίδια κατηγορία αδικημάτων ή από το νομικό χαρακτηρισμό της.

3. Σε περίπτωση που το αίτημα έκδοσης αφορά δυο ή περισσότερες πράξεις, η κάθε μία εκ των οποίων συνιστά αδίκημα σύμφωνα με τους νόμους και των δύο Μερών και τουλάχιστον μία από αυτές ικανοποιεί τις προϋποθέσεις της παραγράφου 1 του παρόντος Άρθρου, το Συμβαλλόμενο Μέρος από το οποίο ζητείται η έκδοση δύναται να προβεί σε έκδοση αναφορικά με όλες τις πράξεις.

Άρθρο 3

Υποχρεωτικοί Λόγοι Άρνησης

Το αίτημα έκδοσης θα απορρίπτεται εάν:

(α) το Συμβαλλόμενο Μέρος από το οποίο ζητείται η έκδοση κρίνει ότι το αδίκημα για το οποίο ζητείται η έκδοση είναι πολιτικό αδίκημα, ή το εν λόγω Συμβαλλόμενο Μέρος έχει παραχωρήσει άσυλο στο πρόσωπο στο οποίο αφορά η αίτηση έκδοσης. Εν τούτοις, αδικήματα τρομοκρατίας ή αδικήματα μη θεωρούμενα ως πολιτικά αδικήματα δυνάμει οποιασδήποτε σύμβασης στην οποία και τα δύο Συμβαλλόμενα Μέρη είναι συμβαλλόμενα μέρη δεν θα κρίνονται ως πολιτικά αδικήματα ·

(β) το Συμβαλλόμενο Μέρος από το οποίο ζητείται η έκδοση έχει ουσιαστικούς λόγους να πιστεύει ότι το αίτημα έκδοσης υποβάλλεται για σκοπούς δίωξης ή τιμωρίας προσώπου λόγω της φυλής, του φύλου, της θρησκείας, της εθνικότητας ή των πολιτικών του πεποιθήσεων, ή ότι η θέση του προσώπου αυτού σε δικαστική διαδικασία θα επηρεαστεί δυσμενώς για οποιονδήποτε από τους λόγους αυτούς ·

(γ) το αδίκημα για το οποίο ζητείται η έκδοση συνιστά μόνο στρατιωτικό αδίκημα ·

(δ) η έκδοση του εκζητούμενου προσώπου αντίκειται στις θεμελιώδεις αρχές του εφαρμοστέου δικαίου του Συμβαλλομένου Μέρους από το οποίο ζητείται η έκδοση ·

(ε) το εκζητούμενο πρόσωπο είναι υπήκοος του Συμβαλλόμενου Μέρους από το οποίο ζητείται η έκδοση ·

(στ) το εκζητούμενο πρόσωπο προστατεύεται από ασυλία, σύμφωνα με τους νόμους οποιουδήποτε εκ των Συμβαλλομένων Μερών, αναφορικά με τη δίωξη ή την έκτιση της ποινής για οποιοδήποτε λόγο συμπεριλαμβανομένων της παραγραφής ή της απονομής χάριτος ·

(η) το Μέρος από το οποίο ζητείται η έκδοση έχει ήδη εκδώσει τελική απόφαση ή έχει παύσει ποινικές διαδικασίες εναντίον του εκζητουμένου προσώπου αναφορικά με το αδίκημα για το οποίο ζητείται η έκδοση ·

(θ) υπάρχουν ουσιαστικοί λόγοι να πιστεύεται ότι το εκζητούμενο πρόσωπο θα υποβληθεί σε βασανιστήρια ή άλλη βάναυση, απάνθρωπη ή εξευτελιστική μεταχείριση ή τιμωρία στο κράτος που ζητά την έκδοση ·

(ι) το αίτημα έκδοσης υποβάλλεται μετά από απόφαση που εκδόθηκε ερήμην του προσώπου που εκζητείται στο κράτος το οποίο ζητεί την έκδοση εκτός εάν το τελευταίο δίδει εγγυήσεις ότι το πρόσωπο που εκζητείται θα έχει την ευκαιρία να επανεκδικαστεί η υπόθεση στην παρουσία του.

Άρθρο 4

Προαιρετικοί Λόγοι Άρνησης

Η αίτηση έκδοσης δύναται να απορριφθεί στις πιο κάτω περιπτώσεις:

(α) εάν το Μέρος από το οποίο ζητείται η έκδοση έχει δικαιοδοσία να εκδικάσει το αδίκημα για το οποίο ζητείται η έκδοση, σύμφωνα με το εθνικό του δίκαιο, και ασκεί ή σκοπεύει να ασκήσει ποινική δίωξη εναντίον του εκζητουμένου προσώπου για το ίδιο ποινικό αδίκημα, ή

(β) εάν το Μέρος από το οποίο ζητείται η έκδοση, συνυπολογίζοντας τη σοβαρότητα του αδικήματος και τα συμφέροντα του άλλου συμβαλλομένου Μέρους, κρίνει ότι η έκδοση θα ήταν ασυμβίβαστη με ανθρωπιστικούς λόγους ένεκα της ηλικίας του προσώπου, της υγείας του ή άλλων προσωπικών περιστάσεων.

Άρθρο 5

Υποχρέωση για άσκηση ποινικής δίωξης

Σε περίπτωση που η αίτηση έκδοσης απορριφθεί δυνάμει της υποπαραγράφου (ε) του Άρθρου 3 της παρούσας Συμφωνίας, το Μέρος από το οποίο ζητείται η έκδοση, κατόπιν αιτήματος του αιτούντος Μέρους, προωθεί την υπόθεση στις αρμόδιες του αρχές με σκοπό την καταχώρηση ποινικής δίωξης εναντίον του προσώπου σύμφωνα με το εθνικό του δίκαιο. Για τον σκοπό αυτό, το Μέρος που έχει υποβάλει την αίτηση έκδοσης θα πρέπει να εφοδιάσει το Μέρος από το οποίο ζητείται η έκδοση με σχετικά με την υπόθεση έγγραφα και μαρτυρία.

Άρθρο 6

Οδοί Επικοινωνίας

Για σκοπούς της παρούσας Συμφωνίας, τα Μέρη επικοινωνούν μεταξύ τους μέσω της διπλωματικής οδού εκτός όπου η παρούσα Συμφωνία προνοεί διαφορετικά.

Άρθρο 7

Αίτηση Έκδοσης και Απαιτούμενα Έγγραφα

1. Το αιτούν Μέρος υποβάλλει γραπτό αίτημα έκδοσης που περιλαμβάνει ή θα συνοδεύεται από τα ακόλουθα:

(α) το όνομα της αιτούσας αρχής·

(β) το όνομα, ηλικία, φύλο, εθνικότητα, των αριθμό των εγγράφων για προσδιορισμό του προσώπου, επάγγελμα, κατοικία του εκζητουμένου προσώπου και άλλες πληροφορίες που δύναται να βοηθήσουν στην εξακρίβωση της ταυτότητας και στον εντοπισμό του καθώς, επίσης, όπου είναι δυνατόν, περιγραφή του προσώπου, φωτογραφίες και δακτυλικά αποτυπώματα·

(γ) έκθεση των γεγονότων του αδικήματος, συμπεριλαμβανομένων του χρόνου και τόπου διάπραξης, του τρόπου διάπραξης και των αποτελεσμάτων του αδικήματος·

(δ) το κείμενο των νομικών διατάξεων αναφορικά με την ποινική δικαιοδοσία, την ποινικοποίηση και την ποινή του αδικήματος·

(ε) το κείμενο των νομικών διατάξεων αναφορικά με την προθεσμία παραγραφής του αδικήματος ή της εκτέλεσης της ποινής·

2. Επιπρόσθετα των προνοιών της παραγράφου 1 του παρόντος άρθρου,

(α) αίτημα έκδοσης το οποίο υποβάλλεται για σκοπούς ποινικής δίωξης του εκζητουμένου προσώπου συνοδεύεται, επίσης, από αντίγραφο του εντάλματος σύλληψης που εκδόθηκε από την αρμόδια αρχή του αιτούντος Μέρους, ή

(β) αίτημα έκδοσης που υποβάλλεται για σκοπούς εκτέλεσης ποινής που επιβλήθηκε στο εκζητούμενο πρόσωπο συνοδεύεται, επίσης, από αντίγραφο της τελικής απόφασης και από περιγραφή του μέρους της ποινής που τυχόν έχει εκτελεστεί.

3. Το γραπτό αίτημα έκδοσης και τα σχετικά έγγραφα που υποβάλλονται από το αιτούν Μέρος σύμφωνα με τις παραγράφους 1 και 2 του παρόντος Άρθρου φέρουν την επίσημη υπογραφή ή σφραγίδα της αρμόδιας αιτούσας αρχής και συνοδεύονται από μετάφραση στη γλώσσα του Μέρους από το οποίο ζητείται η έκδοση ή από μετάφραση στην αγγλική γλώσσα.

Άρθρο 8

Επιπρόσθετες Πληροφορίες

Σε περίπτωση που οι πληροφορίες που διαβιβάστηκαν από το αιτούν Μέρος κρίνονται ανεπαρκείς για να επιτρέψουν στο Μέρος από το οποίο ζητείται η έκδοση να λάβει απόφαση στα πλαίσια της παρούσας Συμφωνίας, το Μέρος από το οποίο ζητείται η έκδοση ζητεί τις απαραίτητες πρόσθετες πληροφορίες και καθορίζει, εάν το επιθυμεί, προθεσμία για τη λήψη τους.

Επιπρόσθετες πληροφορίες δύναται να παρέχονται μέσω της διπλωματικής οδού ή άλλων οδών όπως αναφέρεται στο άρθρο 9 με οποιοδήποτε τρόπο δύναται να αποδειχθεί εγγράφως.

Άρθρο 9

Προσωρινή Σύλληψη

1. Σε επείγουσες περιπτώσεις, οποιοδήποτε Συμβαλλόμενο Μέρος δύναται να ζητήσει από το άλλο Μέρος την προσωρινή σύλληψη του εκζητούμενου προσώπου πριν την υποβολή αιτήματος έκδοσης. Τέτοιο αίτημα δύναται να υποβάλλεται γραπτώς μέσω των οδών που προνοούνται στο άρθρο 6 της παρούσας Συμφωνίας, μέσω του Διεθνούς Οργανισμού Εγκληματολογικής Αστυνομίας (INTERPOL) ή μέσω άλλων οδών που έχουν συμφωνηθεί μεταξύ των Μερών.

2. Το αίτημα για προσωρινή σύλληψη περιλαμβάνει τις πληροφορίες που προβλέπονται στην παράγραφο 1 του Άρθρου 7 της παρούσας Συμφωνίας, αναφορά που βεβαιοί την ύπαρξη των εγγράφων που αναφέρονται στην παράγραφο 2 του Άρθρου 7 και δήλωση ότι επίσημο αίτημα έκδοσης του εκζητουμένου προσώπου θα υποβληθεί σε μεταγενέστερο στάδιο.

3. Το Μέρος από το οποίο ζητείται η έκδοση ενημερώνει χωρίς καθυστέρηση το αιτούν Μέρος σε σχέση με τα αποτελέσματα του χειρισμού του αιτήματος.

4. Σε περίπτωση που το επίσημο αίτημα έκδοσης δεν παραληφθεί εντός τριάντα ημερών από τη σύλληψη του εκζητουμένου προσώπου, η προσωρινή σύλληψη τερματίζεται. Κατόπιν αιτιολογημένου αιτήματος του αιτούντος Μέρους, η ως άνω προθεσμία δύναται να παραταθεί για περίοδο δεκαπέντε ημερών.

5. Ο τερματισμός της προσωρινής σύλληψης δυνάμει της παραγράφου 4 του παρόντος Άρθρου δεν επηρεάζει δυσμενώς την έκδοση του εκζητουμένου προσώπου εάν το επίσημο αίτημα έκδοσης παραληφθεί μεταγενέστερα.

Άρθρο 10

Απόφαση αναφορικά με το αίτημα έκδοσης

1. Το Μέρος από το οποίο ζητείται η έκδοση εκτελεί το αίτημα έκδοσης σύμφωνα με τις διαδικασίες που προνοούνται από το εθνικό του δίκαιο και ενημερώνει ταχέως το αιτούν Μέρος αναφορικά με την απόφασή του.

2. Σε περίπτωση ολικής ή μερικής απόρριψης του αιτήματος έκδοσης, το Μέρος από το οποίο ζητείται η έκδοση ενημερώνει το αιτούν Μέρος αναφορικά με τους λόγους άρνησης.

Άρθρο 11

Παράδοση του Εκζητουμένου Προσώπου

1. Σε περίπτωση που το αίτημα έκδοσης γίνει αποδεκτό, τα Μέρη συμφωνούν για το μέρος και τον χρόνο της παράδοσης καθώς και για άλλα σχετικά ζητήματα που αφορούν την εκτέλεση του αιτήματος. Εν τω μεταξύ, το Μέρος από το

οποίο ζητείται η έκδοση ενημερώνει το αιτούν Μέρος σχετικά με τη χρονική περίοδο κατά την οποία το εκζητούμενο πρόσωπο κρατήθηκε πριν την παράδοση.

2. Σε περίπτωση που το αιτούν Μέρος δεν παραλάβει το εκζητούμενο πρόσωπο εντός δεκαπέντε ημερών από την συμφωνηθείσα για την εκτέλεση του αιτήματος ημερομηνία, το Μέρος από το οποίο ζητείται η έκδοση αφήνει αμέσως ελεύθερο το εκζητούμενο πρόσωπο και δύναται να αρνηθεί νέο αίτημα του αιτούντος Μέρους για έκδοση του εκζητουμένου προσώπου για το ίδιο αδίκημα, εκτός όπου προνοείται διαφορετικά στην παράγραφο 3 του παρόντος Άρθρου.

3. Εάν οποιοδήποτε Μέρος δεν παραδώσει ή παραλάβει το εκζητούμενο πρόσωπο εντός της συμφωνηθείσας δυνάμει της παραγράφου 1 του παρόντος Άρθρου περιόδου για λόγους πέρα από τον έλεγχό του, ενημερώνει τάχιστα το αντισυμβαλλόμενο Μέρος. Τα Μέρη συμφωνούν εκ νέου για τον χρόνο και μέρος παράδοσης και άλλα ζητήματα σχετικά με την εκτέλεση της έκδοσης και οι διατάξεις της παραγράφου 2 του παρόντος Άρθρου τυγχάνουν εφαρμογής.

Άρθρο 12

Επανέκδοση

Σε περίπτωση που το πρόσωπο που εκδόθηκε επιστρέψει στο έδαφος του Συμβαλλόμενου Μέρους από το οποίο είχε ζητηθεί η έκδοση πριν από τον τερματισμό της δίωξης ή την εκτέλεση της ποινής, τότε το πρόσωπο αυτό δύναται να επανεκδοθεί για το ίδιο αδίκημα στη βάση νέου αιτήματος έκδοσης που υποβάλλεται από το αιτούν Μέρος και το Μέρος αυτό δεν χρειάζεται να υποβάλει τα έγγραφα και το υλικό που προβλέπει το Άρθρο 7 της παρούσας Συμφωνίας.

Άρθρο 13

Αναβολή της Έκδοσης και Προσωρινή Έκδοση

1. Εάν το εκζητούμενο πρόσωπο διώκεται από, ή εκτίει ποινή στο Μέρος από το οποίο ζητείται η έκδοση για αδίκημα άλλο από αυτό για το οποίο ζητείται η έκδοση, το εν λόγω Μέρος δύναται, αφού έχει ήδη λάβει απόφαση υπέρ της έκδοσης να αναβάλει την έκδοση μέχρι την ολοκλήρωση της ποινικής δίωξης ή μέχρι την πλήρη έκτιση της ποινής. Το Μέρος από το οποίο ζητείται η έκδοση ενημερώνει το αιτούν Μέρος για την αναβολή.

2. Σε περίπτωση που η αναβολή ενδέχεται να παρακωλύσει σε σοβαρό βαθμό τις ποινικές διαδικασίες στο αιτούν Μέρος, το Μέρος από το οποίο ζητείται η έκδοση δύναται, κατόπιν αιτήματος και στο βαθμό που οι δικές του σε εξέλιξη ποινικές διαδικασίες δεν παρακωλύονται, να εκδώσει προσωρινά το εκζητούμενο πρόσωπο στο αιτούν Μέρος, νοουμένου ότι το τελευταίο αναλαμβάνει την υποχρέωση να επιστρέψει χωρίς όρους το πρόσωπο και αμέσως με την ολοκλήρωση των σχετικών διαδικασιών.

Άρθρο 14

Αιτήματα Έκδοσης από Διάφορα Κράτη

Όπου υποβάλλονται αιτήματα για έκδοση του ιδίου προσώπου από δύο ή περισσότερα κράτη, ένα εκ των οποίων είναι Συμβαλλόμενο Μέρος στην παρούσα Σύμβαση, είτε για το ίδιο αδίκημα είτε για άλλα αδικήματα, το Συμβαλλόμενο Μέρος από το οποίο ζητείται η έκδοση αποφασίζει σε ποιο κράτος θα επιτρέψει την έκδοση λαμβάνοντας υπόψη όλα τα σχετικά περιστατικά και, ιδιαίτερα:

(α) κατά πόσο το αίτημα υποβάλλεται στη βάση συμφωνίας·

(β) τη σοβαρότητα των αδικημάτων·

(γ) τον χρόνο και το μέρος διάπραξης των αδικημάτων·

(δ) την εθνικότητα και τον τόπο συνήθους διαμονής του εκζητουμένου προσώπου·

(ε) τις αντίστοιχες ημερομηνίες των αιτημάτων·

(στ) την πιθανότητα μεταγενέστερης έκδοσης σε τρίτο κράτος.

Άρθρο 15

Κανόνας Ειδικότητας

Το πρόσωπο που εκδόθηκε δυνάμει της παρούσας Συμφωνίας δεν θα διώκεται ποινικά και δεν θα υπόκειται στην εκτέλεση ποινής για αδίκημα που διέπραξε πριν από την παράδοσή του, εκτός από το αδίκημα για το οποίο παραχωρήθηκε έκδοση, ούτε και θα επανεκδίδεται σε τρίτη χώρα, εκτός εάν:

(α) το Συμβαλλόμενο Μέρος από το οποίο ζητείται η έκδοση έχει συναινέσει εκ των προτέρων. Για σκοπούς τέτοιας συναίνεσης το Συμβαλλόμενο Μέρος από το οποίο ζητείται η έκδοση δύναται να ζητήσει την υποβολή των εγγράφων και των πληροφοριών που αναφέρονται στο Άρθρο 7 της παρούσας Συμφωνίας καθώς, επίσης, δήλωση του προσώπου που εκδόθηκε σε σχέση με το εν λόγω αδίκημα.

(β) το πρόσωπο που έχει εκδοθεί δεν έχει εγκαταλείψει το έδαφος του αιτούντος Συμβαλλόμενου Μέρους εντός τριάντα ημερών από την ημερομηνία που ήταν ελεύθερο να το πράξει. Η χρονική περίοδος αυτή, όμως, δεν περιλαμβάνει την περίοδο κατά την οποία το πρόσωπο δεν εγκαταλείπει το έδαφος του αιτούντος Συμβαλλόμενου Μέρους για λόγους πέραν του ελέγχου του.

(γ) το πρόσωπο που εκδόθηκε έχει οικειοθελώς επιστρέψει στο έδαφος του αιτούντος Συμβαλλομένου Μέρους αφότου το είχε εγκαταλείψει.

Άρθρο 16

Παράδοση Περιουσίας

1. Κατόπιν σχετικού αιτήματος του αιτούντος Μέρους, το Μέρος από το οποίο ζητείται η έκδοση προβαίνει σε κατάσχεση, στον βαθμό που το εθνικό του δίκαιο το επιτρέπει, των προϊόντων και των οργάνων του αδικήματος και άλλης περιουσίας που βρίσκεται στο έδαφός του και που δυνατόν να χρησιμοποιηθεί ως αποδεικτικό υλικό και, σε περίπτωση έκδοσης, παραδίδει αυτά στο αιτούν Μέρος.

2. Τα προαναφερόμενα στην παράγραφο 1 του παρόντος άρθρου αντικείμενα, όργανα και άλλη περιουσία παραδίδονται ακόμα και αν η έκδοση γίνει αποδεκτή αλλά δεν δύναται να εκτελεσθεί εξαιτίας του θανάτου, της εξαφάνισης ή απόδρασης του εκζητουμένου προσώπου.

3. Το Μέρος από το οποίο ζητείται η έκδοση δύναται, για σκοπούς διενέργειας οποιωνδήποτε άλλων ποινικών διαδικασιών που εκκρεμούν, να αναβάλει την παράδοση της προαναφερόμενης περιουσίας μέχρι την ολοκλήρωση των εν λόγω διαδικασιών ή να παραδώσει προσωρινά στο αιτούν Μέρος την περιουσία υπό τον όρο ότι το αιτούν Μέρος αναλαμβάνει την υποχρέωση να την επιστρέψει.

4. Η παράδοση τέτοιας περιουσίας δεν επηρεάζει δυσμενώς οποιαδήποτε νόμιμα δικαιώματα ή συμφέροντα του Μέρους από το οποίο ζητείται η έκδοση ή τρίτου μέρους στην περιουσία. Όπου υπάρχουν τέτοια δικαιώματα ή συμφέροντα, το αιτούν Μέρος επιστρέφει την περιουσία στο Μέρος από το οποίο ζητείται η έκδοση ή στο τρίτο μέρος, χωρίς χρέωση, το συντομότερο δυνατόν μετά την ολοκλήρωση των διαδικασιών.

Άρθρο 17

Διαμετακόμιση

1) Σε περίπτωση που οποιοδήποτε Συμβαλλόμενο Μέρος προτίθεται να παραλάβει από τρίτη χώρα εκζητούμενο πρόσωπο μέσω του εδάφους του άλλου Συμβαλλόμενου Μέρους, το πρώτο Συμβαλλόμενο Μέρος ζητά την άδεια του άλλου Συμβαλλομένου Μέρους για τη διενέργεια της διαμετακόμισης. Τέτοια άδεια δεν απαιτείται όπου η διαμετακόμιση διενεργείται με πτητικά μέσα χωρίς προγραμματισμένη προσγείωση στο έδαφος του άλλου Συμβαλλομένου Μέρους.

2) Το Μέρος που λαμβάνει τέτοιο αίτημα αποδέχεται το αίτημα για διαμετακόμιση στο βαθμό που η αποδοχή δεν αντίκειται στο εθνικό του δίκαιο.

Άρθρο 18

Γνωστοποίηση Αποτελέσματος

Κατόπιν αιτήματος του Μέρους από το οποίο ζητήθηκε η έκδοση, το αιτούν Μέρος παρέχει στο Μέρος αυτό πληροφορίες σε σχέση με τις διαδικασίες κατά του προσώπου που έχει εκδοθεί ή σε σχέση με την εκτέλεση της ποινής ή πληροφορίες αναφορικά με την επανέκδοση του προσώπου αυτού σε τρίτη χώρα.

Άρθρο 19

Έξοδα

Τα έξοδα που προκύπτουν από τις διαδικασίες έκδοσης στο έδαφος του Μέρους από το οποίο ζητείται η έκδοση επιβαρύνουν το ίδιο το Μέρος. Τα έξοδα μεταφοράς και διαμετακόμισης σε σχέση με την παραλαβή ή την παράδοση του προσώπου επιβαρύνουν το αιτούν Μέρος.

Άρθρο 20

Σχέση με άλλες Συνθήκες

Η παρούσα Συμφωνία δεν εμποδίζει την μεταξύ των Συμβαλλομένων Μερών συνεργασία στην έκδοση, στη βάση άλλων Συνθηκών στις οποίες και τα δύο Μέρη αποτελούν μέρη.

Άρθρο 21

Διευθέτηση Διαφορών

Οποιαδήποτε διαφορά προκύπτει από την ερμηνεία ή την εφαρμογή της Συμφωνίας αυτής διευθετείται με διαπραγματεύσεις μέσω της διπλωματικής οδού.

Άρθρο 22

Έναρξη Ισχύος, Τροποποιήσεις και Τερματισμός

1.Έκαστο Συμβαλλόμενο Μέρος ενημερώνει το άλλο Μέρος μέσω διπλωματικής διακοίνωσης αναφορικά με όλα τα απαραίτητα μέτρα που έχουν ληφθεί δυνάμει του εθνικού του δικαίου για την έναρξη ισχύος της παρούσας Συμφωνίας. Η παρούσα Συμφωνία τίθεται σε εφαρμογή την τριακοστή ημέρα από την τελευταία διπλωματική διακοίνωση.

2. Η παρούσα Συμφωνία δύναται να τροποποιηθεί σε οποιοδήποτε χρόνο με γραπτή συμφωνία μεταξύ των Μερών. Τέτοια τροποποίηση τίθεται σε ισχύ με τον ίδιο τρόπο και σύμφωνα με τη διαδικασία της παραγράφου 1 του παρόντος Άρθρου και θα αποτελεί μέρος της παρούσας Συμφωνίας.

3. Εκάτερο Μέρος δύναται να τερματίσει οποτεδήποτε την παρούσα Συμφωνία με γραπτή ειδοποίηση μέσω της διπλωματικής οδού. Ο τερματισμός έχει ισχύ την εκατοστή ογδοηκοστή ημέρα από την ημερομηνία της γραπτής ειδοποίησης. Ο τερματισμός της παρούσας Συμφωνίας δεν επηρεάζει τις διαδικασίες έκδοσης που ξεκίνησαν πριν τον τερματισμό.

4. Η παρούσα Συμφωνία εφαρμόζεται αναφορικά με οποιοδήποτε αίτημα υποβάλλεται μετά την έναρξη ισχύος της, ακόμα και αν τα αδικήματα διαπράχθηκαν πριν την έναρξη ισχύος της παρούσας Συμφωνίας.

ΣΕ ΜΑΡΤΥΡΙΑ ΤΩΝ ΑΝΩΤΕΡΩ, οι υπογεγραμμένοι, δεόντως εξουσιοδοτημένοι από τις αντίστοιχες Κυβερνήσεις τους, έχουν υπογράψει την παρούσα Συμφωνία.

Η Συμφωνία αυτή συντάχθηκε εις διπλούν στην _______________ (Τοποθεσία), την ____________________ (Ημερομηνία), έκαστο αντίγραφο στην Κινεζική, Ελληνική και Αγγλική γλώσσα, όλα δε τα κείμενα είναι εξίσου αυθεντικά. Σε περίπτωση διαφοράς στην ερμηνεία της Συμφωνίας αυτής, θα υπερισχύει το Αγγλικό κείμενο.

Για τη Λαϊκή Δημοκρατία της Κίνας | **Για την Κυπριακή Δημοκρατία**

TREATY BETWEEN THE PEOPLE'S REPUBLIC OF CHINA AND THE REPUBLIC OF CYPRUS ON EXTRADITION

The People's Republic of China and the Republic of Cyprus (hereinafter referred to as "the Parties"),

Desirous to promote the effective cooperation between the two states in the suppression of crime on the basis of mutual respect for sovereignty, equality and mutual benefit,

Have resolved to conclude this Treaty and agreed as follows:

Article 1
Obligation to Extradite

Each Party undertakes to extradite to the other, in accordance with the provisions of this Treaty and at the request of the Requesting Party, persons found in its territory and wanted by the other Party for the purpose of conducting criminal proceedings against or executing a sentence imposed on that person.

Article 2
Extraditable Offences

1. Extradition shall not be granted unless the conduct for which the extradition is sought constitutes an offence under the laws of both Parties and meets one of the following conditions:

(a) where the request for extradition is made for the purpose of conducting criminal proceedings, the offence is punishable under the laws of both Parties by the penalty of imprisonment for a period of at least one year or by any heavier penalty; or

(b) where the request for extradition is made for the purpose of executing a sentence of imprisonment, the period of sentence that remains to be served by the person sought is at least six months at the time when the request for extradition is made.

2. In determining whether a conduct constitutes an offence under the laws of both Parties in accordance with Paragraph 1 of this Article, it shall not matter whether the laws of the both Parties place the conduct within the same category of offence or denominate the offence by the same terminology.

3. If the request for extradition concerns two or more conducts each of which constitutes an offence under the laws of both Parties and at least one of which fulfills the conditions provided for in Paragraph 1 of this Article, the Requested Party may grant extradition for all of those conducts.

Article 3
Mandatory Grounds for Refusal

Extradition shall be refused if:

(a) the Requested Party considers that the offence for which the extradition is requested is a political offence, or the Requested Party has granted asylum to the person sought. However, terrorism offences or offences not regarded as a political offence under any international convention to which both Parties are parties shall not be considered as political offences;

(b) the Requested Party has substantial grounds for believing that the request for extradition has been made for the purpose of prosecuting or punishing the person sought on account of that person's race, sex, religion, nationality or political opinion, or that that person's position in judicial proceedings may be prejudiced for any of those reasons;

(c) the offence for which the extradition is requested only constitutes a military offence;

(d) the granting of extradition will be contrary to the fundamental principles of the law applicable in the Requested Party;

(e) the person sought is a national of the Requested Party;

(f) the person sought is, under the laws of either Party, immune from prosecution or execution of sentence for any reason, including lapse of time or pardon;

(g) the Requested Party has already rendered a final judgment or terminated criminal proceedings against the person sought in respect of the offence for which the extradition is requested;

(h) there are substantial grounds for believing that the person sought will be subjected to torture or other cruel, inhuman or humiliating treatment or punishment in the Requesting Party; or

(i) the request for extradition is made by the Requesting Party pursuant to a judgment rendered in absentia unless the Requesting Party guarantees that the person sought has the opportunity to have the case retried in his presence.

Article 4
Discretionary Grounds for Refusal

Extradition may be refused if:

(a) the Requested Party has criminal jurisdiction over the offence for which the extradition is requested in accordance with its national law, and is conducting or contemplates to institute criminal proceedings against the person sought for that offence; or

(b) the Requested Party, while taking into account the seriousness of the offence and the interests of the Requesting Party, considers that the extradition would be incompatible with humanitarian considerations in view of that person's age, health or other personal circumstances.

Article 5
Obligation to Institute Criminal Proceedings in the Requested Party

If extradition is not granted pursuant to subparagraph (e) of Article 3 of this Treaty, the Requested Party shall, at the request of the Requesting Party, submit the case to its competent authorities with a view to instituting criminal proceedings against the person under its national law. For this purpose, the Requesting Party shall provide the Requested Party with documents and evidence relating to the case.

Article 6
Channels of Communication

For the purpose of this Treaty, the Parties shall communicate with each other through diplomatic channels unless otherwise provided for in this Treaty.

Article 7
Request for Extradition and Required Documents

1. The Requesting Party shall present a letter of request for extradition which shall include or be accompanied by the following:

(a) the name of the requesting authority;

(b) the name, age, sex, nationality, number of identification documents, occupation, domicile or residence of the person sought and other information that may help to establish that person's identity and possible location; and if available, the description of that person's appearance, the photographs and fingerprints of that person;

(c) a statement of the facts of the offence, including the time, place, conduct and consequences of the offence;

(d) the text of the relevant provisions of the laws relating to criminal jurisdiction, criminalization and penalty of the offence; and

(e) the text of the relevant provisions of the laws relating to any time limit on prosecution or execution of sentence.

2. In addition to the provisions of Paragraph 1 of this Article,

(a) the request for extradition which is made for the purpose of conducting criminal proceedings against the person sought shall also be accompanied by a copy of the warrant of arrest issued by the competent authority of the Requesting Party; or

(b) the request for extradition which is made for the purpose of executing a sentence imposed on the person sought shall also be accompanied by a copy of the final judgment and a description of the period of sentence which has already been executed.

3. The letter of request for extradition and other relevant documents submitted by the Requesting Party in accordance with Paragraphs 1 and 2 of this Article shall be officially signed or sealed by the competent authority of the Requesting Party and be

accompanied by a translation into the language of the Requested Party or into the English language.

Article 8
Additional Information

If the information communicated by the Requesting Party is found to be insufficient to allow the Requested Party to make a decision in pursuance of this Treaty, the Requested Party shall request the necessary supplementary information and may fix a time-limit for the receipt thereof.

Additional information can be provided through diplomatic channels or through other channels mentioned in Article 9, by any means affording evidence in writing.

Article 9
Provisional Arrest

1. In case of urgency, one Party may make a request to the other Party for the provisional arrest of the person sought before making a request for extradition. Such request may be submitted in writing through the channels provided for in Article 6 of this Treaty, the International Criminal Police Organization (INTERPOL) or other channels agreed by both Parties.

2. The request for provisional arrest shall contain the information referred to in Paragraph 1 of Article 7 of this Treaty, a statement of the existence of documents referred to in Paragraph 2

of Article 7 and a statement that a formal request for extradition of the person sought will follow.

3. The Requested Party shall, without delay, inform the Requesting Party of the result of its handling of the request.

4. Provisional arrest shall be terminated if, within a period of thirty days after the arrest of the person sought, the Requested Party has not received the formal request for extradition. At the request of the Requesting Party, giving reasons, such time limit may be extended for fifteen days.

5. The termination of provisional arrest pursuant to Paragraph 4 of this Article shall not prejudice the extradition of the person sought if the Requested Party has subsequently received the formal request for extradition.

Article 10
Decision on the Request for Extradition

1. The Requested Party shall handle the request for extradition in accordance with the procedures provided for by its national law, and shall promptly inform the Requesting Party of its decision.

2. If the Requested Party refuses the whole or any part of the request for extradition, it shall notify the Requesting Party as to the reasons for refusal.

Article 11
Surrender of the Person to Be Extradited

1. If the extradition has been granted by the Requested Party, the Parties shall agree on the time, place and other relevant matters relating to the execution of the extradition. Meanwhile, the Requested Party shall inform the Requesting Party of the period of time for which the person to be extradited has been detained prior to the surrender.

2. If the Requesting Party has not taken over the person to be extradited within fifteen days after the date agreed for the execution of the extradition, the Requested Party shall release that person immediately and may refuse a new request by the Requesting Party for extradition of that person for the same offence, unless otherwise provided for in Paragraph 3 of this Article.

3. If for reasons beyond its control, a Party fails to surrender or take over the person to be extradited within the period agreed by virtue of paragraph 1 of this Article, it shall notify promptly the other Party. The Parties shall agree once again on the time, place and other matters relating to the execution of the extradition, and the provisions of Paragraph 2 of this Article shall apply.

Article 12
Re-Extradition

Where the person extradited escapes back to the Requested Party before criminal proceedings are concluded or his sentence is served in the Requesting Party, that person may be re-extradited upon a new request for extradition made by the Requesting Party in respect of the same offence and the Requesting Party need not submit the documents and material provided for in Article 7 of this Treaty.

Article 13
Postponed Extradition and Temporary Extradition

1. If the person sought is being proceeded against or is serving a sentence in the Requested Party for an offence other than that for which the extradition is requested, the Requested Party may, after having made a decision to grant extradition, postpone the extradition until the conclusion of the proceedings or until the sentence is fully served. The Requested Party shall inform the Requesting Party of the postponement.

2. If the postponement of the extradition may seriously impede the criminal proceedings in the Requesting Party, the Requested Party may, upon request and to the extent that its ongoing criminal proceedings are not hindered, temporarily extradite the person

sought to the Requesting Party provided that the Requesting Party undertakes to return that person unconditionally and immediately upon conclusion of the relevant proceedings.

Article 14
Requests for Extradition Made by Several States

Where requests for the extradition of the same person are made by two or more states, one of which is a Party to this Treaty, either for the same offence or for different offences, the Requested Party, in determining to which state the person is to be extradited, shall consider all the relevant circumstances, in particular:

(a) whether the requests were made pursuant to a treaty;

(b) the gravity of the different offences;

(c) the time and place of the commission of the offences;

(d) the nationality and habitual residence of the person sought;

(e) the respective dates of the requests;

(f) the possibility of subsequent extradition to a third state.

Article 15
Rule of Speciality

The person extradited in accordance with this Treaty shall not be proceeded against or be subjected to the execution of a sentence in the Requesting Party for an offence committed by that person before his extradition other than that for which the extradition is granted, nor shall that person be re-extradited to a third state, unless

(a) the Requested Party has consented in advance. For the purpose of such consent, the Requested Party may require the submission of the documents and information referred to in Article 7 of this Treaty, and a statement by the extradited person with respect to the offence concerned;

(b) that person has not left the Requesting Party within thirty days after having been free to do so. However, this period of time shall not include the time during which that person fails to leave the Requesting Party for reasons beyond his control; or

(c) that person has voluntarily returned to the Requesting Party after leaving it.

Article 16
Handing Over of Property

1. If the Requesting Party so requests, the Requested Party shall, to the extent permitted by its national law, seize the proceeds and instrumentalities of the offence and other property which may serve as evidence found in its territory, and when extradition is granted, shall hand over such property to the Requesting Party.

2. When the extradition is granted, the property referred to in Paragraph 1 of this Article may nevertheless be handed over even if the extradition cannot be carried out owing to the death, disappearance or escape of the person sought.

3. The Requested Party may, for the purpose of conducting

any other pending criminal proceedings, postpone the handing over of above-mentioned property until the conclusion of such proceedings, or temporarily hand over that property on condition that the Requesting Party undertakes to return it.

4. The handing over of such property shall not prejudice any legitimate rights or interests of the Requested Party or of any third party to that property. Where these rights or interests exist, the Requesting Party shall return the handed over property without charge to the Requested Party or the third party as soon as possible after the conclusion of the proceedings.

Article 17
Transit

1. When one Party is to have a person extradited from a third state through the territory of the other Party, it shall request the permission of the other Party for the transit. No such request is required where air transportation is used and no landing in the territory of the other Party is scheduled.

2. The Requested Party shall, in so far as it is not contrary to its national law, accept the request for transit made by the Requesting Party.

Article 18
Notification of Result

The Requesting Party shall, upon request of the Requested

Party, promptly provide the Requested Party with information on the proceedings or the execution of sentence against the extradited person or information concerning the re-extradition of that person to a third state.

Article 19
Expenses

Expenses arising from the procedures for extradition in the Requested Party shall be borne by that Party. Expenses of transportation and the transit expenses in connection with the handing over or taking over of the extradited person shall be borne by the Requesting Party.

Article 20
Relationship with Other Treaties

This Treaty shall not prevent the Parties from cooperating with each other on extradition in accordance with other treaties to which both Parties are parties.

Article 21
Settlement of Disputes

Any dispute arising from the interpretation or application of this Treaty shall be settled by consultation through diplomatic channels.

Article 22
Entry into Force, Amendment and Termination

1. Each Party shall inform the other by diplomatic note that all necessary steps have been taken under its laws for entry into force of this Treaty. This Treaty shall enter into force upon the thirtieth day from the date of the later diplomatic note.

2. This Treaty may be amended at any time by written agreement between the Parties. Any such amendment will enter into force in accordance with the same procedure prescribed in Paragraph 1 of this Article and will form part of this Treaty.

3. Either Party may terminate this Treaty by notice in writing through diplomatic channels at any time. Termination shall take effect on the one hundred and eightieth day after the date on which the notice is given. Termination of this Treaty shall not affect the extradition proceedings commenced prior to the termination.

4. This Treaty applies to any request presented after its entry into force even if the relevant offences occurred before the entry into force of this Treaty.

IN WITNESS WHEREOF, the undersigned, being duly authorized thereto by their respective Governments, have signed this Treaty.

DONE in duplicate at Beijing on this 29th day of June 2018, in the Chinese, Greek and English languages, all texts being equally authentic. In case of divergence of interpretation, the English text shall prevail.

For the People's Republic of China **For the Republic of Cyprus**

中华人民共和国和乌拉圭东岸共和国引渡条约

中华人民共和国和乌拉圭东岸共和国（以下称双方），

在相互尊重主权和平等互利的基础上，为促进两国在打击犯罪方面的有效合作，决定缔结本条约，并达成协议如下：

第一条　引渡义务

双方有义务根据本条约的规定，应另一方请求，向另一方引渡在其境内的被另一方通缉的人员，以便对其进行刑事诉讼或者执行刑罚。

第二条　可引渡的犯罪

一、只有在引渡请求所针对的行为根据双方法律均构成犯罪，并且符合下列条件之一时，才能准予引渡：

（一）为进行刑事诉讼而请求引渡的，根据双方法律，对于该犯罪均可判处一年以上有期徒刑或者更重的刑罚；

（二）为执行刑罚而请求引渡的，在提出引渡请求时，被请求引渡人尚未服完的刑期至少为一年。

二、根据本条第一款确定某一行为是否根据双方法律均构成犯罪时，不应考虑双方法律是否将该行为归入同一犯罪种类或者使用同一罪名。

三、如果引渡请求涉及两个以上根据双方法律均构成犯罪的行为，只要其中有一项行为符合本条第一款规定的条件，被请求方即可以针对上述各项行为准予引渡。

第三条　应当拒绝引渡的理由

有下列情形之一的，应当拒绝引渡：

（一）被请求方认为，引渡请求所针对的犯罪是政治犯罪，或者被请求方已经给予被请求引渡人受庇护的权利。但恐怖主义犯罪和双方均为缔约国的国际公约不认为是政治犯罪的不应视为政治犯罪；

（二）被请求方有充分理由认为，请求引渡的目的是基于被请求引渡人的种族、性别、宗教、国籍或者政治见解而对该人进行起诉或者处罚，或者该人在司法程序中的地位将会因为上述任何原因受到损害；

（三）被请求引渡人在请求方曾经遭受或者可能遭受酷刑或者其他残忍、不人道或者有辱人格的待遇或者处罚；

（四）引渡请求所针对的犯罪仅构成军事犯罪；

（五）被请求方已经对被请求引渡人就引渡请求所针对的犯罪作出生效判决或者关于其刑事诉讼程序的最终决定，或者已经赦免该人；

（六）根据任何一方的法律，因时效已过而不予追诉或者执行刑罚；

（七）被请求引渡人将被特设法庭审判或者系被特设法庭定罪；

（八）请求方根据缺席判决提出引渡请求，但请求方保证被请求引渡人有机会在其出庭的情况下对案件进行重新审理的除外；

（九）请求方可能判处的刑罚与被请求方法律的基本原则相冲突，除非请求方作出被请求方认为足够的保证，使上述原则不会被违背。

第四条　可以拒绝引渡的理由

有下列情形之一的，可以拒绝引渡：

（一）被请求方根据本国法律对引渡请求所针对的犯罪具有刑事管辖权，并且对被请求引渡人就该犯罪正在进行刑事诉讼或者准备提起刑事诉讼；

（二）被请求方在考虑了犯罪的严重性和请求方利益的情况下，认为由于被请求引渡人的年龄、健康或者其他个人原因，引渡不符合人道主义考虑。

第五条　国民不引渡

一、双方均有权拒绝引渡本国国民。

二、如果根据本条第一款规定未准予引渡，被请求方应当根据请求方的请求，将该案件提交主管机关以便根据本国法律提起刑事诉讼。为此目的，请求方应当向被请求方提供与该案件有关的文件和证据。

第六条　联系途径

为本条约的目的，双方应当通过外交途径进行联系，但本条约另有规定的除外。

第七条　引渡请求及所需文件

一、引渡请求应当以书面形式提出并包括以下内容：

（一）请求机关的名称；

（二）被请求引渡人的姓名、年龄、性别、国籍、身份证件号码、职业、住所地或者居住地以及其他有助于确定该人身份和可能所在地的资料；如有可能，有关该人外表特征的描述及其照片和指纹；

（三）有关犯罪事实的说明，包括犯罪的时间、地点、行为、结果和种类；

（四）有关定罪、量刑和追诉时效或者执行刑罚时效的法律规定。

二、除本条第一款规定外，

（一）旨在对被请求引渡人进行刑事诉讼的引渡请求还应当附有请求方主管机关签发的逮捕证的副本或者其他具有同等效力的文件；

（二）旨在对被请求引渡人执行刑罚的引渡请求还应当附有生效判决的副本和关于已经执行刑期的说明。

三、请求方根据本条第一款和第二款提交的引渡请求书和其他有关文件，应当由请求方的主管机关正式签署或者盖章，并应当附有被请求方文字的译文，但双方另有约定的除外。

第八条　补充材料

如果被请求方认为，为支持引渡请求所提供的材料不充分，可以要求在三十天内提交补充材料。如果请求方提出合理要求，这一期限可以延长十五天。如果请求方未在该期限内提交补充材料，应当被视为自动放弃请求，但是请求方可以就同一犯罪对同一人重新提出引渡请求。在这种情况下，被请求方可以接受该请求。

第九条　临时羁押

一、在紧急情况下，一方可以在提出引渡请求前，请求另一方临时羁押被请求引渡人。此种请求可以通过本条约第六条规定的途径或者国际刑警组织以书面形式提出。

二、临时羁押请求应当包括本条约第七条第一款所列内容，并说明已经备有本条约第七条第二款所列文件，以及即将提出正式引渡请求。

三、被请求方应当将处理该请求的结果及时通知请求方。

四、如果被请求方外交部在羁押被请求引渡人之后的三十天内未收到正式引渡请求，则临时羁押应当被解除。经请求方合理要求，上述期限可以延长十五天。

五、如果被请求方随后收到了正式引渡请求，则根据本条第四款解除的临时羁押不应妨碍对被请求引渡人的引渡。

第十条　对引渡请求作出决定

一、被请求方应当根据本国法律规定的程序处理引渡请求，并且及时将决定通知请求方。

二、被请求方如果全部或者部分拒绝引渡请求，应当将理由告知请求方。

第十一条　移交被引渡人

一、如果被请求方准予引渡，双方应当商定执行引渡的时间、地点和其他相关事宜。被请求方应当将被引渡人在移交之前已经被羁押的时间通知请求方，以便根据请求方法律折抵刑期。

二、如果请求方在商定的执行引渡之日后的十五天内未接收被引渡人，被请求方应当立即释放该人，并且可以拒绝请求方就同一犯罪再次提出的引渡该人的请求，但本条第三款另有规定的除外。

三、如果一方因为其无法控制的原因不能在商定的执行引渡的期间内移交或者接收被引渡人，应当立即通知另一方。双方应当再次商定执行引渡的有关事宜，并适用本条第二款的规定。

第十二条　重新引渡

被引渡人在请求方的刑事诉讼终结或者服刑完毕之前逃回被请求方的，被请求方可以根据请求方就同一犯罪再次提出的引渡请求准予重新引渡，请求方无需提交本条约第七条规定的文件和材料。

第十三条　暂缓引渡和临时引渡

一、如果被请求引渡人正在被请求方因为引渡请求所针对的犯罪之外的犯罪被提起刑事诉讼或者服刑，被请求方可以在作出准予引渡的决定后，暂缓引渡该人直至诉讼终结或者服刑完毕。被请求方应当将暂缓一事通知请求方。

二、如果暂缓引渡可能对请求方的刑事诉讼造成严重妨碍，被请求方可以在不妨碍其正在进行的刑事诉讼，并且请求方保证在完成有关诉讼程序后立即将该被请求引渡人无条件送还被请求方的情况下，根据请求，向请求方临时引渡该人。

第十四条　数国提出的引渡请求

当包括一方在内的两个以上国家对同一人就同一犯罪或者不同犯罪提出引渡请求时，被请求方在决定向哪一国引渡该人时，应当考虑所有相关情况，特别是如下情况：

（一）请求是否根据条约提出；

（二）不同犯罪的相对严重性；

（三）犯罪发生的时间和地点；

（四）被请求引渡人的国籍和通常的居住地；

（五）各项请求的时间；

（六）再向第三国引渡的可能性。

第十五条　特定规则

除准予引渡所针对的犯罪外，请求方对于根据本条约被引渡的人，不得就该人在引渡前所实施的其他犯罪进行刑事诉讼或者执行刑罚，也不能将其引渡给第三国，但是有下列情形之一的除外：

（一）被请求方事先同意。为此目的，被请求方可以要求提供本条约第七条所规定的文件或者资料，以及被引渡人就有关犯罪所作的陈述。

（二）该人在可以自由离开请求方之日后的三十天内未离开该方。但是由于其无法控制的原因未能离开请求方的时间不计算在此期限内。

（三）该人在已经离开请求方后又自愿回到该方。

第十六条　移交财物

一、如果请求方提出请求，被请求方应当在本国法律允许的范围内，扣押在其境内发现的犯罪所得、犯罪工具以及可作为证据的财物，并且在准予引渡的情况下，将这些财物移交给请求方。

二、在准予引渡的情况下，即使因为被请求引渡人死亡、失踪或者脱逃而无法实施引渡，本条第一款提及的财物仍然可以移交。

三、被请求方为审理其他未决刑事诉讼案件，可以推迟移交上述财物直至诉讼终结，或者在请求方承诺返还的条件下临时移交这些财物。

四、移交上述财物不得损害被请求方或者任何第三方对该财物的合法权益。如果存在此种权益，请求方应当在诉讼终结之后尽快将被移交的财物无偿返还给被请求方或者该第三方。

第十七条　过　境

一、一方从第三国引渡人员需经过另一方领土时，应当向另一方提出过境请求。如果使用航空运输并且没有在另一方境内降落的计划，则无需提出过境请求。

二、被请求方在不违反其法律的情况下，应当同意请求方提出的过境请求。

第十八条　通报结果

请求方应当根据被请求方的要求，及时向被请求方通报有关对被引渡人进行刑事诉讼、执行刑罚或者将该人引渡给第三国的情况。

第十九条　费　用

在被请求方的引渡程序中产生的费用应当由被请求方承担。与移交和接收被引渡人有关的交通费用和过境费用应当由请求方承担。

第二十条　与其他条约的关系

本条约不影响双方根据双方均为缔约方的其他条约开展引

渡合作。

第二十一条　争议的解决

由于本条约的解释或者适用所产生的任何争议，应当通过外交途径协商解决。

第二十二条　生效、修订和终止

一、双方根据本国法律完成本条约生效所需的一切必要程序后，应当通过外交照会通知另一方。本条约自后一份照会收到之日起第三十天生效。

二、本条约可以随时经双方书面协议予以修订。此类修订应当按照本条第一款规定的相同程序生效，并构成本条约的一部分。

三、任何一方可以随时通过外交途径，以书面形式通知终止本条约。本条约自该通知发出之日后第一百八十天终止。本条约的终止不影响条约终止前已经开始的引渡程序。

四、本条约适用于其生效后提出的任何请求，即使有关犯罪发生于本条约生效前。

下列签署人经各自政府适当授权，签署本条约，以昭信守。

本条约于二〇一九年四月二十九日订于北京，一式两份，每份均用中文、西班牙文和英文写成，三种文本同等作准。如遇解释上的分歧，以英文本为准。

中华人民共和国代表　　　　**乌拉圭东岸共和国代表**

TRATADO
ENTRE
LA REPÚBLICA POPULAR CHINA
Y
LA REPÚBLICA ORIENTAL DEL URUGUAY
SOBRE EXTRADICIÓN

La República Popular China y la República Oriental del Uruguay (en adelante denominadas "las Partes"),

Deseando promover la cooperación efectiva entre los dos países en cuanto a la represión del delito sobre la base del respeto mutuo de la soberanía, la igualdad y el beneficio mutuo,

Han resuelto celebrar el presente Tratado y han acordado lo siguiente:

Artículo 1
Obligación de Extraditar

Cada Parte se obliga a extraditar a la otra, de conformidad con las disposiciones del presente Tratado y a solicitud de la otra Parte, a las personas requeridas por la Parte Requirente que se encuentren en el territorio de la Parte Requerida, a los efectos de proceder con acciones penales contra ellas o ejecutar una sentencia que les haya sido impuesta.

Artículo 2
Delitos Extraditables

1. La extradición sólo se concederá si la conducta por la cual se pretende la extradición constituye un delito de conformidad con las leyes de ambas Partes y se cumple una de las siguientes condiciones:

(a) cuando el pedido de extradición se realiza con el propósito de entablar acciones penales, el delito es punible en virtud de las leyes de ambas Partes con pena de privación de libertad por un período de al menos un año o por una pena más severa; o

(b) cuando el pedido de extradición se realiza con el fin de ejecutar una sentencia de privación de libertad, el período de la sentencia que resta ser cumplido por la persona requerida es de al menos un año al momento en que se efectúe el pedido de extradición.

2. Para determinar si una conducta constituye un delito en virtud de las leyes de ambas Partes de acuerdo con lo dispuesto por el Párrafo 1 del presente Artículo, no se tendrá en cuenta si las leyes de ambas Partes encuadran dicha conducta dentro de la misma categoría de delito o utilizan la misma terminología.

3. Si el pedido de extradición involucra dos o más conductas, cada una de la cuales constituye un delito en virtud de las leyes de ambas Partes y por lo menos una de ellas cumple con las condiciones establecidas en el Párrafo 1 del presente Artículo, la Parte Requerida podrá conceder la extradición por la totalidad de tales conductas.

Artículo 3
Fundamentos Obligatorios para la Denegación

La extradición deberá denegarse si:

(a) la Parte Requerida considera que el delito por el cual se pide la extradición es un delito político o la Parte Requerida ha concedido asilo a la persona requerida. Sin embargo, los delitos de terrorismo o aquellos no considerados delitos políticos por alguna convención internacional a las cuales ambas Partes sean partes, no se considerarán delitos políticos;

(b) la Parte Requerida tiene sólidos fundamentos para creer que el pedido de extradición fue efectuado con el objeto de procesar o castigar a la persona requerida en razón de su raza, sexo, religión, nacionalidad u opinión política, o que la situación de dicha persona en el proceso judicial puede verse perjudicada por cualquiera de tales motivos;

(c) la persona requerida ha sido o puede ser víctima de tortura u otro trato o pena cruel, inhumana o degradante en la Parte Requirente;

(d) el delito por el cual se pide la extradición solamente constituye un delito militar;

(e) la Parte Requerida, en relación al delito por el cual se solicita la extradición, ha dictado ya una sentencia definitiva o una decisión final en los procedimientos contra la persona requerida, o ha beneficiado a la persona requerida con amnistía o perdón;

(f) la acción o la pena habrían prescripto de acuerdo a las leyes de cualquiera de las Partes;

(g) la persona requerida será juzgada o ha sido sentenciada por una Corte *ad-hoc*;

(h) la solicitud de extradición se realiza por la Parte Requirente en relación a un juicio desarrollado en ausencia, a menos que la Parte Requirente garantice que la persona requerida tiene la oportunidad de reiterar el caso en su presencia;

(i) la pena que pueda ser impuesta en la Parte Requirente se encuentra en conflicto con los principios fundamentales del derecho de la Parte Requerida, a menos que la Parte Requirente provea garantías que la Parte Requerida considere suficientes de que esos principios no serán vulnerados.

Artículo 4
Fundamentos Discrecionales para la Denegación

La extradición se puede denegar si:

(a) la Parte Requerida tiene competencia penal sobre el delito por el cual se pide la extradición de acuerdo con su legislación nacional y ha iniciado o considera iniciar una causa penal contra la persona requerida por dicho delito;

(b) la Parte Requerida, al tomar en cuenta la gravedad del delito y los intereses de la Parte Requirente, entiende que la extradición sería incompatible con consideraciones humanitarias en atención a la edad, salud u otras circunstancias que afecten a la persona.

Artículo 5
Denegación de Extradición de Nacionales

1. Cada una de las Partes tiene discreción para denegar la extradición de sus nacionales.

2. Si la extradición no se concede conforme al Párrafo 1 del presente Artículo, la Parte Requerida, si así lo solicitara la Parte Requirente, presentará el caso ante las autoridades competentes con el fin de iniciar acciones penales contra la persona conforme a su legislación nacional. En tal sentido, la Parte Requirente proporcionará

a la Parte Requerida la documentación y pruebas relacionadas con el caso.

Artículo 6
Vías de Comunicación

A los efectos del presente Tratado, las Partes se comunicarán entre sí a través de la vía diplomática a menos que en este Tratado se disponga lo contrario.

Artículo 7
Pedido de Extradición y Documentación Requerida

1. El pedido de extradición se realizará por escrito e incluirá los siguientes datos:

(a) nombre de la autoridad solicitante;

(b) nombre, edad, sexo, nacionalidad, número de documento de identidad, ocupación, domicilio o residencia de la persona requerida y demás datos que puedan contribuir a determinar su identidad y su posible ubicación; y si se dispusiera de ello, una descripción del aspecto de la persona, fotografías y huellas digitales de la misma;

(c) descripción de los hechos del delito, incluida la fecha, lugar, conducta, consecuencias y categoría del delito;

(d) copia de las disposiciones legales relacionadas con la tipificación, pena aplicable y prescripción para el enjuiciamiento o la ejecución de la sentencia.

2. Además de las disposiciones del Párrafo 1 del presente Artículo,

(a) el pedido de extradición que se realiza a los efectos de entablar acciones penales contra la persona requerida también deberá ir acompañado de una copia de la orden de arresto o de un documento con la misma fuerza y efecto expedida por la autoridad competente de la Parte Requirente;

(b) el pedido de extradición que se realiza a los efectos de ejecutar una sentencia impuesta sobre la persona requerida también irá acompañado de una copia de la sentencia definitiva y una descripción del período de la sentencia que ya ha sido cumplido.

3. La solicitud de pedido de extradición y demás documentos pertinentes presentados por la Parte Requirente de acuerdo con los Párrafos 1 y 2 del presente Artículo serán oficialmente firmados o sellados por la autoridad competente de la Parte Requirente y estará acompañada de las traducciones al idioma de la Parte Requerida, salvo que ambas Partes hayan acordado otra cosa.

Artículo 8
Información Adicional

Si la Parte Requerida considera que la información suministrada en respaldo de un pedido de extradición no es suficiente, dicha Parte podrá solicitar que se le suministre información adicional en un plazo de 30 días. En caso de un pedido debidamente realizado por la Parte Requirente, el tiempo límite podrá extenderse 15 días. Si la Parte Requirente no presentara la información adicional dentro de dicho plazo, se entenderá que ha renunciado a su pedido en forma voluntaria. No obstante, la Parte Requirente no estará impedida de efectuar un nuevo pedido de extradición de la misma persona por el mismo delito. En este caso, la Parte Requerida puede aceptar la nueva solicitud.

Artículo 9
Detención preventiva

1. En caso de urgencia, una de las Partes podrá solicitar a la otra Parte una detención preventiva de la persona requerida antes de realizar el pedido de extradición. Dicha solicitud podrá ser presentada por escrito a través de los canales previstos por el Artículo 6 del presente Tratado, o de la Organización Internacional de Policía Criminal (INTERPOL).

2. La solicitud de una detención preventiva contendrá lo indicado en el Párrafo 1 del Artículo 7 del presente Tratado, una declaración de la existencia de los documentos mencionados en el Párrafo 2 del Artículo 7 y una declaración de que el pedido formal de extradición de la persona requerida se realizará a continuación.

3. La Parte Requerida, sin demora, informará a la Parte Requirente el resultado del trámite del pedido.

4. La detención preventiva terminará si, dentro de un plazo de treinta días siguientes a la detención de la persona requerida, el

Ministerio de Relaciones Exteriores de la Parte Requerida no ha recibido el pedido formal de extradición. Con la debida solicitud de la Parte Requirente, dicho plazo podrá ser extendido por quince días.

5. La finalización de la detención preventiva conforme al Párrafo 4 del presente Artículo no perjudicará la extradición de la persona requerida si la Parte Requerida ha recibido posteriormente el pedido formal de extradición.

Artículo 10
Decisión sobre el Pedido de Extradición

1. La Parte Requerida tratará el pedido de extradición de conformidad con los procedimientos establecidos por su legislación nacional e informará de inmediato a la Parte Requirente su decisión.

2. Si la Parte Requerida rechaza la totalidad o parte del pedido de extradición, las razones de la denegación se notificarán a la Parte Requirente.

Artículo 11
Entrega de la Persona Extraditada

1. Si la extradición ha sido otorgada por la Parte Requerida, las Partes acordarán la fecha, lugar y demás asuntos relevantes relativos a la ejecución de la extradición. La Parte Requerida informará a la Parte Requirente el tiempo que la persona extraditada ha estado detenida previo a su entrega, con el fin de descontar dicho tiempo de la ejecución de la sentencia de acuerdo con las leyes de la Parte Requirente.

2. Si la Parte Requirente no se ha hecho cargo de la persona extraditada dentro de los quince días siguientes a la fecha acordada para el cumplimiento de la extradición, la Parte Requerida liberará a la persona de forma inmediata y podrá rechazar un nuevo pedido de la Parte Requirente para la extradición de esa persona por el mismo delito, excepto en las circunstancias establecidas en el párrafo 3 de este Artículo.

3. Si una Parte no cumple con entregar o hacerse cargo de la persona dentro del plazo acordado por razones ajenas a su control, la otra Parte será notificada de inmediato. Las Partes una vez más

acordarán sobre los asuntos pertinentes de la ejecución de la extradición, y se aplicarán las disposiciones del Párrafo 2 del presente Artículo.

Artículo 12
Reextradición

Cuando la persona bajo extradición escapa a la Parte Requerida antes de que concluya la causa penal o su sentencia se cumpla en la Parte Requirente, dicha persona puede ser reextraditada luego de un nuevo pedido de extradición efectuado por la Parte Requirente con respecto al mismo delito y la Parte Requirente no necesitará presentar los documentos y materiales mencionados en el Artículo 7 del presente Tratado.

Artículo 13
Extradición Pospuesta y Extradición Temporal

1. Si la persona requerida está siendo demandada o está cumpliendo una sentencia en la Parte Requerida por un delito diferente al delito por el cual se pide la extradición, la Parte Requerida podrá, luego de haber tomado la decisión de otorgar la extradición, posponer la extradición hasta que culmine la causa o se cumpla la sentencia. La Parte Requerida informará a la Parte Requirente dicha postergación.

2. Si la postergación de la extradición puede impedir seriamente la causa penal en la Parte Requirente, la Parte Requerida podrá, cuando se lo solicite y en la medida en que sus causas penales no se vean interrumpidas, extraditar en forma temporal a la persona requerida a la Parte Requirente, siempre que la Parte Requirente se comprometa a devolver a la persona incondicionalmente y de forma inmediata una vez concluida la causa pertinente.

Artículo 14
Pedidos de Extradición efectuados por Varios Estados

Cuando los pedidos son efectuados por dos o más Estados incluida una Parte para la extradición de la misma persona ya sea por el mismo o por diferentes delitos, la Parte Requerida, al determinar a qué Estado ha de ser extraditada la persona, tendrá en cuenta todas las circunstancias pertinentes, en particular:

(a) si los pedidos fueron efectuados conforme a un Tratado;

(b) la gravedad de los diferentes delitos;

(c) la fecha y lugar donde se cometió el delito;

(d) la nacionalidad y la residencia habitual de la persona requerida;

(e) las fechas respectivas de los pedidos;

(f) la posibilidad de una extradición posterior a un tercer Estado.

Artículo 15
Principio de Especialidad

La persona extraditada de conformidad con el presente Tratado no será enjuiciada ni estará sujeta a la ejecución de la sentencia en la Parte Requirente por un delito que haya cometido con anterioridad a su extradición que no sea el delito por el cual se concede la extradición, ni la persona será extraditada a un tercer Estado a menos que:

(a) la Parte Requerida haya consentido por adelantado. A los efectos de dicho consentimiento, la Parte Requerida podrá exigir la presentación de documentos e información mencionada en el Artículo 7 del presente Tratado y una declaración por parte de la persona extraditada con relación al delito concerniente;

(b) dicha persona no haya salido de la Parte Requirente dentro de los treinta días siguientes a haber estado libre para hacerlo. No obstante, este período no incluirá el tiempo durante el cual dicha persona no se vaya de la Parte Requirente por razones ajenas a su control; o

(c) la persona haya regresado en forma voluntaria a la Parte Requirente luego de haberla abandonado.

Artículo 16
Entrega de Bienes

1. Si la Parte Requirente así lo solicitara, la Parte Requerida, en la medida permitida por su legislación nacional, incautará los ingresos

e instrumentos del delito y demás bienes que puedan servir como prueba encontrada en su territorio, y cuando se otorgue la extradición, entregará esos bienes a la Parte Requirente.

2. Cuando se conceda la extradición, los bienes que se mencionan en el Párrafo 1 del presente Artículo pueden no obstante entregarse aun cuando la extradición no pueda llevarse a cabo debido al fallecimiento, desaparición o escape de la persona requerida.

3. La Parte Requerida podrá, a los efectos de entablar cualquier otra causa penal pendiente, posponer la entrega de los bienes antes mencionados hasta que tales causas concluyan, o entregarlos temporariamente con la condición de que la Parte Requirente se comprometa a devolverlos.

4. La entrega de tales bienes no perjudicará ninguno de los derechos o intereses legítimos de la Parte Requerida o de terceros sobre los mismos. Cuando estos derechos o intereses existan, la Parte Requirente devolverá los bienes entregados a la mayor brevedad posible, sin costo para la Parte Requerida ni para los terceros, una vez concluida la causa.

Artículo 17
Tránsito

1. Cuando una Parte extradite a una persona desde un tercer Estado a través del territorio de la otra Parte, solicitará a la otra parte permiso para realizar dicho tránsito. No se requiere ese pedido cuando se utiliza transporte aéreo que no tenga programado aterrizaje en el territorio de la otra Parte.

2. La Parte Requerida, en la medida en que no contravenga la legislación nacional, autorizará el pedido de tránsito efectuado por la Parte Requirente.

Artículo 18
Notificación del Resultado

La Parte Requirente, a pedido de la Parte Requerida, proporcionará de inmediato a esta última la información relativa a la causa judicial o ejecución de la sentencia contra la persona extraditada o la información concerniente a la extradición de dicha persona a un tercer Estado.

Artículo 19
Gastos

Los gastos resultantes de los procedimientos de la extradición en la Parte Requerida serán de cargo de dicha Parte. Los gastos por concepto de transporte y tránsito relacionados con la entrega o recepción de la persona extraditada serán costeados por la Parte Requirente.

Artículo 20
Relación con otros Tratados

Este Tratado no impedirá a las Partes cooperar entre sí para cumplir con la extradición de acuerdo a lo dispuesto en otros tratados en los cuales sean partes.

Artículo 21
Solución de Controversias

Toda controversia que resulte de la interpretación o aplicación del presente Tratado será resuelta mediante consultas a través de la vía diplomática.

Artículo 22
Entrada en Vigor, Modificaciones y Finalización

1. Cada Parte informará a la otra por la vía diplomática que se han tomado todas las medidas necesarias dentro de su sistema legal para la entrada en vigor del presente Tratado. El presente Tratado entrará en vigor a los treinta días siguientes a fecha de la recepción de la última nota diplomática.

2. El presente Tratado podrá ser modificado en cualquier momento mediante el acuerdo escrito de las Partes. Tales modificaciones entrarán en vigor conforme al mismo procedimiento descrito en el Párrafo 1 del presente Artículo y formarán parte de este Tratado.

3. Cualquiera de las Partes podrá terminar el presente Tratado mediante notificación escrita cursada a través de la vía diplomática en cualquier momento. La finalización tendrá vigencia a los ciento

ochenta días siguientes a la fecha en la cual se cursó la notificación. La finalización del presente Tratado no afectará los procedimientos de extradición iniciados previo a la misma.

4. El presente Tratado se aplica a cualquier pedido presentado luego de su entrada en vigor aun cuando los delitos respectivos hayan ocurrido antes de la vigencia del Tratado.

EN FE DE ELLO, los suscritos, debidamente autorizados a tales efectos por sus respectivos Gobiernos, han firmado este Tratado.

REALIZADO por duplicado en Beijing........., el día 29... de Abril.......... (mes) de 2019..... (año), en chino, español e inglés, siendo todos los textos igualmente válidos. En caso de divergencia de interpretación, prevalecerá la versión en idioma inglés.

Por la República Popular China **Por la República Oriental del Uruguay**

TREATY BETWEEN THE PEOPLE'S REPUBLIC OF CHINA AND THE ORIENTAL REPUBLIC OF URUGUAY ON EXTRADITION

The People's Republic of China and the Oriental Republic of Uruguay (hereinafter referred to as "the Parties"),

Desirous to promote the effective cooperation between the two countries in the repression of crime on the basis of mutual respect for sovereignty, equality and mutual benefit,

Have resolved to conclude this Treaty and agreed as follows:

Article 1
Obligation to Extradite

Each Party undertakes to extradite to the other, in accordance with the provisions of this Treaty and upon the request of the other Party, persons wanted by the Requesting Party who are in the territory of the Requested Party, for the purpose of conducting criminal proceedings against them or executing a sentence imposed on them.

Article 2
Extraditable Offences

1. Extradition shall only be granted if the conduct for which the extradition is sought constitutes an offence under the laws of both Parties and meets one of the following conditions:

(a) where the request for extradition is made for the purpose of conducting criminal proceedings, the offence is punishable under the laws of both Parties by the penalty of imprisonment for a period of at least one year or by any heavier penalty; or

(b) where the request for extradition is made for the purpose of executing a sentence of imprisonment, a period of sentence that remains to be served by the person sought is at least one year at the time when the request for extradition is made.

2. In determining whether a conduct constitutes an offence under the laws of both Parties in accordance with Paragraph 1 of this Article, it shall not matter whether the laws of the both Parties place the conduct within the same category of offence or denominate the offence by the same terminology.

3. If the request for extradition concerns two or more conducts each of which constitutes offence under the laws of both Parties and at least one of which fulfills the conditions provided for in Paragraph 1 of this Article, the Requested Party may grant extradition for all of those conducts.

Article 3
Mandatory Grounds for Refusal

Extradition shall be refused if:

(a) the Requested Party considers that the offence for which the extradition is requested is a political offence, or that the Requested Party has granted asylum to the person sought. However, terrorism offence or the offence which is not regarded as a political offence under any international convention to which both Parties are parties shall not be considered as political offence;

(b) the Requested Party has substantial grounds for believing that the request for extradition has been made for the purpose of prosecuting or punishing the person sought on account of that person's race, sex, religion, nationality or political opinion, or that that person's position in judicial proceedings may be prejudiced for any of those reasons;

(c) the person sought has been or could be victim of torture or any other cruel, inhuman, or humiliating treatment or punishment in the Requesting Party;

(d) the offence for which the extradition is requested only constitutes a military offence;

(e) the Requested Party, in respect of the offence for which the extradition is requested, has already rendered a final judgment or final decision on the proceedings against the person sought, or has benefited the person sought with an amnesty or pardon;

(f) the action or the penalty would be barred by prescription under the laws of either Party;

(g) the person sought is to be tried or has been convicted by an ad-hoc court;

(h) the request for extradition is made by the Requesting Party pursuant to a judgment rendered in absentia unless the Requesting Party guarantees that the person sought has the opportunity to have the case retried in his presence;

(i) the penalty that may be imposed in the Requesting Party is in conflict with the fundamental principles of the laws of the Requested Party, unless the Requesting Party provides such assurances, as the Requested Party considers sufficient that these principles shall not be vulnerated.

Article 4
Discretionary Grounds for Refusal

Extradition may be refused if:

(a) the Requested Party has criminal jurisdiction over the offence for which the extradition is requested in accordance with its laws, and is conducting or contemplates to institute a criminal proceeding against the person sought for that offence;

(b) the Requested Party, while taking into account the seriousness of the offence and the interests of the Requesting Party, considers that the extradition would be incompatible with humanitarian considerations in view of that person's age, health or other personal circumstances justifying humanitarian considerations.

Article 5
Refusal of Extradition of Nationals

1. Each Party has discretion to refuse extradition of its nationals.

2. If extradition is not granted pursuant to Paragraph 1 of this Article, the Requested Party shall, if the Requesting Party so requests, submit the case to its competent authorities with a view to institution of criminal proceedings against the person under its laws. For this purpose, the Requesting Party shall provide the Requested Party with documents and evidence relating to the case.

Article 6
Ways of Communication

For the purpose of this Treaty, the Parties shall communicate with each other through diplomatic channels unless otherwise provided for in this Treaty.

Article 7
Request for Extradition and Required Documents

1. The request for extradition shall be made in written form and include the following information:

(a) the name of the requesting authority;

(b) the name, age, sex, nationality, number of identification documents, occupation, domicile or residence of the person sought and other information that may help to establish that person's identity and possible location; and if available, the description of that person's appearance, the photographs and fingerprints of that person;

(c) a description of the facts of the offence, including the date, place, conduct, consequences and category of the offence;

(d) copy of the legal provisions regarding criminalization, applicable penalty and prescription for prosecution or execution of sentence.

2. In addition to the provisions of Paragraph 1 of this Article,

(a) the request for extradition which is made for the purpose of conducting criminal proceedings against the person sought shall also be accompanied by a copy of the warrant of arrest or document with the same force and effect issued by the competent authority of the Requesting Party;

(b) the request for extradition which is made for the purpose of executing a sentence imposed on the person sought shall also be accompanied by a copy of final judgment and a description of period of sentence which has already been executed.

3. The request for extradition and other relevant documents submitted by the Requesting Party in accordance with Paragraphs 1 and 2 of this Article shall be officially signed or sealed by the competent authority of the Requesting Party and be accompanied by translations into the language of the Requested Party except that the both Parties have agreed otherwise.

Article 8
Additional Information

If the Requested Party considers that the information furnished in support of a request for extradition is not sufficient, the Party may request that additional information be furnished within thirty days. At a duly request by the Requesting Party, the time limit may be extended for fifteen days. If the Requesting Party fails to submit additional information within that period, it may be considered as having renounced its request voluntarily. However, the Requesting Party may make a new request for extradition of the same person for the same offence. In this case, the Requested Party may accept the new request.

Article 9
Provisional Arrest

1. In case of urgency, one Party may make a request to the other Party for the provisional arrest of the person sought before making a request for extradition. Such request may be submitted in writing through the channels provided for in Article 6 of this Treaty, or the International Criminal Police Organization (INTERPOL).

2. The request for provisional arrest shall contain the contents referred to in Paragraph 1 of Article 7 of this Treaty, a statement of the existence of documents referred to in Paragraph 2 of Article 7 and a statement that a formal request for extradition of the person

sought will follow.

3. The Requested Party shall, without delay, inform the Requesting Party of the result of its handling of the request.

4. Provisional arrest shall be terminated if, within a period of thirty days after the arrest of the person sought, the Ministry of Foreign Affairs of the Requested Party has not received the formal request for extradition. At a duly request by the Requesting Party, such time limit may be extended for fifteen days.

5. The termination of provisional arrest pursuant to Paragraph 4 of this Article shall not prejudice the extradition of the person sought if the Requested Party has subsequently received the formal request for extradition.

Article 10
Decision on the Request for Extradition

1. The Requested Party shall process the request for extradition in accordance with the procedures provided for by its laws, and shall promptly inform the Requesting Party of its decision.

2. If the Requested Party refuses the whole or any part of the request for extradition, the reasons for refusal shall be notified to the Requesting Party.

Article 11
Surrender of the Person to Be Extradited

1. If the extradition has been granted by the Requested Party,

the Parties shall agree on time, place and other relevant matters relating to the execution of the extradition. The Requested Party shall inform the Requesting Party of the period of time for which the person to be extradited has been detained prior to the surrender with the aim to deduct the time served from the execution of the sentence according to the laws of the Requesting Party.

2. If the Requesting Party has not taken over the person to be extradited within fifteen days after the date agreed for the execution of the extradition, the Requested Party shall release that person immediately and may refuse a new request by the Requesting Party for extradition of that person for the same offence, except for the circumstances stated in Paragraph 3 of this Article.

3. If one Party fails to surrender or take over the person to be extradited within the agreed period for the execution of the extradition for reasons beyond its control, the other Party shall be notified promptly. The Parties shall once again agree on the relevant matters for the execution of the extradition, and shall apply the provisions of Paragraph 2 of the present Article.

Article 12
Re-Extradition

Where the person under extradition escapes back to the Requested Party before criminal proceedings are terminated or his sentence is served in the Requesting Party, that person may be re-extradited upon a new request for extradition made by the

Requesting Party in respect of the same offence and the Requesting Party need not submit the documents and material provided for in Article 7 of this Treaty.

Article 13
Postponed Extradition and Temporary Extradition

1. If the person sought is being proceeded against or is serving a sentence in the Requested Party for an offence other than that for which the extradition is requested, the Requested Party may, after having made a decision to grant extradition, postpone the extradition until the conclusion of the proceeding or the completion of the sentence. The Requested Party shall inform the Requesting Party of the postponement.

2. If the postponement of the extradition may seriously impede the criminal proceedings in the Requesting Party, the Requested Party may, upon request and to the extent that its ongoing criminal proceedings are not hindered, temporarily extradite the person sought to the Requesting Party provided that the Requesting Party undertakes to return that person unconditionally and immediately upon conclusion of the relevant proceedings.

Article 14
Requests for Extradition Made by Several States

Where requests are made by two or more States including one Party for extradition of the same person either for the same offence or for different offences, the Requested Party, in determining to which State the person is to be extradited, shall consider all the relevant circumstances, in particular:

(a) whether the requests were made pursuant to a treaty;

(b) the gravity of different offences;

(c) the time and place of the commission of the offence;

(d) the nationality and habitual residence of the person sought;

(e) respective dates of the requests;

(f) the possibility of subsequent extradition to a third state.

Article 15
Rule of Speciality

The person extradited in accordance with this Treaty shall not be proceeded against or subject to the execution of sentence in the Requesting Party for an offence committed by that person before his extradition other than that for which the extradition is granted, nor shall that person be extradited to a third State, unless

(a) the Requested Party has consented in advance. For the purpose of such consent, the Requested Party may require the submission of the documents and information referred to in Article 7 of this Treaty, and a statement by the extradited person with respect to the offence concerned;

(b) that person has not left the Requesting Party within thirty days after having been free to do so. However, this period of time shall not include the time during which that person fails to leave the Requesting Party for reasons beyond his control; or

(c) that person has voluntarily returned to the Requesting Party after leaving it.

Article 16
Handover of Property

1. If the Requesting Party so requests, the Requested Party shall, to the extent permitted by its laws, seize the proceeds and instrumentality of the offence and other property which may serve as evidence found in its territory, and when extradition is granted, shall hand over the property to the Requesting Party.

2. When the extradition is granted, the property referred to in Paragraph 1 of this Article may nevertheless be handed over even if the extradition cannot be carried out owing to the death, disappearance or escape of the person sought.

3. The Requested Party may, for conducting any other pending criminal proceedings, postpone the handover of above-mentioned property until the conclusion of such proceedings, or temporarily hand over that property on condition that the Requesting Party undertakes to return it.

4. The handover of such property shall not prejudice any legitimate rights or interests of the Requested Party or of any third party to that property. Where these rights or interests exist, the Requesting Party shall return the handed over property without charge to the Requested Party or the third Party as soon as possible after the conclusion of the proceedings.

Article 17
Transit

1. When one Party is to extradite a person from a third State through the territory of the other Party, it shall request the other Party for the permission of such transit. No such request is required where air transportation is used and no landing in the territory of the other Party is scheduled.

2. The Requested Party shall, insofar as not contrary to its laws, grant the request for transit made by the Requesting Party.

Article 18
Notification of Result

The Requesting Party shall, upon request of the Requested Party, provide the Requested Party promptly with the information on the proceedings or the execution of sentence against the extradited person or information concerning the extradition of that person to a third state.

Article 19
Expenses

Expenses arising from the procedures for extradition in the Requested Party shall be borne by that Party. Expenses of transportation and the transit expenses in connection with the handover or takeover of the extradited person shall be borne by the Requesting Party.

Article 20
Relationship with Other Treaties

This Treaty shall not prevent the Parties from cooperating with each other on extradition in accordance with other treaties to which both Parties are parties.

Article 21
Settlement of Disputes

Any dispute arising from the interpretation or application of this Treaty shall be settled by consultation through diplomatic channels.

Article 22
Entry into Force, Amendment and Termination

1. Each Party shall inform the other by diplomatic note that all

necessary steps have been taken under its laws for entry into force of this Treaty. This Treaty shall enter into force upon the thirtieth day from the date on which the later diplomatic note is received.

2. This Treaty may be amended at any time by written agreement between the Parties. Any such amendment will enter into force in accordance with the same procedure prescribed in Paragraph 1 of this Article and will form part of this Treaty.

3. Either Party may terminate this Treaty by notice in writing through diplomatic channels at any time. Termination shall take effect on the one hundred and eightieth day after the date on which the notice is given. Termination of this Treaty shall not affect the extradition proceedings commenced prior to the termination.

4. This Treaty applies to any request presented after its entry into force even if the relevant offences occurred before the entry into force of this Treaty.

IN WITNESS WHEREOF, the undersigned, being duly authorized thereto by their respective Governments, have signed this Treaty.

DONE in duplicate at Beijing on this 29th day of April 2019, in the Chinese, Spanish and English languages, all texts being equally authentic. In case of divergence of interpretation, the English text shall prevail.

For the People's Republic of China **For the Oriental Republic of Uruguay**

中华人民共和国和亚美尼亚共和国引渡条约

中华人民共和国和亚美尼亚共和国（以下称双方），

在相互尊重主权和平等互利的基础上，为促进双方在打击犯罪方面的有效合作，决定缔结本条约，并达成协议如下：

第一条　引渡义务

双方有义务根据本条约的规定，应请求方请求，向另一方引渡在其境内发现的受到请求方通缉的人员，以便对其进行刑事诉讼或者执行刑罚。

第二条　可引渡的犯罪

一、只有在引渡请求所针对的行为根据双方法律均构成犯罪，并且符合下列条件之一时，才能准予引渡：

（一）为进行刑事诉讼而请求引渡的，根据双方法律，对于该犯罪均可判处一年以上有期徒刑或者更重的刑罚；

（二）为执行刑罚而请求引渡的，在提出引渡请求时，被请求引渡人尚未服完的刑期至少为六个月。

二、确定某一犯罪是否根据双方法律均构成可处罚的犯罪时，不应当考虑：

（一）双方法律是否将构成犯罪的作为或者不作为归入同一犯罪种类或者使用同一罪名；

（二）犯罪的构成要件根据双方法律是否存在差异，而应当对请求方提交的作为或者不作为作整体考虑。

三、如果引渡请求涉及两个以上根据双方法律均构成犯罪的行为，只要其中一项行为符合本条第一款规定的条件，被请求方即可以对所有这些行为准予引渡。

第三条　应当拒绝引渡的理由

有下列情形之一的，应当拒绝引渡：

（一）被请求方认为，引渡请求所针对的犯罪是政治犯罪，或者被请求方已经给予被请求引渡人庇护。但恐怖主义犯罪和双方均为缔约国的国际公约不认为是政治犯罪的不应当被视为政治犯罪；

（二）被请求方有充分理由认为，请求引渡的目的是基于被请求引渡人的种族、性别、宗教、国籍或者政治见解而对该人提起诉讼或者进行处罚，或者该人在司法程序中的地位将会因为上述任何原因受到损害；

（三）引渡请求所针对的犯罪仅构成军事犯罪；

（四）根据任何一方的法律，由于时效已过、大赦或者赦免等任何原因，被请求引渡人已经被免予追诉或者免予执行刑罚；

（五）被请求方已经对被请求引渡人就引渡请求所针对的犯罪作出生效判决或者终止刑事诉讼程序；

（六）准予引渡可能会损害被请求方的主权、安全、公共秩序或者其他重大利益，或者导致与其本国法律基本原则相抵触的后果，包括执行被请求方法律禁止的刑罚种类；

（七）被请求引渡人在请求方曾经遭受或者可能遭受酷刑或者其他残忍、不人道或者有辱人格的待遇或者处罚；

（八）请求方根据缺席判决提出引渡请求，但请求方保证被请求引渡人有机会在其出庭的情况下对案件进行重新审理的除外。

第四条　可以拒绝引渡的理由

有下列情形之一的，可以拒绝引渡：

（一）被请求方根据本国法律对引渡请求所针对的犯罪具有刑事管辖权，并且对被请求引渡人就该犯罪正在进行刑事诉讼或者准备提起刑事诉讼；

（二）被请求方在考虑了犯罪的严重性和请求方利益的情况下，认为由于被请求引渡人的年龄、健康或者其他个人情况，引渡不符合人道主义考虑。

第五条　国民不引渡

一、双方均有权拒绝引渡本国国民。

二、如果根据本条第一款规定未准予引渡，被请求方应当根据请求方的请求，将该案件提交主管机关以便根据本国法律对该人提起刑事诉讼。为此目的，请求方应当向被请求方提供与该案件有关的文件和证据。

第六条 联系途径

为本条约的目的，请求和所有其他联系应当通过外交途径转递给双方主管机关。

第七条 引渡请求以及所需文件

一、引渡请求应当以书面形式提出，并包括或者附有以下内容：

（一）请求机关的名称；

（二）被请求引渡人的姓名、年龄、性别、国籍、身份证件号码、职业、住所地或者居住地以及其他有助于确定该人的身份和可能所在地的资料；如有可能，有关该人外表特征的描述及其照片和指纹；

（三）有关犯罪事实的说明，包括犯罪的时间、地点、行为和结果；

（四）有关该项犯罪的刑事管辖权、定罪和刑罚的法律规定；

（五）有关追诉时效或者执行刑罚时效的法律规定。

二、除本条第一款规定外，

（一）旨在对被请求引渡人进行刑事诉讼的引渡请求还应当附有请求方主管机关签发的逮捕证（拘留证）的副本；

（二）旨在对被请求引渡人执行刑罚的引渡请求还应当附有生效判决的副本和关于已经执行刑期的说明。

三、请求方根据本条第一款和第二款提交的引渡请求书和其他有关文件，应当由请求方的主管机关正式签署或者盖章，并应当附有被请求方文字的译文或者英文译文。

第八条　补充材料

如果被请求方认为，为支持引渡请求所提供的材料不充分，可以要求在三十天内提交补充材料。如果请求方提出合理要求，这一期限可以延长十五天。如果请求方未在该期限内提交补充材料，应当被视为自动放弃请求，但是不妨碍请求方就同一犯罪对同一人重新提出引渡请求。

第九条　证明或者认证

除本条约另有规定外，通过本条约第六条规定的渠道转递的引渡请求和相关辅助文件，以及对引渡请求的答复文件或者其他材料无需证明或者认证。

第十条　临时羁押

一、一方可以在提出引渡请求前，请求另一方临时羁押被请求引渡人。此种请求可以通过本条约第六条规定的途径、国际刑警组织或者双方同意的其他途径以书面形式提出。

二、临时羁押请求应当包括本条约第七条第一款所列内容，并说明已经备有第七条第二款所列文件，以及即将对被请求引渡人提出正式引渡请求。

三、被请求方应当将处理该请求的结果及时地通知请求方。

四、如果被请求方在羁押被请求引渡人之后的三十天内未收到正式引渡请求，则应当解除临时羁押。经请求方合理请求，上述期限可以延长十天。

五、如果被请求方随后收到了正式引渡请求，则根据本条第四款解除临时羁押不应妨碍对被请求引渡人的引渡。

第十一条　对引渡请求作出决定

一、被请求方应当根据本国法律规定的程序处理引渡请求，并且立即将决定通知请求方。

二、被请求方如果全部或者部分拒绝引渡请求，应当将拒绝理由通知请求方。

第十二条　移交被引渡人

一、如果被请求方准予引渡，双方应当尽快商定执行引渡的时间、地点等有关事宜。同时，被请求方应当将被引渡人在移交之前已经被羁押的时间通知请求方。

二、如果请求方在商定的执行引渡之日后的十五天内未接收被引渡人，被请求方应当立即释放该人，并且可以拒绝请求方就同一犯罪再次提出的引渡该人的请求，但本条第三款另有规定的除外。

三、如果一方因为其无法控制的原因不能在商定的期间内移交或者接收被引渡人，应当立即通知另一方。双方应当再次商定执行引渡的有关事宜，并适用本条第二款的规定。

第十三条 重新引渡

被引渡人在请求方的刑事诉讼终结或者服刑完毕之前逃回被请求方的，被请求方可以根据请求方就同一犯罪再次提出的引渡请求准予重新引渡，请求方无需提交本条约第七条规定的文件和材料。

第十四条 暂缓引渡和临时引渡

一、如果被请求引渡人正在被请求方因为引渡请求所针对的犯罪之外的犯罪被提起刑事诉讼或者服刑，被请求方可以在作出准予引渡的决定后，暂缓引渡该人直至诉讼终结或者服刑完毕。被请求方应当将暂缓一事通知请求方。

二、如果暂缓引渡可能对请求方的刑事诉讼造成严重妨碍，被请求方可以在不妨碍其正在进行的刑事诉讼，并且请求方保证在完成有关程序后立即将该被请求引渡人无条件送还被请求方的情况下，根据请求，向请求方临时引渡该人。

第十五条 数国提出的引渡请求

当包括一方在内的两个以上国家对同一人就同一犯罪或者不同犯罪提出引渡请求时，被请求方在决定向哪一国引渡该人时，应当考虑所有相关情况，特别是下列情形：

（一）请求是否根据条约提出；

（二）不同犯罪的严重性；

（三）实施犯罪的时间和地点；

（四）被请求引渡人的国籍和通常居住地；

（五）各项请求提出的不同时间；

（六）再向第三国引渡的可能性。

第十六条　特定规则

除准予引渡所针对的犯罪外，请求方对于根据本条约规定被引渡的人，不得就该人在引渡前所实施的其他犯罪进行刑事诉讼或者执行刑罚，也不能将其引渡给第三国，但是有下列情形之一的除外：

（一）被请求方事先同意。为此目的，被请求方可以要求提供本条约第七条所规定的文件或者资料，以及被引渡人就有关犯罪所作的陈述。

（二）该人在可以自由离开请求方之日后的三十天内未离开该方。但是由于其无法控制的原因未能离开请求方的时间不计算在此期限内。

（三）该人在已经离开请求方后又自愿回到该方。

第十七条　移交财物

一、如果请求方提出请求，被请求方应当在本国法律允许的范围内，扣押在其境内发现的犯罪所得、犯罪工具以及可作为证据的其他财物，并且在准予引渡的情况下，将这些财物移交给请求方。

二、在准予引渡的情况下，即使因为被请求引渡人死亡、失踪或者脱逃而无法实施引渡，本条第一款提及的财物仍然可以移交。

三、被请求方为审理其他未决刑事诉讼案件，可以推迟移交上述财物直至诉讼终结，或者在请求方承诺返还的条件下临时移交这些财物。

四、移交上述财物不得损害被请求方或者任何第三方对该财物的合法权益。如果存在此种权益，请求方应当在诉讼终结之后尽快将被移交的财物无偿返还给被请求方或者该第三方。

第十八条　过　境

一、一方从第三国引渡人员需经过另一方领土时，应当向另一方提出过境请求。如果使用航空运输并且没有在另一方境内降落的计划，则无需提出过境请求。

二、被请求方在不违反本国法律的情况下，应当同意请求方提出的过境请求。

第十九条　通报结果

请求方应当根据被请求方的要求，立即向被请求方提供有关对被引渡人进行刑事诉讼、执行刑罚或者将该人引渡给第三国的情况。

第二十条　费　用

在被请求方的引渡程序中产生的费用应当由被请求方承担。与移交和接收被引渡人有关的交通费用和过境费用应当由请求方承担。

第二十一条　与其他条约的关系

本条约不影响双方根据双方均为缔约方的其他条约开展引渡合作。

第二十二条　争议的解决

由于本条约规定的解释或者适用所产生的任何争议，应当通过外交途径协商解决。

第二十三条　生效、修订和终止

一、任何一方根据本国法律完成本条约生效所需的一切必要程序后，应当通过外交照会通知另一方。本条约自后一份照会收到之日起第三十天生效。

二、一方提起且经双方同意后，本条约可以进行修订和补充。所有修订和补充应当作为单独的议定书。议定书生效程序与本条约生效程序相同，并构成本条约的一部分。

三、任何一方可以随时通过外交途径，以书面形式通知终止本条约。本条约自该通知发出之日后第一百八十天终止。本条约的终止不影响条约终止前已经开始的引渡程序。

四、本条约适用于其生效后提出的任何请求，即使有关犯罪发生于本条约生效前。

下列签署人经各自政府适当授权，签署本条约，以昭信守。

本条约于二〇一九年五月二十六日订于埃里温，一式两份，每份均用中文、亚美尼亚文和英文写成，三种文本同等作准。如遇解释上的分歧，以英文本为准。

中华人民共和国代表　　　　**亚美尼亚共和国代表**

ՊԱՅՄԱՆԱԳԻՐ
ՉԻՆԱՍՏԱՆԻ ԺՈՂՈՎՐԴԱԿԱՆ ՀԱՆՐԱՊԵՏՈՒԹՅԱՆ
ԵՎ
ՀԱՅԱՍՏԱՆԻ ՀԱՆՐԱՊԵՏՈՒԹՅԱՆ
ՄԻՋԵՎ
ՀԱՆՁՆՄԱՆ ՄԱՍԻՆ

Չինաստանի Ժողովրդական Հանրապետությունը և Հայաստանի Հանրապետությունը (այսուհետ՝ Կողմեր),

ցանկանալով խթանել հանցագործության կանխման գործում Կողմերի միջև արդյունավետ համագործակցությունը՝ հիմնված ինքնիշխանության փոխադարձ հարգման, հավասարության և փոխադարձ շահի վրա,

որոշեցին կնքել սույն Պայմանագիրը և համաձայնեցին հետևյալի մասին.

Հոդված 1

Հանձնման պարտավորությունը

Յուրաքանչյուր Կողմ, սույն Պայմանագրի դրույթներին համապատասխան և Հայցող Կողմի պահանջով, պարտավորվում է մյուս Կողմին հանձնել իր տարածքում հայտնաբերված և Հայցող Կողմի կողմից հետախուզվող ցանկացած անձի՝ այդ անձի նկատմամբ քրեական վարույթ իրականացնելու կամ նշանակված պատիժն ի կատար ածելու նպատակով:

Հոդված 2

Հանձնման համար հիմք հանդիսացող հանցանքները

1. Հանձնման մասին հարցումը կարող է բավարարվել միայն այն դեպքում, եթե արարքը, որի համար հանձնում է պահանջվում, համարվում է հանցանք երկու Կողմերի օրենքներով, և եթե առկա է հետևյալ պայմաններից որևէ մեկը.

ա) հանձնման մասին հարցումը կատարվել է այնպիսի հանցանքի համար քրեական վարույթ իրականացնելու նպատակով, որը երկու Կողմերի օրենքներով պատժելի է ազատազրկմամբ նվազագույնը մեկ տարի ժամկետով կամ ցանկացած ավելի խիստ պատժով կամ

բ) հանձնման մասին հարցումը կատարվել է ազատազրկման ձևով պատիժն ի կատար ածելու նպատակով, եթե պատժի մնացած ժամկետը, որը հետախուզման մեջ գտնվող անձը պետք է կրի, հանձնման մասին հարցում ներկայացնելու պահին առնվազն վեց ամիս է։

2. Տվյալ հանցանքը երկու Կողմերի օրենքներով պատժելի հանցանք լինելու հարցը որոշելիս՝

ա) հաշվի չպետք է առնել Կողմերի օրենքները տվյալ հանցանքը կազմող գործողությունները կամ անգործությունը հանցանքների նույն տեսակի՞ն են դասում կամ հանցանքը նույն տերմինաբանությա՞մբ են անվանում, թե՞ ոչ.

բ) պետք է հաշվի առնել գործողությունների և անգործության ամբողջությունը, ինչպես ներկայացված է հայցող պետության կողմից՝ անկախ այն հանգամանքից՝ Կողմերի օրենքներով հանցանքի բաղկացուցիչ տարրերը տարբերվո՞ւմ են, թե՞ ոչ։

3. Եթե հանձնման մասին հարցումը վերաբերում է երկու կամ ավել այնպիսի արարքների, որոնցից յուրաքանչյուրը հանցանք է համարվում երկու Կողմերի օրենքներով, և դրանցից առնվազն մեկը բավարարում է սույն հոդվածի 1–ին կետում նախատեսված պայմանները, Հայցվող Կողմը կարող է բավարարել բոլոր այդ արարքների առնչությամբ ներկայացված՝ հանձնման մասին հարցումը։

Հոդված 3

Մերժման պարտադիր հիմքերը

Հանձնումը մերժվում է, եթե.

ա) Հայցվող Կողմը համարում է, որ այն հանցանքը, որի համար հանձնումը պահանջվում է, քաղաքական հանցանք է, կամ եթե Հայցվող Կողմն ապաստան է տվել հետախուզման մեջ գտնվող անձին։ Սակայն ահաբեկչական հանցագործությունը կամ այն հանցանքը, որը քաղաքական հանցանք չի համարվում որևէ միջազգային կոնվենցիայով, որի կողմեր են երկու Կողմերը, քաղաքական հանցանքներ չեն համարվում.

բ) Հայցվող Կողմը լուրջ հիմքեր ունի ենթադրելու, որ հանձնման մասին հարցումը ներկայացվել է հետախուզման մեջ գտնվող անձին այդ անձի ռասայական պատկանելության, սեռի, դավանանքի, քաղաքացիության կամ քաղաքական հայացքների պատճառով հետապնդելու կամ պատժելու համար, կամ որ դատական վարույթի ժամանակ անձին կարող է վնաս հասցվել նշված պատճառներից որևէ մեկի հետևանքով.

գ) հանցանքը, որի համար պահանջվում է հանձնումը, միայն զինվորական հանցագործություն է.

դ) հետախուզման մեջ գտնվող անձը, որևէ Կողմի օրենքների համաձայն, ունի անձեռնմխելիություն քրեական հետապնդումից կամ իր նկատմամբ պատիժն ի կատար ածելուց որևէ պատճառով, ներառյալ՝ վաղեմության ժամկետն անցնելու, համաներման կամ ներման.

ե) Հայցվող Կողմը վերջնական դատավճիռ արդեն կայացրել է կամ դադարեցրել է հետախուզման մեջ գտնվող անձի նկատմամբ հարուցված քրեական վարույթն այն հանցանքի առնչությամբ, որի համար հանձնումը պահանջվել է.

զ) հանձնման մասին հարցման բավարարումը կարող է վտանգել Հայցվող Կողմի ինքնիշխանությունը, անվտանգությունը, հասարակական կարգը կամ այլ էական շահը կամ առաջացնել իր ներպետական օրենսդրության հիմնարար սկզբունքներին հակասող ազդեցություն՝ ներառյալ այնպիսի պատժի տեսակի կատարումը, որն արգելված է Հայցվող Կողմի օրենքներով.

է) հետախուզման մեջ գտնվող անձը Հայցող Կողմի տարածքում ենթարկվել է կամ հնարավոր է ենթարկվի խոշտանգման կամ այլ՝ դաժան, անմարդկային կամ նվաստացուցիչ վերաբերմունքի կամ պատժի.

ը) Հայցող Կողմը հանձնման մասին հարցումը ներկայացնում է հետախուզման մեջ գտնվող անձի բացակայությամբ կայացված դատավճռին համապատասխան, մինչև Հայցող Կողմը ներկայացնի երաշխիքներ առ այն, որ հետախուզվող անձը կունենա իր ներկայությամբ վերստին դատաքննություն ունենալու հնարավորություն։

Հոդված 4

Մերժման հայեցողական հիմքերը

Հանձնումը կարող է մերժվել, եթե.

ա) Հայցվող Կողմը, իր ազգային օրենսդրությանը համապատասխան, ունի քրեական իրավազորություն այն հանցանքի նկատմամբ, որի համար հանձնումը պահանջվում է, և տվյալ հանցանքի համար քրեական վարույթ է իրականացնում հետախուզման մեջ գտնվող անձի նկատմամբ կամ ունի նրա դեմ քրեական վարույթ հարուցելու մտադրություն.

բ) Հայցվող Կողմը, հիմք ընդունելով հանցանքի լրջությունը և Հայցող Կողմի շահերը, համարում է, որ հանձնումն անհամատեղելի կլինի մարդասիրական նկատառումների հետ՝ հաշվի առնելով անձի տարիքը, առողջական վիճակը կամ անձնական այլ հանգամանքներ։

Հոդված 5

Քաղաքացիների հանձնումը մերժելը

1. Յուրաքանչյուր Կողմ կարող է իր հայեցողությամբ մերժել իր քաղաքացիների հանձնումը։

2. Եթե հանձնման մասին հարցումը մերժվել է սույն հոդվածի 1-ին կետի համաձայն, Հայցվող Կողմը Հայցող Կողմի կողմից նման պահանջ ներկայացվելու դեպքում գործը հանձնում է իր իրավասու մարմիններին՝ այդ անձի դեմ, իր ազգային օրենսդրության համաձայն, քրեական վարույթ հարուցելու նպատակով։ Այդ նպատակով Հայցող

Կողմը Հայցվող Կողմին տրամադրում է գործին առնչվող փաստաթղթերն ու ապացույցները:

Հոդված 6

Հաղորդակցության ուղիները

Սույն Պայմանագրի նպատակների համար հանձնման հարցումները պետք է փոխանցվեն և բոլոր այլ հաղորդակցությունները Կողմերի իրավասու մարմինների միջև պետք է իրականացվեն դիվանագիտական ուղիներով:

Հոդված 7

Հանձնման մասին հարցումը և անհրաժեշտ փաստաթղթերը

1. Հանձնման մասին հարցումը պետք է ներկայացվի գրավոր և ներառի հետևյալ տեղեկությունները կամ ներկայացվի ներքոշարադրյալ տեղեկությունները պարունակող փաստաթղթերին կից.

ա) հայցող մարմնի անվանումը.

բ) հետախուզման մեջ գտնվող անձի անունը, տարիքը, սեռը, քաղաքացիությունը, անձը հաստատող փաստաթղթերի համարները, զբաղմունքը, մշտական բնակության կամ գտնվելու վայրը և այլ տեղեկություններ, որոնք կարող են օգնել՝ պարզելու համար այդ անձի ինքնությունը և նրա գտնվելու հնարավոր վայրը, և, առկայության դեպքում, այդ անձի արտաքին նկարագրությունը, լուսանկարները և այդ անձի մատնահետքերը.

գ) հանցագործության հանգամանքների շարադրանքը՝ ներառյալ հանցանքի կատարման ժամանակը, վայրը, եղանակը և հետևանքները.

դ) քրեական իրավազորությանը, հանցագործության քրեականացմանը և դրա համար նախատեսված պատժին վերաբերող օրենքների դրույթները և

ե) քրեական հետապնդման կամ դատավճիռն ի կատար ածելու վաղեմության ժամկետներին վերաբերող օրենքների դրույթները:

2. Ի լրումն սույն հոդվածի 1-ին կետի դրույթների՝

ա) հետախուզման մեջ գտնվող անձի նկատմամբ քրեական վարույթ իրականացնելու նպատակով ներկայացված հանձնման մասին հարցման հետ ներկայացվում է նաև Հայցող Կողմի իրավասու մարմնի կողմից տրված՝ ձերբակալման (կալանավորման) մասին որոշման պատճենը.

բ) հետախուզման մեջ գտնվող անձի նկատմամբ նշանակված պատիժն ի կատար ածելու նպատակով ներկայացված հանձնման մասին հարցման հետ ներկայացվում են նաև վերջնական վճռի պատճենը և արդեն իսկ կրած պատժի ժամկետի մասին տեղեկությունները:

3. Հայցող Կողմի կողմից սույն հոդվածի 1-ին և 2-րդ կետերին համապատասխան ներկայացված հանձնման մասին հարցման նամակը և այլ համապատասխան փաստաթղթերը պաշտոնապես ստորագրվում կամ կնքվում են Հայցող Կողմի իրավասու մարմնի կողմից և ուղեկցվում են Հայցվող Կողմի լեզվով կամ անգլերեն թարգմանություններով:

Հոդված 8

Լրացուցիչ տեղեկությունները

Եթե Հայցվող Կողմը համարում է, որ հանձնման մասին հարցման հիմնավորման համար տրամադրված տեղեկությունները բավարար չեն, Կողմը կարող է պահանջել երեսնօրյա ժամկետում տրամադրել լրացուցիչ տեղեկություններ: Հայցող Կողմի հիմնավոր խնդրանքով՝ այդ ժամկետը կարող է երկարաձգվել տասնհինգ օրով: Եթե Հայցող Կողմը լրացուցիչ տեղեկությունները չի ներկայացնում այդ ժամկետում, համարվում է, որ նա իր պահանջից ինքնակամ հրաժարվել է: Այնուամենայնիվ, սա չի նշանակում, որ Հայցող Կողմը չի կարող նույն հանցանքի համար նույն անձին հանձնելու մասին նոր հարցում ներկայացնել:

Հոդված 9

Հաստատում կամ նույնականացում

Բացառությամբ սույն Պայմանագրով նախատեսված դեպքերի՝ 6-րդ հոդվածով նախատեսված ուղիով փոխանցված հանձնման մասին հարցման և դրան կից փաստաթղթերի, ինչպես նաև նման հարցմանն ի պատասխան ներկայացված փաստաթղթերի և այլ նյութերի համար հաստատում կամ նույնականացում չի պահանջվում:

Հոդված 10

Ժամանակավոր կալանավորումը

1. Կողմերից մեկը նախքան հանձնման մասին հարցում ներկայացնելը կարող է միջնորդություն ներկայացնել մյուս Կողմին հետախուզման մեջ գտնվող անձին ժամանակավոր կալանավորելու վերաբերյալ: Այդպիսի միջնորդությունը կարող է ներկայացվել գրավոր՝ սույն Պայմանագրի 6-րդ հոդվածով նախատեսված ուղիներով, Քրեական ոստիկանության միջազգային կազմակերպության (ԻՆՏԵՐՊՈԼԻ) կամ երկու Կողմերի պայմանավորված այլ ուղիներով:

2. Ժամանակավոր կալանավորելու մասին միջնորդությունը պետք է պարունակի սույն Պայմանագրի 7-րդ հոդվածի 1-ին կետում նշված տեղեկությունները, 7-րդ հոդվածի 2-րդ կետում նշված փաստաթղթերի առկայությունը հավաստող տեղեկությունը և տեղեկություն, որ հետախուզման մեջ գտնվող անձի հանձնման մասին պաշտոնական հարցումը կներկայացվի լրացուցիչ:

3. Հայցվող Կողմն անհապաղ տեղեկացնում է Հայցող Կողմին հարցման ընթացքի արդյունքների մասին:

4. Ժամանակավոր կալանավորումը դադարեցվում է, եթե հետախուզման մեջ գտնվող անձի կալանավորումից հետո՝ երեսնօրյա ժամկետում, Հայցվող Կողմը չի ստանում հանձնման մասին պաշտոնական հարցում: Հայցող Կողմի հիմնավոր խնդրանքով՝ այդ ժամկետը կարող է երկարաձգվել տասն օրով:

5. Ժամանակավոր կալանավորումը սույն հոդվածի 4-րդ կետին համապատասխան դադարեցնելը չպետք է խոչընդոտի հետախուզման մեջ գտնվող անձի հանձնմանը, եթե Հայցվող Կողմը հետագայում ստանա հանձնման մասին պաշտոնական հարցում:

Հոդված 11

Հանձնման մասին հարցման վերաբերյալ որոշումը

1. Հայցվող Կողմը հանձնման մասին հարցումը քննարկում է իր ազգային օրենսդրությամբ նախատեսված ընթացակարգերին համապատասխան և իր որոշման մասին անհապաղ տեղեկացնում է Հայցող Կողմին:

2. Եթե Հայցվող Կողմն ամբողջությամբ կամ մասամբ մերժում է հանձնման մասին հարցումը, մերժման պատճառների մասին ծանուցում է Հայցող Կողմին:

Հոդված 12

Հանձնման ենթակա անձի հանձնումը

1. Եթե Հայցվող Կողմը բավարարում է հանձնման հարցումը, Կողմերը, առանց անհարկի ուշացման, պայմանավորվում են հանձնումն իրականացնելու ժամանակի, տեղի և հանձնմանն առնչվող այլ համապատասխան հարցերի մասին: Միևնույն ժամանակ Հայցվող Կողմը տեղեկացնում է Հայցող Կողմին, թե նախքան հանձնումը հանձնման ենթակա անձը որքան ժամանակ է պահվել կալանքի տակ:

2. Եթե Հայցող Կողմը հանձնումն իրականացնելու համար պայմանավորված ժամկետից հետո՝ տասնհինգ օրվա ընթացքում, չի տեղափոխում հանձնման ենթակա անձին, Հայցվող Կողմը նրան անհապաղ ազատում է և կարող է մերժել Հայցող Կողմի՝ նույն հանցանքի համար այդ անձին հանձնելու մասին նոր հարցումը, եթե այլ բան նախատեսված չէ սույն հոդվածի 3-րդ կետով:

3. Եթե մի Կողմը պայմանավորված ժամկետում հանձնման ենթակա անձին չի հանձնում կամ չի տեղափոխում իր կամքից անկախ պատճառներով, մյուս Կողմը պետք է անհապաղ ծանուցվի: Կողմերը կրկին պայմանավորվում են հանձնումն իրականացնելու հետ կապված համապատասխան հարցերի շուրջ, և կիրառվում են սույն հոդվածի 2-րդ կետի դրույթները:

Հոդված 13

Վերահանձնելը

Եթե հանձնման ենթակա անձը նախքան Հայցող Կողմի տարածքում քրեական վարույթի դադարելը կամ իր պատիժն ամբողջությամբ կրելը փախուստի է դիմում՝ վերադառնալով Հայցվող Կողմի տարածք, այդ անձը կարող է վերահանձնվել Հայցող Կողմի կողմից նույն հանցանքի առնչությամբ ներկայացվող՝ հանձնման մասին նոր հարցման դեպքում, և Հայցող Կողմը կարող է չներկայացնել սույն Պայմանագրի 7-րդ հոդվածով նախատեսված փաստաթղթերն ու նյութերը։

Հոդված 14

Հանձնման հետաձգումը և ժամանակավոր հանձնումը

1. Եթե հետախուզման մեջ գտնվող անձի նկատմամբ Հայցվող Կողմում հարուցված է քրեական հետապնդում, կամ այդ անձը պատիժ է կրում ոչ այն հանցանքի համար, որով նրան հանձնելու հարցում է ներկայացվել, Հայցվող Կողմը կարող է հանձնման մասին հարցումը բավարարելու մասին որոշում կայացնելուց հետո հետաձգել նրա հանձնումը մինչև վարույթը կամ պատժի կրումն ավարտվելը։ Հայցվող Կողմը հետաձգման մասին տեղեկացնում է Հայցող Կողմին։

2. Եթե հանձնումը հետաձգելը կարող է լրջորեն խոչընդոտել Հայցող Կողմի տարածքում իրականացվող քրեական վարույթին, Հայցվող Կողմը կարող է, հարցում ստանալուն պես և այնքանով, որքանով դա չի խոչընդոտում ընթացող քրեական վարույթին, հետախուզման մեջ գտնվող անձին ժամանակավոր հանձնել Հայցող Կողմին՝ պայմանով, որ Հայցող Կողմը համապատասխան վարույթն ավարտելուց հետո անվերապահորեն և անհապաղ կվերադարձնի այդ անձին։

Հոդված 15

Մի քանի պետությունից ստացված՝ հանձնման մասին հարցումները

Եթե երկու կամ ավելի պետություններ, ներառյալ սույն Պայմանագրի Կողմերից որևէ մեկը, նույն անձին նույն հանցանքը կամ տարբեր հանցանքներ կատարելու համար հանձնման մասին հարցումներ են ներկայացրել, Հայցվող Կողմը, որոշելու համար, թե ո՛ր պետությանը պետք է հանձնի այդ անձին, դիտարկում է առնչվող բոլոր հանգամանքները, մասնավորապես՝

ա) արդյո՞ք հարցումները ներկայացվել են պայմանագրի համաձայն,

բ) տարբեր հանցանքների ծանրության աստիճանը,

գ) հանցանքի կատարման ժամանակը և վայրը,

դ) հետախուզման մեջ գտնվող անձի քաղաքացիությունը և հիմնական բնակության վայրը,

ե) հարցումների ներկայացման համապատասխան ամսաթվերը,

գ) հետագայում որևէ երրորդ պետության հանձնելու հնարավորությունը։

Հոդված 16

Առանձնահատուկ կանոններ

Սույն Պայմանագրի դրույթներին համապատասխան հանձնված անձի նկատմամբ Հայցող Կողմում չի կարող քրեական հետապնդում իրականացվել կամ պատիժն ի կատար ածվել մինչև նրան հանձնելն այդ անձի կողմից կատարված այն հանցանքի համար, որով հանձնելու հարցում չի ներկայացվել, ինչպես նաև այդ անձը չի կարող հանձնվել որևէ երրորդ պետության, եթե միայն.

ա) Հայցվող Կողմը նախապես չի տվել իր համաձայնությունը։ Նման համաձայնությունը տալու համար Հայցվող Կողմը կարող է պահանջել, որ ներկայացվեն սույն Պայմանագրի 7-րդ հոդվածում նշված փաստաթղթերն ու տեղեկությունները և տվյալ հանցանքի հետ կապված՝ հանձնված անձի հայտարարությունը,

բ) այդ անձը երեսուն օրվա ընթացքում չի հեռացել Հայցող Կողմի տարածքից դրա հնարավորությունը ունենալուց հետո։ Այնուամենայնիվ, նշված ժամկետի մեջ չի ներառվում այն ժամանակը, որի ընթացքում այդ անձը, իր կամքից անկախ հանգամանքներով, չէր կարող հեռանալ Հայցող Կողմի տարածքից, կամ

գ) հեռանալուց հետո այդ անձն ինքնակամ չի վերադարձել Հայցող Կողմի տարածք։

Հոդված 17

Գույքի հանձնումը

1. Հայցող Կողմից պահանջ ներկայացվելու դեպքում Հայցվող Կողմն իր ազգային օրենսդրության թույլատրելիության սահմաններում առգրավում է հանցագործության արդյունքում ձեռք բերված միջոցները և հանցագործության գործիքներն ու այլ գույք, որոնք կարող են օգտագործվել որպես իր տարածքում գտնված ապացույցներ, և հանձնման մասին հարցումը բավարարելու դեպքում այդ գույքը հանձնում է Հայցող Կողմին։

2. Երբ հանձնման մասին հարցումը բավարարվում է, սույն հոդվածի 1-ին կետում նշված գույքը, այնուամենայնիվ, կարող է հանձնվել, եթե անգամ հանձնումը հնարավոր չէ իրականացնել հետախուզման մեջ գտնվող անձի մահվան, անհետացման կամ փախուստի պատճառով։

3. Հայցվող Կողմը կարող է արդեն իսկ հարուցված ցանկացած այլ քրեական վարույթ իրականացնելու համար հետաձգել վերոնշյալ գույքի հանձնումը՝ մինչև նշված վարույթն ավարտվելը, կամ ժամանակավորապես հանձնել այդ գույքը՝ պայմանով, որ Հայցող Կողմը կպարտավորվի այն վերադարձնել։

4. Նման գույքը հանձնելով՝ չպետք է ոտնահարվի Հայցվող Կողմի կամ երրորդ կողմի՝ այդ գույքի նկատմամբ ունեցած որևէ օրինական իրավունք կամ շահ։ Նշված իրավունքների կամ շահերի առկայության դեպքում Հայցող Կողմը վարույթն ավարտելուց հետո՝ հնարավորինս շուտ, անհատույց վերադարձնում է փոխանցված գույքը Հայցվող Կողմին կամ երրորդ կողմին։

Հոդված 18

Տարանցիկ փոխադրումը

1. Եթե մի Կողմը պետք է անձին երրորդ պետությանը հանձնի մյուս Կողմի տարածքով, ապա պետք է դիմի մյուս Կողմին նման տարանցիկ փոխադրման թույլտվություն համար։ Նման թույլտվությունն անհրաժեշտ չէ, եթե օդային փոխադրամիջոց է օգտագործվում, և մյուս Կողմի տարածքում կանգառ չի նախատեսվում։

2. Հայցվող Կողմը, այնքանով, որքանով դա չի հակասում իր ազգային օրենսդրությանը, բավարարում է տարանցիկ փոխադրման համար Հայցող Կողմի ներկայացրած դիմումը։

Հոդված 19

Արդյունքի մասին ծանուցելը

Հայցող Կողմը Հայցվող Կողմի հարցումն ստանալուն պես անհապաղ տեղեկություններ է ներկայացնում Հայցվող Կողմին հանձնված անձի նկատմամբ իրականացվող վարույթի կամ պատիժն ի կատար ածելու կամ այդ անձին երրորդ պետությանը հանձնելու մասին։

Հոդված 20

Ծախսերը

Հայցվող Կողմի տարածքում հանձնման հետ կապված ընթացակարգերի կատարումից առաջացած ծախսերը կրում է այդ Կողմը։ Հանձնման ենթակա անձի հանձնման կամ ընդունման հետ կապված՝ տրանսպորտային և տարանցիկ փոխադրման ծախսերը կրում է Հայցող Կողմը։

Հոդված 21

Այլ պայմանագրերի հետ առնչությունը

Սույն Պայմանագիրը Կողմերին չի խոչընդոտում հանձնման շուրջ միմյանց հետ համագործակցել՝ այլ պայմանագրերի համապատասխան, որոնց կողմ են երկու Կողմերը։

Հոդված 22

Վեճերի կարգավորումը

Սույն Պայմանագրի դրույթների մեկնաբանման կամ կիրառման հետ կապված ցանկացած վեճ կարգավորվում է դիվանագիտական ուղիներով անցկացվող բանակցությունների միջոցով:

Հոդված 23

Ուժի մեջ մտնելը, փոփոխությունները և դադարեցնելը

1. Յուրաքանչյուր Կողմ պետք է մյուս Կողմին դիվանագիտական հայտագրով տեղեկացնի, որ իր օրենքների շրջանակներում արվել են սույն Պայմանագրի ուժի մեջ մտնելու համար անհրաժեշտ բոլոր քայլերը: Սույն Պայմանագիրն ուժի մեջ է մտնում վերջին դիվանագիտական հայտագիրը ստանալու օրվանից հետո՝ երեսուներորդ օրը:

2. Յուրաքանչյուր Կողմի նախաձեռնությամբ և փոխադարձ համաձայնությամբ սույն Պայմանագիրը կարող է փոփոխվել և/կամ լրացվել: Բոլոր փոփոխությունները և/կամ լրացումները կձևակերպվեն առանձին արձանագրություններով: Արձանագրություններն ուժի մեջ կմտնեն սույն Պայմանագրի ուժի մեջ մտնելու համար սահմանված կարգով և կհամարվեն սույն Պայմանագրի անբաժանելի մասը:

3. Յուրաքանչյուր Կողմ կարող է ցանկացած ժամանակ դադարեցնել սույն Պայմանագրի գործողությունը՝ այդ մասին դիվանագիտական ուղիներով գրավոր ծանուցելով: Պայմանագրի գործողությունը դադարում է ծանուցումը ներկայացնելու օրվան հաջորդող հարյուրութսուներորդ օրը: Սույն Պայմանագրի դադարումը չի ազդում նախքան դադարումն սկսված հանձնման գործընթացների վրա:

4. Սույն Պայմանագիրը կիրառվում է ուժի մեջ մտնելուց հետո ներկայացված ցանկացած հարցման նկատմամբ, եթե անգամ դրան առնչվող հանցանքները կատարվել են նախքան սույն Պայմանագրի ուժի մեջ մտնելը:

Ի ՀԱՍՏԱՏՈՒՄՆ ՎԵՐՈՇԱՐԱԴՐՅԱԼԻ՝ ներքոստորագրյալները, պատշաճ կերպով լիազորված լինելով իրենց համապատասխան Կառավարությունների կողմից, ստորագրեցին սույն Պայմանագիրը:

ԿԱՏԱՐՎԱԾ է Երևան քաղաքում, 2019 թվականի մայիսի 26-ին, երկու բնօրինակով, չինարեն, հայերեն և անգլերեն, ընդ որում՝ բոլոր տեքստերը հավասարազոր են: Մեկնաբանման հետ կապված տարաձայնություն առաջանալու դեպքում գերակայում է անգլերեն տեքստը:

Չինաստանի Ժողովրդական Հանրապետության կողմից՝	Հայաստանի Հանրապետության կողմից՝

TREATY BETWEEN THE PEOPLE'S REPUBLIC OF CHINA AND THE REPUBLIC OF ARMENIA ON EXTRADITION

The People's Republic of China and the Republic of Armenia (hereinafter referred to as the "Parties"),

Desiring to promote the effective cooperation between the Parties in the suppression of crime on the basis of mutual respect for sovereignty, equality and mutual benefit,

Have resolved to conclude this Treaty and agreed as follows:

Article 1
Obligation to Extradite

Each Party undertakes to extradite to the other Party, in accordance with the provisions of this Treaty and upon request of the Requesting Party, any person found in its territory and wanted by the Requesting Party for the purpose of conducting criminal proceedings against or executing sentence imposed on that person.

Article 2
Extraditable Offences

1. Extradition shall not be granted unless the conduct for which the extradition is sought constitutes an offence under the laws of both Parties and meets one of the following conditions:

(a) where the request for extradition is made for the purpose of conducting criminal proceedings, the offence is punishable under the laws of both Parties by the penalty of imprisonment for a period of at least one year or by any heavier penalty; or

(b) where the request for extradition is made for the purpose of executing a sentence of imprisonment, a period of sentence that remains to be served by the person sought is at least six months at the time when the request for extradition is made.

2. In determining whether an offence is an offence punishable under the laws of both Parties, it shall not matter whether:

(a) the laws of the Parties place the acts or omissions constituting the offence within the same category of offences or denominate the offence by the same terminology;

(b) under the laws of the Parties, the constituent elements of the offence differ, it being understood that the totality of the acts or omissions as presented by the Requesting Party shall be taken into account.

3. If the request for extradition concerns two or more conducts each of which constitutes offence under the laws of both Parties and at least one of which fulfills the conditions provided for

in Paragraph 1 of this Article, the Requested Party may grant extradition for all of those conducts.

Article 3
Mandatory Grounds for Refusal

Extradition shall be refused if:

(a) the Requested Party considers that the offence for which the extradition is requested is a political offence, or that the Requested Party has granted asylum to the person sought. But terrorism offence or the offence not being regarded as a political offence under any international convention to which both Parties are parties shall not be considered as political offences;

(b) the Requested Party has substantial grounds for believing that the request for extradition has been made for the purpose of prosecuting or punishing the person sought on account of that person's race, sex, religion, nationality or political opinion, or that the person's position in judicial proceedings may be prejudiced for any of those reasons;

(c) the offence for which the extradition is requested only constitutes a military offence;

(d) the person sought has become, under the laws of either Party, immune from prosecution or execution of sentence for any reason, including lapse of time, amnesty or pardon;

(e) the Requested Party has already rendered a final judgment or terminated the criminal proceeding against the person sought in respect of the offence for which the extradition is requested;

(f) the granting of the request for extradition could jeopardize the sovereignty, security, public order or other essential interests of the Requested Party, or cause effects in contrast with the fundamental principles of its domestic law, including the execution of a type of punishment prohibited by the laws of the Requested Party;

(g) the person sought has been or would possibly be subjected to torture or other cruel, inhuman or humiliating treatment or punishment in the Requesting Party;

(h) the request for extradition is made by the Requesting Party pursuant to a judgment rendered in absentia unless the Requesting Party guarantees that the person sought has the opportunity to have the case retried in his presence.

Article 4
Discretionary Grounds for Refusal

Extradition may be refused if:

(a) the Requested Party has criminal jurisdiction over the offence for which the extradition is requested in accordance with its national law, and is conducting or contemplates to institute a criminal proceeding against the person sought for that offence;

(b) the Requested Party, while taking into account the seriousness of the offence and the interests of the Requesting Party, considers that the extradition would be incompatible with humanitarian considerations in view of that person's age, health or other personal circumstances.

Article 5
Refusal of Extradition of Nationals

1. Each Party has discretion to refuse extradition of its nationals.

2. If extradition is not granted pursuant to Paragraph 1 of this Article, the Requested Party shall, if the Requesting Party so requests, submit the case to its competent authorities with a view to institution of criminal proceedings against the person under its national law. For this purpose, the Requesting Party shall provide the Requested Party with documents and evidence relating to the case.

Article 6
Channels of Communication

For the purpose of this Treaty, requests and all other communications shall be transmitted to competent authorities of the Parties through diplomatic channels.

Article 7
Request for Extradition and Required Documents

1. The request for extradition shall be made in written form and include or be accompanied by the following:

(a) the name of the requesting authority;

(b) the name, age, sex, nationality, number of identification documents, occupation, domicile or residence of the person sought and other information that may help to establish that person's identity and possible location, and if available, the description of that person's appearance, the photographs and fingerprints of that person;

(c) a statement of the facts of the offence, including the time, place, conduct and consequences of the offence;

(d) the provisions of the laws relating to criminal jurisdiction, criminalization and penalty of the offence; and

(e) the provisions of the laws relating to time limit on prosecution or execution of sentence.

2. In addition to the provisions of Paragraph 1 of this Article,

(a) the request for extradition which is made for the purpose of conducting criminal proceedings against the person sought shall also be accompanied by a copy of the warrant of arrest (detention) issued by the competent authority of the Requesting Party;

(b) the request for extradition which is made for the purpose of executing a sentence imposed on the person sought shall also be accompanied by a copy of final judgment and a description of period of sentence which has already been executed.

3. The letter of request for extradition and other relevant documents submitted by the Requesting Party in accordance with Paragraphs 1 and 2 of this Article shall be officially signed or sealed by the competent authority of the Requesting Party and be accompanied by translations into the language of the Requested

Party or English.

Article 8
Additional Information

If the Requested Party considers that the information furnished in support of a request for extradition is not sufficient, the Party may request that additional information be furnished within thirty days. At a duly request by the Requesting Party, the time limit may be extended for fifteen days. If the Requesting Party fails to submit additional information within that period, it shall be considered as having renounced its request voluntarily. However, the Requesting Party shall not be precluded from making a new request for extradition of the same person for the same offence.

Article 9
Certification or Authentication

Except as provided by this Treaty, a request for extradition and the documents in support thereof, as well as documents or other material supplied in response to such a request, transmitted through the channel provided by Article 6, shall not require certification or authentication.

Article 10
Provisional Arrest

1. A Party may make a request to the other Party for the provisional arrest of the person sought before making a request for extradition. Such request may be submitted in writing through the channels provided for in Article 6 of this Treaty, the International Criminal Police Organization (INTERPOL) or other channels agreed by both Parties.

2. The request for provisional arrest shall contain the contents referred to in Paragraph 1 of Article 7 of this Treaty, a statement of the existence of documents referred to in Paragraph 2 of Article 7 and a statement that a formal request for extradition of the person sought will follow.

3. The Requested Party shall, without delay, inform the Requesting Party of the result of its handling of the request.

4. Provisional arrest shall be terminated if, within a period of thirty days after the arrest of the person sought, the Requested Party has not received the formal request for extradition. At a duly request by the Requesting Party, such time limit may be extended for ten days.

5. The termination of provisional arrest pursuant to Paragraph 4 of this Article shall not prejudice the extradition of the person sought if the Requested Party has subsequently received the formal request for extradition.

Article 11
Decision on the Request for Extradition

1. The Requested Party shall handle the request for extradition in accordance with the procedures provided for by its national law, and shall promptly inform the Requesting Party of its decision.

2. If the Requested Party refuses the whole or any part of the request for extradition, the reasons for refusal shall be notified to the Requesting Party.

Article 12
Surrender of the Person to Be Extradited

1. If the extradition has been granted by the Requested Party, the Parties shall without undue delay, agree on time, place and other relevant matters relating to the execution of the extradition. Meanwhile, the Requested Party shall inform the Requesting Party of the period of time for which the person to be extradited has been detained prior to the surrender.

2. If the Requesting Party has not taken over the person to be extradited within fifteen days after the date agreed for the execution of the extradition, the Requested Party shall release that person immediately and may refuse a new request by the Requesting Party for extradition of that person for the same offence, unless otherwise provided for in Paragraph 3 of this Article.

3. If one Party fails to surrender or take over the person to be extradited within the agreed period for reasons beyond its control, the other Party shall be notified promptly. The Parties shall once again agree on the relevant matters for the execution of the extradition, and the provisions of Paragraph 2 of this Article shall apply.

Article 13
Re-Extradition

Where the person under extradition escapes back to the Requested Party before criminal proceedings are terminated or his sentence is served in the Requesting Party, that person may be re-extradited upon a new request for extradition made by the Requesting Party in respect of the same offence and the Requesting Party need not submit the documents and material provided for in Article 7 of this Treaty.

Article 14
Postponed Extradition and Temporary Extradition

1. If the person sought is being proceeded against or is serving a sentence in the Requested Party for an offence other than that for which the extradition is requested, the Requested Party may, after having made a decision to grant extradition, postpone the extradition until the conclusion of the proceeding or the

completion of the sentence. The Requested Party shall inform the Requesting Party of the postponement.

2. If the postponement of the extradition may seriously impede the criminal proceedings in the Requesting Party, the Requested Party may, upon request and to the extent that its ongoing criminal proceedings are not hindered, temporarily extradite the person sought to the Requesting Party provided that the Requesting Party undertakes to return that person unconditionally and immediately upon conclusion of the relevant proceedings.

Article 15
Requests for Extradition Made by Several States

Where requests are made by two or more states including a Party to this Treaty for extradition of the same person either for the same offence or for different offences, the Requested Party, in determining to which state the person is to be extradited, shall consider all the relevant circumstances, in particular:

(a) whether the requests were made pursuant to a treaty;

(b) the gravity of different offences;

(c) the time and place of the commission of the offence;

(d) the nationality and habitual residence of the person sought;

(e) respective dates of submission of the requests;

(f) the possibility of subsequent extradition to a third state.

Article 16
Rule of Specialty

The person extradited in accordance with the provisions of this Treaty shall not be proceeded against or subject to the execution of sentence in the Requesting Party for an offence committed by that person before his extradition other than that for which the extradition is granted, nor shall that person be extradited to a third state, unless

(a) the Requested Party has consented in advance. For the purpose of such consent, the Requested Party may require the submission of the documents and information referred to in Article 7 of this Treaty, and the statement by the extradited person with respect to the offence concerned;

(b) that person has not left the Requesting Party within thirty days after having been free to do so. However, this period of time shall not include the time during which that person fails to leave the Requesting Party for reasons beyond his control; or

(c) that person has voluntarily returned to the Requesting Party after leaving it.

Article 17
Handover of Property

1. If the Requesting Party so requests, the Requested Party shall, to the extent permitted by its national law, seize the proceeds

and instrumentality of the offence and other property which may serve as evidence found in its territory, and when extradition is granted, shall hand over this property to the Requesting Party.

2. When the extradition is granted, the property referred to in Paragraph 1 of this Article may nevertheless be handed over even if the extradition can not be carried out owing to the death, disappearance or escape of the person sought.

3. The Requested Party may, for conducting any other pending criminal proceedings, postpone the handover of above-mentioned property until the conclusion of such proceedings, or temporarily hand over that property on condition that the Requesting Party undertakes to return it.

4. The handover of such property shall not prejudice any legitimate rights or interests of the Requested Party or of any third party to that property. Where these rights or interests exist, the Requesting Party shall return the handed over property free of charge to the Requested Party or the third party as soon as possible after the conclusion of the proceedings.

Article 18
Transit

1. When one Party is to extradite a person from a third state through the territory of the other Party, it shall request the other Party for the permission of such transit. No such request is required where air transportation is used and no landing in the territory of the other Party is scheduled.

2. The Requested Party shall, insofar as not contrary to its national law, grant the request for transit made by the Requesting Party.

Article 19
Notification of Result

The Requesting Party shall, upon request of the Requested Party, provide the Requested Party promptly with the information on the proceedings or the execution of sentence against the extradited person or information concerning the extradition of that person to a third state.

Article 20
Expenses

Expenses arising from the procedures for extradition in the Requested Party shall be borne by that Party. Expenses of transportation and the transit expenses in connection with the handover or takeover of the extradited person shall be borne by the Requesting Party.

Article 21
Relationship with Other Treaties

This Treaty shall not prevent the Parties from cooperating with each other on extradition in accordance with other treaties to which both Parties are parties.

Article 22
Settlement of Disputes

Any dispute arising from the interpretation or application of the provisions of this Treaty shall be settled by consultation through diplomatic channels.

Article 23
Entry into Force, Amendment and Termination

1. Each Party shall inform the other Party by diplomatic note that all necessary steps have been taken under its laws for entry into force of this Treaty. This Treaty shall enter into force upon the thirtieth day from the date of the receipt of the last diplomatic note.

2. Upon the initiative of each Party and by mutual agreement this Treaty may be amended or/and supplemented. All the amendments or/and supplements shall be made in separate protocols. Protocols enter into force in accordance with the order prescribed for the entry into force of this Treaty and are the integral parts of the Treaty.

3. Either Party may terminate this Treaty by notice in writing through diplomatic channels at any time. Termination shall take effect on the one hundred and eightieth day after the date on which the notice is given. Termination of this Treaty shall not affect the extradition proceedings commenced prior to the termination.

4. This Treaty applies to any request presented after its entry into force even if the relevant offences occurred before the entry into force of this Treaty.

IN WITNESS WHEREOF, the undersigned, being duly authorized thereto by their respective Governments, have signed this Treaty.

DONE in duplicate at Yerevan on this 26th day of May 2019, in Chinese, Armenian and English languages, all texts being equally authentic. In case of divergence of interpretation, the English text shall prevail.

For the People's Republic of China **For the Republic of Armenia**

中华人民共和国和摩洛哥王国关于刑事司法协助的条约

中华人民共和国和摩洛哥王国（以下称双方），

在相互尊重国家主权和平等互利的基础上，为促进两国在刑事司法协助领域的有效合作，决定缔结刑事司法协助条约，并达成协议如下：

第一条　适用范围

一、双方应当根据本条约的规定，在侦查、起诉和审判程序中相互提供最广泛的刑事司法协助。

二、协助应当包括：

（一）送达刑事诉讼文书；

（二）获取人员的证言或者陈述；

（三）提供文件、记录和证据物品；

（四）获取和提供鉴定意见；

（五）查找或者辨认人员；

（六）进行勘验或者检查；

（七）安排有关人员在请求方作证；

（八）移送在押人员以便作证；

（九）查询、搜查、冻结和扣押；

（十）没收犯罪所得和犯罪工具以及向请求方移交；

（十一）通报刑事诉讼结果和提供犯罪记录；

（十二）交流法律资料；

（十三）不违背被请求方法律的其他形式的协助。

第二条　中央机关

一、双方应当指定中央机关，中央机关应当为执行本条约直接进行联系。

二、本条第一款所指的中央机关，在中华人民共和国方面为司法部，在摩洛哥王国方面为司法与自由部。

三、缔约任何一方如果变更其对中央机关的指定，应当通过外交途径通知另一方。

第三条　协助的拒绝或者推迟

一、存在下列情形之一的，被请求方可以拒绝提供协助：

（一）请求涉及的行为根据被请求方法律不构成犯罪；

（二）请求涉及的犯罪是政治犯罪，但恐怖主义犯罪和双方均为缔约国的国际公约不认为是政治犯罪的除外；

（三）请求涉及的犯罪纯属军事犯罪；

（四）被请求方有充分理由认为，请求的目的是基于某人的性别、种族、宗教、国籍或者政治见解而对该人进行侦查、起诉、处罚或者其他诉讼程序，或者该人在司法程序中的地位将会因为上述原因之一受到损害；

（五）被请求方已经就请求涉及的犯罪对该人进行侦查、起诉、审判、定罪或者宣告无罪；

（六）被请求方认为执行请求将损害本国主权、安全或者公共秩序。

二、如果提供协助将会妨碍正在被请求方进行的侦查、起诉或者审判程序，被请求方可以推迟提供协助。

三、在拒绝或者推迟提供协助前，被请求方应当考虑是否可以在其认为合适的条件下提供协助。请求方如果接受附条件的协助，则应当遵守这些条件。

四、被请求方如果拒绝或者推迟协助，应当将拒绝或者推迟的理由通知请求方。

第四条　请求的形式和内容

一、请求应当以书面形式提出，并且由请求方中央机关签署或者盖章。在紧急情形下，被请求方可以接受具有书面效果的其他形式的请求，但请求方应当尽快提供请求原件。

二、请求应当包括以下内容：

（一）请求所涉及的侦查、起诉或者审判程序的主管机关的名称；

（二）对于请求所涉及的案件的性质和事实以及所适用的法律规定的说明；

（三）请求事项和理由。

三、在必要和可能的范围内，请求还应当包括以下内容：

（一）关于被取证人员的身份和居住地的资料；

（二）关于受送达人的身份和居住地的资料；

（三）关于需查找或者辨认的人员身份及下落的资料；

（四）关于需勘验或者检查的对象的说明；

（五）执行请求时应遵循的特别程序及其理由的说明；

（六）关于查询、搜查、冻结或者扣押的对象的说明；

（七）保密的需要及其理由的说明；

（八）关于给予被邀请前往请求方作证的人员的津贴和费用的说明；

（九）有助于执行请求的其他资料。

四、被请求方如果认为请求中包括的内容不足以使其作出决定，可以要求提供补充资料。

第五条　语　言

协助请求及其附件应当附有被请求方语言译文或者英文译文。

第六条　请求的执行

一、被请求方应当按照本国法律及时执行协助请求。

二、被请求方在不违背本国法律的范围内，可以按照请求方要求的方式执行协助请求。

三、被请求方应当将执行请求的结果及时通知请求方。如果无法提供所请求的协助，被请求方应当将原因通知请求方。

第七条　保密和限制使用

一、如果请求方提出要求，被请求方应当对请求，包括其内容和辅助文件，以及按照请求所采取的行动予以保密。如果不违反保密要求则无法执行请求，被请求方应当将此情况通知请求方，请求方应当随即决定该请求是否仍然应当予以执行。

二、如果被请求方提出要求，请求方应当对被请求方提供的资料和证据予以保密，或者仅在被请求方指明的条件下使用。

三、未经被请求方事先同意，请求方不得为了请求所述案件以外的任何其他目的使用按照本条约所获得的资料或者证据。

第八条　送达文书

一、被请求方应当根据本国法律并依请求，送达请求方递交的文书。

二、送达要求某人出庭的文书的请求，应当在不迟于其出庭日六十天前向被请求方提出。在紧急情形下，被请求方可以同意较短的期限。

三、被请求方应当根据本国法律执行送达请求。应请求方明确要求，也可在其法律允许的情况下，以请求方要求的方式执行送达请求。

四、被请求方应当向请求方提供经签署和盖章的送达证明，其中载明送达的事实、方式和日期；如有必要，可以采用由受送达人签名并注明日期的送达回证方式。如无法送达，应当及时通知请求方并告知妨碍送达的理由。

第九条　调取证据

一、被请求方应当根据本国法律并依请求，调取证据并移交给请求方。

二、如果请求涉及移交文件或者记录，被请求方可以移交经证明的副本或者影印件；在请求方明示要求移交原件的情况下，被请求方应当尽可能满足此项要求。

三、在不违背被请求方法律的前提下，根据本条移交给请求方的文件和其他证明材料，应当按照请求方要求的形式予以证明，以便使其可以依请求方法律得以接受。

四、被请求方在不违背本国法律的范围内，可以同意请求中指明的人员在执行请求时到场，并允许这些人员通过被请求方主管机关人员向被取证人员提问。为此目的，被请求方应当及时将执行请求的时间和地点通知请求方。

第十条　拒绝作证

一、根据本条约被要求作证的人员，如果被请求方法律允许该人在被请求方提起的诉讼中的类似情形下不作证，可以拒绝作证。

二、如果根据本条约被要求作证的人员主张，依请求方法律有拒绝作证的权利或者特权，仍不妨碍取证的进行，但应将该人的主张告知请求方中央机关。

第十一条　安排有关人员作证

被请求方应当根据请求方的请求，邀请有关人员前往请求方境内出庭作证。请求方应当说明需向该人支付的津贴、费用的范围。被请求方应当将该人的答复迅速通知请求方。

第十二条　移送在押人员以便作证

一、在符合下列条件的情况下，被请求方可以根据请求方请求，将在其境内的在押人员临时移送至请求方境内以便出庭作证：

（一）该人同意；

（二）双方已经就移送条件达成书面协议。

二、如果依被请求方法律该被移送人应当予以羁押，请求方应当对该人予以羁押。

三、作证完毕后，请求方应当尽快将该被移送人送回被请求方。

四、为本条的目的，该被移送人在请求方被羁押的期间，应当折抵在被请求方判处的刑期。

第十三条　证人和鉴定人的保护

一、请求方对于根据本条约第十一条或者第十二条的规定，到达其境内的证人或者鉴定人，不得由于该人在入境前的任何行为而进行侦查、起诉、羁押、处罚或者采取其他限制人身自由的措施，也不得要求该人在请求所未涉及的任何侦查、起诉或者其他诉讼程序中作证，除非事先取得被请求方和该人的同意。

二、如果上述人员在被正式通知无需继续停留后十五天内未离开请求方，或者离开后又自愿返回，则不再适用本条第一款。但是，该期限不应包括该人由于本人无法控制的原因而未离开请求方领土的期间。

三、对于拒绝根据本条约第十一条或者第十二条作证或者协助调查的人员，不得由于此种拒绝而施加任何刑罚或者采取任何限制其人身自由的强制措施。

第十四条　查询、搜查、冻结和扣押

一、被请求方应当在本国法律允许的范围内，执行查询、搜查、冻结和扣押作为证据的财物的请求。

二、被请求方应当向请求方提供其所要求的有关执行上述请求的结果，包括查询或者搜查的结果，冻结或者扣押的地点和状况以及有关财物随后被监管的情况。

三、如果请求方同意被请求方就移交所提出的条件，被请求方可以将被扣押财物移交给请求方。

第十五条　归还文件、记录和证据物品

请求方应当根据被请求方的要求，尽快归还被请求方根据本条约第九条和第十四条向其提供的文件或者记录的原件和证据物品。

第十六条　没收犯罪所得和犯罪工具以及向请求方移交

一、被请求方应当根据请求，努力确定犯罪所得或者犯罪工具是否位于其境内，并且应当将结果通知请求方。在提出这种请求时，请求方应当将其认为上述财物可能位于被请求方境内的理由通知被请求方。

二、如果根据本条第一款，涉嫌的犯罪所得或者犯罪工具已被找到，被请求方应当根据请求，按照本国法律采取措施冻结、扣押或者没收这些财物。

三、在本国法律允许的范围内以及双方商定的条件下，被请求方可以根据请求方的请求，将上述的犯罪所得或者犯罪工具的全部或者部分，或者出售有关资产的所得移交给请求方。

四、在适用本条时，被请求方和第三人对于这些财物的合法权益应当依被请求方法律受到尊重。

第十七条　通报刑事诉讼结果

根据本条约的规定，请求方应当根据被请求方的要求，向被请求方通报协助请求所涉及的刑事诉讼的结果。

第十八条　提供犯罪记录

一、双方中央机关应当尽可能地相互通报本国法院对另一方国民所作的定罪方面的情况。

二、在请求方对被请求方国民进行刑事侦查和诉讼的情况下，被请求方应当根据请求方的请求，向请求方提供该人的犯罪记录。

第十九条　交流法律资料

双方可以根据请求，相互交流各自国家与履行本条约有关的法律和司法实践的资料。

第二十条 证明和认证

为本条约的目的，根据本条约转递的任何文件，无需进行任何形式的证明或者认证。

第二十一条 费 用

一、被请求方应当负担执行请求所产生的费用，但是请求方应当负担下列费用：

（一）有关人员按照本条约第九条的规定，前往、停留于和离开被请求方的费用。

（二）有关人员按照本条约第十一条或者第十二条的规定，前往、停留于和离开请求方的费用和津贴；这些费用和津贴应当根据费用发生地的标准和规定支付。

（三）鉴定的费用。

（四）翻译，包括笔译和口译的费用。

二、请求方应当根据要求，预付由其负担的部分上述费用。

三、如果执行请求明显地需要超常性质的费用，双方应当协商决定可以执行请求的条件。

第二十二条 争议的解决

由于本条约的解释和适用产生的争议，如果双方中央机关不能自行达成协议，应当通过外交途径协商解决。

第二十三条　最后条款

一、本条约须经批准。

二、双方应当在各自完成国内法律程序后通过外交途径通知对方。本条约自后一份通知书收到之日起第三十天生效。

三、本条约适用于其生效之后提出的请求，即使相关犯罪发生于本条约生效前。

四、本条约不影响双方根据双方均为缔约方的其他条约开展刑事司法协助领域的合作。

五、本条约可以随时经双方书面协议予以修订。此类修订应当按照本条规定的相同程序生效，并构成本条约的一部分。

六、缔约任何一方可以通过外交途径书面通知另一方终止本条约。上述终止自通知之日起满六个月后生效。本条约终止不影响条约终止前已经开始的协助请求。

下列签署人经各自政府适当授权，签署本条约，以昭信守。

本条约于二〇一六年五月十一日订于北京，一式两份，每份均用中文和阿拉伯文写成，两种文本同等作准。

中华人民共和国代表　　　　**摩洛哥王国代表**

مشروع اتفاقية
بين المملكة المغربية وجمهورية الصين الشعبية
تتعلق بالتعاون القضائي في المجال الجنائي

إن المملكة المغربية وجمهورية الصين الشعبية، (المشار إليهما فيما يأتي بـ "الطرفين المتعاقدين"،

- رغبة منهما في تعزيز التعاون الفعلي بين البلدين في مجال التعاون القضائي في المجال الجنائي على أساس الاحترام المتبادل للسيادة الوطنية والمساواة والمنفعة المتبادلة؛
- ورغبة منهما في إبرام اتفاقية التعاون القضائي في المجال الجنائي؛
- اتفقتا على ما يلي:

المادة الأولى
نطاق التطبيق

1- يعمل الطرفان المتعاقدان، وفقا لمقتضيات هذه الاتفاقية، على تبادل التعاون القضائي على أوسع نطاق ممكن في التحقيقات والمتابعات والإجراءات القضائية في المجال الجنائي؛

2- يشمل التعاون ما يأتي:

1- تسليم الوثائق المتعلقة بالإجراءات الجنائية؛
2- تلقي شهادات أو تصريحات الأشخاص؛
3- تقديم الوثائق والملفات وأدلة الإثبات؛
4- الحصول على رؤى الخبراء ومنحها؛
5- تحديد مكان وهوية الأشخاص؛
6- إجراء التحقيقات أو المعاينات؛
7- تمكين الأشخاص من الإدلاء بشهاداتهم لدى الطرف الطالب؛
8- نقل الأشخاص المعتقلين للإدلاء بشهاداتهم؛
9- القيام بالأبحاث، التحريات، التجميد والحجز؛
10- مصادرة عائدات النشاطات الإجرامية وأدوات الجريمة وتحويلها إلى الطرف الطالب؛
11- تبليغ نتائج الإجراءات القضائية وتقديم بطائق السوابق العدلية؛
12- تبادل المعلومات حول التشريع؛
13- أي أشكال أخرى للتعاون لا تتعارض مع قوانين الطرف المطلوب منه التعاون.

المادة الثانية
السلطات المركزية

1- تعين السلطات المركزية من قبل الطرفين المتعاقدين وتتصل فيما بينها مباشرة من أجل تنفيذ الاتفاقية.

2- تتمثل السلطات المركزية المشار إليها في الفقرة الأولى من هذه المادة في "وزارة العدل والحريات" بالنسبة للمملكة المغربية "ووزارة العدل" بالنسبة لجمهورية الصين الشعبية.

3- إذا قام أحد الطرفين المتعاقدين بتغيير سلطته المركزية، يعلم الطرف الآخر بهذا التغيير عبر القنوات الدبلوماسية.

المادة الثالثة
رفض أو تأجيل التعاون

1- يجوز للطرف المطلوب منه التعاون أن يرفضه إذا:

1- كان الطلب يتعلق بفعل لا يشكل جريمة وفقا لقوانين الطرف المطلوب منه التعاون؛

2- كان الطلب يتعلق بجريمة سياسية، باستثناء الجرائم الإرهابية والجرائم التي لا تعتبرها المعاهدات الدولية التي انضمت إليها كلا الطرفين جرائم سياسية؛

3- كان الطلب يتعلق بجريمة عسكرية بحتة؛

4- ث- كانت هناك أسباب جدية لدى الطرف المطلوب منه التعاون للإعتقاد بأن طلب التعاون تم تقديمه بغرض التحقيق أو المتابعة أو المعاقبة أو لاتخاذ إجراءات أخرى ضد شخص لاعتبارات تتعلق بالجنس أو بالعرق أو بالدين أو مرتبطة بالجنسية أو بآرائه السياسية، أو إذا كانت وضعيته أثناء الإجراءات القضائية يمكن أن تتضرر نتيجة إحدى هذه الأسباب؛

5- تعلق الطلب بجريمة تم بموجبها إجراء تحقيقات أو متابعة أومحاكمة الشخص أو إدانته أو تبرئته لدى الطرف المطلوب منه التعاون؛

6- رأى الطرف المطلوب منه التعاون أن تنفيذ الطلب من شأنه المساس بسيادته أو بأمنه أو بنظامه العام.

2- يمكن للطرف المطلوب منه التعاون تأجيل تقديم التعاون إذا كان تنفيذ الطلب من شانه أن يتداخل مع التحقيقات أو المتابعات أو الإجراءات القضائية الجارية لديه.

3- قبل رفض الطلب أو تأجيل تنفيذه، يراعي الطرف المطلوب منه التعاون إمكانية تقديم التعاون ضمن الشروط التي يراها مناسبة، وإذا وافق الطرف الطالب على التعاون وفقا لهذه الشروط وجب عليه الامتثال لها.

4- إذا رفض الطرف المطلوب منه التعاون تقديم التعاون، أو قام بتأجيله، يعلم الطرف الطالب بأسباب الرفض أو التأجيل.

المادة الرابعة
شكل ومحتوى الطلب

1- يحرر طلب التعاون كتابيا ويحمل توقيع أو ختم السلطة المركزية للطرف الطالب، وفي حالة الاستعجال، يمكن للطرف المطلوب منه التعاون قبول الطلب في شكل آخر يترك أثرا كتابيا، على أن يرسل الطرف الطالب أصل الطلب في أقرب الآجال.

2- يحتوي طلب التعاون على البيانات الآتية:

1- اسم السلطة المختصة المكلفة بالتحقيقات أو المتابعات أو الإجراءات القضائية التي يتعلق بها الطلب؛

2- وصف طبيعة القضية وملخص الوقائع والأحكام القانونية المطبقة؛

3- موضوع وأسباب الطلب.

3- كما يحتوي طلب التعاون حسب الضرورة، وقدر الإمكان، على ما يأتي:

أ- معلومات حول هوية ومحل إقامة الشخص المطلوب شهادته؛

ب- معلومات حول هوية ومحل إقامة الشخص موضوع التبليغ؛

ت- معلومات حول هوية ومكان التواجد المحتمل للشخص محل البحث أو التعرف عليه؛

ث- وصف الشئ الذي ينبغي التفتيش عنه أو معاينته؛

ج- وصف أي إجراء خاص ينبغي اتباعه عند تنفيذ الطلب وأسباب ذلك؛

ح- وصف الشئ الذي ينبغي التحقيق بشأنه أو البحث عنه أو تجميده أو حجزه؛

خ- بيان عن مطلب السرية وأسباب ذلك؛

د- معلومات حول التعويضات والمصاريف التي تمنح للشخص الذي تم استدعاؤه للشهادة لدى الطرف الطالب؛

ذ- أي معلومات أخرى من شأنها تسهيل تنفيذ الطلب.

4- إذا رأى الطرف المطلوب منه التعاون أن المعلومات الواردة في الطلب غير كافية لاتخاذ القرار، يمكنه أن يطلب معلومات إضافية.

المادة الخامسة
اللغات

يرفق طلب التعاون والوثائق المرفقة به بترجمة إلى لغة الطرف المطلوب أو بترجمة إلى اللغة الإنجليزية.

المادة السادسة
تنفيذ الطلبات

1- ينفذ الطرف المطلوب منه التعاون فورا طلب التعاون وفقا لتشريعه الوطني.

2- يمكن للطرف المطلوب منه التعاون تنفيذ طلب التعاون حسب الطريقة المطلوبة

من الطرف الطالب. ما لم يتعارض ذلك مع تشريعه الوطني.

3- يعلم الطرف المطلوب منه التعاون فورا الطرف الطالب بنتيجة تنفيذ الطلب. فإذا كان تنفيذ التعاون غير ممكن. يخطر الطرف المطلوب منه التعاون الطرف الطالب بأسباب ذلك.

المادة السابعة
السرية وحدود الاستعمال

1 - يجب على الطرف المطلوب منه التعاون. إذا طلب منه الطرف الطالب ذلك. أن يحافظ على سرية طلب التعاون القضائي، وكذا مضمونه والوثائق المدعمة له وأي إجراء يتم اتخاذه وفقا للطلب. وإذا كان من غير الممكن تنفيذ الطلب بدون إفشاء السرية، يعلم الطرف المطلوب منه التعاون الطرف الطالب الذي يقرر فورا ما إذا كان ينبغي تنفيذ الطلب بالرغم من ذلك.

2- يجب على الطرف الطالب إذا طلب الطرف المطلوب منه التعاون ذلك، أن يحافظ على سرية المعلومات والأدلة المقدمة أو يستعمل هذه المعلومات أو الأدلة وفقا للأحكام والشروط التي يقررها الطرف المطلوب منه التعاون.

3- لا يجوز للطرف الطالب أن يستخدم أي معلومات أو أدلة مقدمة وفقا لهذه الاتفاقية لأغراض أخرى غير تلك المشار إليها في طلب التعاون دون الموافقة المسبقة للطرف المطلوب منه التعاون.

المادة الثامنة
تسليم الوثائق

1 - يقوم الطرف المطلوب منه التعاون بتسليم الوثائق، التي أرسلت إليه لهذا الغرض، من الطرف الطالب طبقا لتشريعه.

2- يرسل طلب تسليم كل وثيقة، تتضمن التكليف بالحضور، إلى الطرف المطلوب منه التعاون في مدة لا تقل عن ستين (60) يوما قبل تاريخ مثول الشخص. وفي حالة الاستعجال يمكن للطرف المطلوب منه التعاون تخفيض هذه المدة.

3- ينفذ الطرف المطلوب منه التعاون طلب تسليم الوثائق وفقا لتشريعه الوطني. إذا طلب الطرف الطالب، ذلك صراحة فإن الطرف المطلوب منه التعاون، وفي حدود ما يسمح به تشريعه، يقوم بتنفيذ طلب التبليغ وفقا للشكل الذي يرغبه الطرف الطالب.

4- يرسل الطرف المطلوب منه التعاون إلى الطرف الطالب دليل تبليغ الوثائق موقع ومختوم، الذي يبين الفعل وشكل وتاريخ التسليم وعند الاقتضاء، يجوز أن يكون هذا التبليغ في شكل وصل موقع ومؤرخ من المرسل إليه. وإذا تعذر التسليم يتم إشعار الطرف الطالب في أقرب الآجال مع ذكر الأسباب التي حالت دون التسليم.

المادة التاسعة
الإدلاء بالشهادة

1 - يقوم الطرف المطلوب منه التعاون. طبقا لتشريعه الوطني وبناء على طلب، بتلقي الشهادة وإرسالها إلى الطرف الطالب.

2- عندما يتعلق الطلب بتسليم وثائق أو ملفات. يمكن للطرف المطلوب منه التعاون أن يسلم نسخا منها مصادقا على صحتها. غير أنه عندما يطلب الطرف الطالب صراحة إرسال الوثائق الأصلية يستجيب الطرف المطلوب منه بقدر الإمكان لهذا الطلب.

3- ما لم يتعارض ذلك مع قانون الطرف المطلوب منه التعاون. يصادق هذا الأخير على الوثائق والأدلة التي ترسل وفقا لهذه المادة للطرف الطالب حسب الأشكال التي يطلبها لجعلها مقبولة طبقا لقوانين الطرف الطالب.

4- ما لم يتعارض ذلك مع قانون الطرف المطلوب منه التعاون، يجوز على هذا الأخير السماح للأشخاص المشار إليهم في الطلب بحضور تنفيذه وطرح الأسئلة على الشاهد عن طريق موظفي السلطات المختصة للطرف المطلوب منه التعاون. لهذا الغرض، يشعر الطرف المطلوب منه التعاون الطرف الطالب بتاريخ ومكان تنفيذ الطلب.

المادة العاشرة
رفض الإدلاء بالشهادة

1- يمكن للشخص الذي استدعي للإدلاء بشهادته، وفقا لهذه الاتفاقية، رفض الإدلاء بها إذا كانت قوانين الطرف المطلوب منه التعاون تسمح للشخص بعدم الإدلاء بالشهادة في ظروف مماثلة خلال إجراءات قائمة لديه.

2- إذا ادعى الشخص الذي استدعي للإدلاء بشهادته وفقا لهذه الاتفاقية بأن له حق أو امتياز الحصانة من الإدلاء بشهادته طبقا لقوانين الطرف الطالب، يتم تلقي الشهادة ويبلغ هذا الطلب إلى السلطة المركزية للطرف الطالب.

المادة الحادية عشر
مثول الأشخاص للإدلاء بشهادتهم

عندما يطلب الطرف الطالب مثول الشخص للإدلاء بشهادته في إقليمه، يدعو الطرف المطلوب منه التعاون هذا الشخص للمثول أمام السلطات القضائية للطرف الطالب. ويحدد الطرف الطالب مدى التعويضات والمصاريف التي ستدفع للشخص ويشعر الطرف المطلوب منه التعاون فورا الطرف الطالب بجواب الشخص.

المادة الثانية عشر
نقل الأشخاص المعتقلين للإدلاء بشهادتهم

1- يمكن للطرف المطلوب منه التعاون، بناء على طلب الطرف الطالب نقل الشخص المعتقل في إقليمه إلى الطرف الطالب مؤقتا ليمتثل أمام السلطات القضائية للإدلاء بشهادته إذا:

أ) وافق الشخص على ذلك؛

ب) توصل الطرفان مسبقا إلى اتفاق كتابي حول شروط النقل.

2- إذا كان ينبغي إبقاء الشخص الذي تم نقله رهن الاعتقال وفقا لقوانين الطرف المطلوب منه التعاون، يتعين على الطرف الطالب إبقاء هذا الشخص رهن الاعتقال.

3- يتعين على الطرف الطالب إعادة الشخص الذي تم نقله إلى الطرف المطلوب منه التعاون بمجرد انتهائه من الإدلاء بالشهادة.

4- وفقا لهذه المادة، تخصم المدة التي قضاها الشخص الذي تم نقله لدى الطرف الطالب من المدة الزمنية التي حكم بها عليه لدى الطرف المطلوب منه التعاون.

المادة الثالثة عشر
حماية الشهود والخبراء

1- إذا وجد شاهد أو خبير على إقليم الطرف الطالب بناء على المادتين 11 أو 12، لا يجوز التحقيق معه أو متابعته أو اعتقاله أو معاقبته أو تقييد حريته الشخصية بأي شكل آخر من قبل الطرف الطالب بسبب أي فعل سابق لدخوله إقليمه، ولا يجوز إلزام هذا الشخص بأن يدلي بشهادته في أي تحقيق متابعة أو أي إجراء آخر غير الإجراءات التي يتعلق بها الطلب، إلا إذا وافق الطرف المطلوب منه التعاون وهذا الشخص مسبقا على ذلك.

2- يتوقف العمل بالفقرة الأولى من هذه المادة إذا أصبح الشخص المشار إليه حرا في مغادرة الطرف الطالب ولم يغادره في غضون خمسة عشر (15) يوما بعد تبليغه رسميا بأن حضوره لم يعد ضروريا أو إذا عاد بمحض إرادته بعد المغادرة. لا تشمل هذه المدة الفترة التي لم يغادر فيها الشخص إقليم الطرف الطالب لظروف خارجة عن إرادته.

3- لا يكون الشخص الذي يرفض الإدلاء بشهادته أو الحضور خلال التحقيقات وفقا للمادتين 11 أو 12 موضوع أي عقوبة ولا خاضعا لأي تدبير مقيد لحريته الشخصية بسبب هذا الرفض.

المادة الرابعة عشر
البحث والتفتيش والتجميد والحجز

1- يقوم الطرف المطلوب منه التعاون، في حدود ما يسمح به تشريعه الوطني، بتنفيذ طلب البحث والتفتيش والتجميد وحجز الأشياء والأموال التي من شأنها أن تشكل أدلة إثبات.

2- يقوم الطرف المطلوب منه التعاون بتقديم المعلومات التي يطلبها الطرف الطالب بخصوص مآل تنفيذ الطلب، بما فيها المعلومات حول نتائج البحث أو التفتيش، ومكان وظروف التجميد أو الحجز، والحفظ اللاحق للأشياء والأموال التي من شأنها أن تشكل أدلة إثبات.

3- يمكن للطرف المطلوب منه التعاون أن يرسل الأشياء والأموال التي من شأنها أن تشكل أدلة إثبات المحجوزة إلى الطرف الطالب إذا قبل هذا الأخير بأحكام و شروط الإرسال كما اقترحها الطرف المطلوب منه التعاون.

المادة الخامسة عشر
استرجاع الوثائق و الملفات و أدلة الإثبات

بناء على طلب الطرف المطلوب منه التعاون، يقوم الطرف الطالب في أقرب الآجال بإعادة الوثائق أو الملفات الأصلية و أدلة الإثبات للطرف المطلوب منه التعاون المسلمة له من قبل هذا الأخير وفقا للمادتين 9 و14 من هذه الاتفاقية.

المادة السادسة عشر
مصادرة عائدات و أدوات الجريمة و تحويلها للطرف الطالب

1- يبذل الطرف المطلوب منه التعاون، بناء على طلب، كافة جهوده للتحقق ما إذا كانت عائدات و أدوات الجريمة متواجدة بإقليمه و يبلغ الطرف الطالب بنتيجة ذلك. وعند تقديم هذا الطلب، يعلم الطرف الطالب الطرف المطلوب منه التعاون بالأسباب التي جعلته يعتقد بأن هذه العائدات أو الأدوات يمكن أن تتواجد في إقليم هذا الأخير.

2- عندما يتم العثور على عائدات أو أدوات يشتبه أنها ناتجة من الجريمة، وفقا لما تنص عليه الفقرة الأولى من هذه المادة، يقوم الطرف المطلوب منه التعاون، بناء على طلب الطرف الطالب، باتخاذ إجراءات التجميد و الحجز و المصادرة لهاته العائدات أو الأدوات وفقا لتشريعه الوطني.

3- بطلب من الطرف الطالب، يمكن للطرف المطلوب منه التعاون، حسب ما يسمح به تشريعه الوطني، ووفق الأحكام و الشروط التي يتفق عليها الطرفان المتعاقدان، تحويل كل أو جزء من عائدات و أدوات الجريمة أو عائدات بيعها إلى الطرف الطالب.

4- تطبيقا لهذه المادة، تحترم الحقوق الشرعية و مصالح الطرف المطلوب منه التعاون و الغير في هذه العائدات أو الأدوات وفق تشريع الطرف المطلوب منه التعاون.

المادة السابعة عشر
التبليغ بنتائج الإجراءات في المجال الجنائي

وفقا لأحكام هذه الاتفاقية، يبلغ الطرف الطالب الطرف المطلوب منه التعاون نتائج الإجراءات القضائية التي يتعلق بها الطلب.

المادة الثامنة عشر
تقديم بطاقة السوابق العدلية

1 - تتبادل السلطتان المركزيتان للطرفين قدر الإمكان بيان الإدانات الصادرة عن الجهات القضائية للطرفين ضد مواطني الطرف الآخر.
2 - في حالة المتابعة أمام جهة قضائية للطرف الطالب، يقدم الطرف المطلوب منه التعاون إلى الطرف الطالب بناء على طلبه، بطاقة السوابق القضائية المتعلقة بالشخص موضوع المتابعة.

المادة التاسعة عشر
تبادل المعلومات حول التشريع

يقوم الطرفان المتعاقدان، بناء على طلب، بتبادل القوانين و المعلومات حول التطبيق القضائي المتعلق بتنفيذ هذه الاتفاقية في بلديهما.

المادة العشرون
إضفاء الرسمية و المصادقة

لأغراض هذه الاتفاقية، لا تستلزم الوثائق المقدمة وفقا لهذه الاتفاقية أي شكل من أشكال الرسمية أو المصادقة.

المادة الحادية والعشرين
المصاريف

1 - يتحمل الطرف المطلوب منه التعاون المصاريف المتعلقة بتنفيذ الطلب، غير أنه يتعين على الطرف الطالب تحمل المصاريف الآتية:
أ) المصاريف المتعلقة بسفر و إقامة ومغادرة الأشخاص الطرف المطلوب منه التعاون وفقا للمادة 9 من هذه الاتفاقية؛
ب) المصاريف و التعويضات المتعلقة بسفر و إقامة و مغادرة الأشخاص الطرف الطالب وفقا للمادتين 11 أو 12 من هذه الاتفاقية، طبقا للمعايير أو التنظيمات المعمول بها في المكان الذي تقع فيه هذه المصاريف؛
ت) مصاريف الخبرة؛

ث) مصاريف الترجمة و الترجمة الشفهية.

2- بناء على طلب، يدفع الطرف الطالب تسبيقا للمصاريف التي تقع على عاتقه.

3- إذا اتضح أن تنفيذ الطلب يحتاج إلى مصاريف ذات طبيعة استثنائية، فإن على الطرفين المتعاقدين التشاور فيما بينهما قصد تحديد الأحكام و الشروط التي يتم فيها تنفيذ الطلب.

المادة الثانية والعشرين
تسوية المنازعات

يتشاور الطرفان المتعاقدان حول حل أي نزاع ينشأ عن تأويل أو تطبيق هذه الاتفاقية عبر القنوات الدبلوماسية إذا لم تتمكن السلطات المركزية للطرفين من الوصول إلى اتفاق.

المادة الثالثة والعشرين
مقتضيات ختامية

1- تخضع هذه الاتفاقية للمصادقة.

2- تدخل هذه الاتفاقية حيز التنفيذ بعد مضي ثلاثين (30) يوما من تاريخ التوصل، عبر القناة الدبلوماسية، بآخر الإشعارين المتعلقين باستكمال الطرفين المتعاقدين للإجراءات القانونية المتطلبة لكلا البلدين طبقا لقانونهما الداخلي.

3- تطبق مقتضيات هذه الاتفاقية على الطلبات التي يتم التوصل بها بعد دخولها حيز التنفيذ حتى ولو كانت الجريمة المعنية قد ارتكبت قبل ذلك التاريخ.

4- لا تؤثر هذه الاتفاقية على التعاون الذي يجريه الطرفان المتعاقدان في ميدان التعاون القضائي في المجال الجنائي وفقا لاتفاقيات أخرى يكونان طرفا فيها.

5- يمكن تعديل هذه الاتفاقية في أي وقت باتفاق كتابي بين الطرفين المتعاقدين، وتدخل هذه التعديلات حيز التنفيذ وفقا لنفس الإجراءات الواردة في هذه المادة وتكون جزءً لا يتجزأ من هذه الاتفاقية.

6- يمكن للطرفين المتعاقدين إنهاء العمل بهذه الاتفاقية في أي وقت بتوجيه إشعار كتابي بالإنهاء للطرف الآخر بواسطة القناة الدبلوماسية، ويسري مفعول الإنهاء ستة أشهر بعد تاريخ الإشعار المذكور. لا يؤثر إنهاء هذه الاتفاقية على طلبات التعاون التي بدأت قبل هذا الإنهاء.

ولهذا الغرض، قام الموقعان المخول لهما من قبل حكومتيهما بالتوقيع على هذه الاتفاقية.

حرر في بتاريخ في نظيرين أصليين باللغتين العربية والصينية، ولكلا النصين نفس الحجية القانونية.

عن	**عن**
المملكة المغربية	**جمهورية الصين الشعبية**

中华人民共和国和刚果共和国关于刑事司法协助的条约

中华人民共和国和刚果共和国（以下称双方），

在相互尊重主权和平等互利的基础上，为促进两国在刑事司法协助领域的有效合作，决定缔结本条约，并达成协议如下：

第一条 适用范围

一、双方应当根据本条约的规定，在刑事侦查、起诉和审判程序中相互提供最广泛的刑事司法协助。

二、协助应当包括：

（一）送达刑事诉讼文书；

（二）获取有关人员的证言或者陈述；

（三）提供文件、记录和证据物品；

（四）获取和提供鉴定意见；

（五）查找、辨认人员；

（六）进行勘验或者检查；

（七）安排有关人员作证或者协助调查；

（八）移送在押人员以便作证或者协助调查；

（九）查询、搜查、冻结和扣押；

（十）有关犯罪所得和犯罪工具的处置；

（十一）通报刑事诉讼结果和提供犯罪记录；

（十二）交流法律资料；

（十三）不违背被请求方法律的其他形式的协助。

三、本条约仅适用于双方之间的相互司法协助。本条约的规定，不赋予任何个人以取得、隐瞒或者排除任何证据的权利或者妨碍执行请求的权利。

第二条　中央机关

一、为本条约的目的，双方相互请求和提供司法协助，应当通过各自指定的中央机关直接联系。

二、本条第一款所指的中央机关，在中华人民共和国方面为司法部，在刚果共和国方面为司法部。

三、任何一方如果变更其对中央机关的指定，应当通过外交途径通知另一方。

第三条　协助的限制

一、有下列情形之一的，被请求方可以拒绝提供协助：

（一）请求涉及的行为根据被请求方法律不构成犯罪；

（二）被请求方认为请求涉及的犯罪是政治犯罪，但恐怖主义犯罪和双方均为缔约国的国际公约不认为是政治犯罪的除外；

（三）请求涉及的犯罪仅构成军事犯罪；

（四）被请求方有充分理由认为，请求的目的是基于某人的种族、性别、宗教、国籍或者政治见解而对该人进行侦查、起诉、处罚或者其他诉讼程序，或者该人在司法程序中的地位可能由于上述任何原因受到损害；

（五）被请求方正在对请求所涉及的同一犯罪嫌疑人或者被告人就同一犯罪进行刑事诉讼，或者已经终止刑事诉讼，或者已经作出生效判决；

（六）被请求方认为，执行请求将损害本国主权、安全、公共秩序或者其他重大公共利益；

（七）被请求方认为请求提供的协助与案件缺乏实质联系。

二、如果执行请求将会妨碍被请求方正在进行的侦查、起诉或者审判程序，被请求方可以推迟提供协助。

三、在拒绝或者推迟提供协助前，被请求方应当考虑是否可以在其认为必要的条件下准予协助。请求方如果接受附条件的协助，则应当遵守这些条件。

四、被请求方如果拒绝或者推迟协助，应当将拒绝或者推迟的理由通知请求方。

第四条　请求的形式和内容

一、协助请求应当以书面形式提出，并且由请求方中央机关签署或者盖章。在紧急情形下，请求方可以通过电传、传真、电子邮件等被请求方接受的其他形式提出请求，但应当随后迅速以书面形式确认该请求。

二、协助请求应当包括以下内容：

（一）请求所涉及的侦查、起诉或者审判程序的主管机关的名称；

（二）对于请求所涉及的案件性质的说明，以及该案的事实概要和可适用的法律规定；

（三）对于请求协助的事项、协助的目的及其与案件相关性的说明；

（四）希望请求得以执行的期限。

三、在必要和可能的范围内，协助请求还应当包括以下内容：

（一）关于被取证人员的身份和居住地的资料；

（二）关于受送达人的身份、居住地以及该人与诉讼关系的资料；

（三）关于需查找或者辨认的人员身份及下落的资料；

（四）关于需勘验或者检查的对象的说明；

（五）关于查询、搜查、冻结或者扣押的对象的说明；

（六）希望在执行请求时遵循的特别程序及其理由的说明；

（七）保密需要及其理由的说明；

（八）关于被邀请前往请求方境内作证或者协助调查的人员有权得到的津贴和费用的说明；

（九）询问证人的问题清单；

（十）有助于执行请求的其他资料。

四、被请求方如果认为请求中包括的内容不足以使其处理该请求，可以要求提供补充资料。

五、根据本条约提出的请求和辅助文件均应一式两份。

第五条　文　字

一、根据本条约提出的请求以及提交的辅助文件应当附有被请求方官方文字的译文，但双方另有约定的除外。

二、在向请求方提供协助时，被请求方应当使用其官方文字。

第六条　请求的执行

一、被请求方应当按照本国法律执行协助请求。

二、被请求方在不违背本国法律的范围内，可以按照请求方要求的方式执行协助请求。

三、被请求方应当将执行请求的结果及时通知请求方。如果无法提供所请求的协助，被请求方应当及时将原因通知请求方。

第七条　保密和限制使用

一、如果请求方提出要求，被请求方应当对请求，包括其内容和辅助文件，以及按照请求所采取的行动予以保密。如果不违反保密要求则无法执行请求，被请求方应当将此情况通知请求方，请求方应当随即决定该请求是否仍然应当予以执行。

二、如果被请求方提出要求，请求方应当对被请求方提供的资料和证据予以保密，或者仅在被请求方指明的条件下使用。

三、未经被请求方事先同意，请求方不得为请求所述案件之外的任何其他目的使用根据本条约获得的资料或者证据。

第八条　送达文书

一、被请求方应当根据本国法律并依请求，送达请求方递交的文书。但是对于要求某人作为被告人出庭的文书，被请求方不负有送达的义务。

二、被请求方完成送达后，应当向请求方出具送达证明。送达证明应当载明送达日期、送达地点和送达方式，并且应当由送达文书的机关签署或者盖章。

第九条　调取证据

一、被请求方应当根据本国法律并依请求，调取证据并移交给请求方。

二、如果请求涉及移交文件或者记录，被请求方可以移交经证明的副本或者影印件；在请求方明示要求移交原件的情况下，被请求方应当尽可能满足此项要求。

三、根据本条移交给请求方的文件和其他资料，在不违背被请求方法律的前提下，应当按照请求方要求的形式予以证明，以便使其可以依请求方法律得到采用。

四、被请求方在不违背本国法律的前提下，应当同意请求中指明的人员在执行请求时到场，并允许这些人员通过被请求方主管机关人员向被取证人员提问。为此目的，被请求方应当及时将执行请求的时间和地点通知请求方。

第十条　拒绝作证

一、根据本条约被要求作证的人员，如果被请求方法律允许该人在被请求方提起的诉讼中的类似情形下不作证，可以拒绝作证。

二、根据本条约被要求作证的人员，如果主张依请求方法律有拒绝作证的权利或者特权，被请求方应当将该人的主张告知请求方，要求请求方提供是否存在该权利或者特权的证明。

请求方的证明应当被视为是否存在该权利或者特权的充分证据，除非有明确的相反证据。

第十一条 安排人员作证或者协助调查

一、被请求方应当根据请求方的请求，邀请有关人员前往请求方境内有关机关作证或者协助调查。请求方应当说明需向该人支付的津贴、费用的范围。被请求方应当将该人的答复迅速通知请求方。

二、邀请有关人员到请求方境内作证或者协助调查的请求，应当在不迟于预定的到场日六十天前向被请求方提出。紧急情形下，被请求方可以同意在较短期限内提出。

第十二条 移送在押人员以便作证或者协助调查

一、被请求方可以根据请求方请求，将在其境内的在押人员临时移送至请求方境内以便作证或者协助调查，条件是该人同意，并且双方已经就移送条件事先达成书面协议。

二、如果依被请求方法律应当对该被移送人予以羁押，请求方应当对该人予以羁押。

三、作证或者协助调查完毕后，请求方应当尽快将该被移送人送回被请求方。

四、为本条的目的，该被移送人在请求方被羁押的期间，应当折抵在被请求方被判处的刑期。

第十三条　证人和鉴定人的保护

一、请求方对于到达其境内的证人或者鉴定人，不得由于该人在入境前的任何作为或者不作为而对其进行侦查、起诉、羁押、处罚或者采取其他限制人身自由的措施。请求方也不得强迫该人在请求所未涉及的任何侦查、起诉或者其他诉讼程序中作证或者协助调查，但事先征得被请求方和该人同意的除外。

二、如果上述人员在被正式通知无需继续停留后十五天内未离开请求方，或者离开后又自愿返回，则不再适用本条第一款的规定。但是，该期限不包括该人由于本人无法控制的原因而未离开请求方的期间。

三、对于拒绝根据本条约第十一条或者第十二条作证或者协助调查的人员，不得由于此种拒绝而施加任何刑罚或者采取任何限制其人身自由的强制措施。

第十四条　查询、搜查、冻结和扣押

一、被请求方应当在本国法律允许的范围内，执行查询、搜查、冻结和扣押作为证据的财物的请求。

二、被请求方应当向请求方提供有关执行上述请求的结果，包括查询或者搜查的结果，冻结或者扣押的地点和状况以及有关财物随后被监管的情况。

三、如果请求方同意被请求方就移交所提出的条件，被请求方可以将被扣押财物移交给请求方。

第十五条　归还文件、记录和证据物品

请求方应当根据被请求方的要求，尽快归还被请求方根据本条约第九条和第十四条向其提供的文件或者记录的原件和证据物品。

第十六条　犯罪所得和犯罪工具的处置

一、被请求方应当根据请求，努力确定犯罪所得或者犯罪工具是否位于其境内，并将结果通知请求方。在提出这种请求时，请求方应当将其认为上述犯罪所得或者犯罪工具可能位于被请求方境内的理由通知被请求方。

二、一旦根据本条第一款找到涉嫌的犯罪所得或者犯罪工具，被请求方应当根据请求方的请求，按照本国法律采取措施冻结、扣押或者没收这些犯罪所得或者犯罪工具。

三、在本国法律允许的范围内以及双方商定的条件下，被请求方可以根据请求方的请求，将上述的犯罪所得、犯罪工具的全部或者部分，或者出售有关资产的所得移交给请求方。

四、在适用本条时，被请求方和第三人对这些财物的合法权益应当受到尊重。

第十七条　通报刑事诉讼结果

请求方应当根据被请求方的要求，向被请求方通报协助请求所涉及的刑事诉讼的结果。

第十八条　提供犯罪记录

如果某人正在请求方受到侦查或者起诉，被请求方应当根据请求，提供该人在被请求方的犯罪记录。

第十九条　交流法律资料

双方应当根据请求，相互提供各自国家与履行本条约有关的法律和司法实践的资料。

第二十条　认　证

为本条约的目的，根据本条约转递的任何文件，无需进行任何形式的认证，但本条约另有规定的除外。

第二十一条　费　用

一、被请求方应当负担执行请求所产生的费用，但是请求方应当负担下列费用：

（一）有关人员按照本条约第九条第四款的规定，前往、停留于和离开被请求方的费用。

（二）有关人员按照本条约第十一条或者第十二条的规定，前往、停留于和离开请求方的费用和津贴，这些费用和津贴应当根据费用发生地的标准和规定支付。

（三）鉴定人鉴定的费用。

（四）笔译和口译的费用。

二、请求方应当根据要求，预付由其负担的上述费用。

三、如果执行请求明显需要超常性质的费用，双方应当相互协商决定可以执行请求的条件。

第二十二条　其他合作基础

本条约不妨碍任何一方根据其他可适用的国际条约或者本国法律向另一方提供协助。双方也可以根据任何其他可适用的安排、协议或者惯例提供协助。

第二十三条　争议的解决

由于本条约的解释和适用产生的争议，如果双方中央机关不能自行达成协议，应当通过外交途径协商解决。

第二十四条　生效、修订和终止

一、双方根据本国法律完成本条约生效所需的一切必要程序后，应当通过外交照会通知另一方。本条约自后一份照会发出之日起第三十天生效。

二、本条约可以经双方书面协议随时予以修订。此类修订应当按照本条第一款规定的相同程序生效，并构成本条约的一部分。

三、任何一方可以随时通过外交途径，以书面形式通知另一方终止本条约。终止自该通知发出之日后第一百八十天生效。

四、本条约适用于其生效后提出的请求，即使有关作为或者不作为发生于本条约生效前。

下列签署人经各自政府适当授权，签署本条约，以昭信守。

本条约于二〇一六年七月五日订于北京，一式两份，每份均以中文、法文和英文制成，三种文本同等作准。如遇解释上的分歧，以英文本为准。

中华人民共和国代表　　　　**刚果共和国代表**

TRAITE D'ENTRAIDE JUDICIAIRE
ENTRE
LA RÉPUBLIQUE POPULAIRE DE CHINE
ET
LA RÉPUBLIQUE DU CONGO

La République populaire de Chine et la République du Congo (ci-après dénommées «les Parties»),

En vue d'améliorer l'efficacité de la coopération entre les deux pays dans le domaine de l'entraide judiciaire en matière pénale sur la base du respect mutuel de la souveraineté, de l'égalité et du bénéfice mutuel;

Ont décidé de conclure le présent Traité et ont convenu ce qui suit:

Article 1
Champ d'application

1. Les Parties, conformément aux dispositions du présent traité, fourniront la plus large entraide judiciaire dans les enquêtes criminelles, poursuites et procédures judiciaires en matière pénale.

2. Cette entraide comprendra:

(a) la mise à disposition des documents sur les procédures pénales;
(b) le recueil des témoignages ou des dépositions;
(c) la fourniture des documents, dossiers et éléments de preuve;
(d) l'obtention et la fourniture des rapports d'experts;
(e) la localisation et l'identification des personnes;
(f) la réalisation des inspections ou des expertises;
(g) la mise à disposition des personnes en vue de témoigner ou d'assister aux enquêtes;
(h) le transfert de personnes gardées à vue aux fins de témoigner ou d'aider au bon déroulement des enquêtes;
(i) la conduite des enquêtes, des recherches, du gel et des saisies;
(j) l'assistance relative aux produits des activités criminelles et des instruments du crime;
(k) la notification des résultats des procédures pénales et la fourniture de casiers judiciaires;
(l) l'échange d'informations sur la législation; et
(m) toute autre forme d'assistance qui n'est pas contraire aux lois de la Partie requise.

3. Le présent traité ne s'applique qu'à l'entraide judiciaire entre les deux Parties. Les dispositions du présent Traité dénient à toute personne privée le droit d'obtenir, de supprimer ou d'exclure des preuves ou d'empêcher l'exécution d'une demande.

Article 2
Autorités centrales

1. Aux fins du présent Traité, les Autorités centrales désignées par les Parties communiquent directement entre elles sur les questions relatives à la demande et l'entraide judiciaire.

2. Les autorités centrales visées au paragraphe 1 du présent article sont le ministère de la justice pour la République Populaire de Chine, et le ministère de la justice pour la République du Congo.

3. Si l'une des Parties change son Autorité centrale désignée, elle informe l'autre Partie de ce changement par la voie diplomatique.

Article 3
Limites de l'entraide

1. La Partie requise peut refuser de fournir de l'aide dans l'un des cas suivants:

(a) la requête vise des faits qui ne constituent pas une infraction en vertu des lois de la Partie requise;

(b) la partie requise estime que la demande concerne une infraction politique, sauf pour acte terroriste ou une infraction qui n'est pas considérée comme infraction politique en vertu de convention internationale à laquelle les deux Etats sont Parties;

(c) la demande porte sur une infraction qui constitue seulement une infraction militaire;

(d) la Partie requise a des motifs sérieux de croire que la demande a été faite dans le but de rechercher, poursuivre, punir une personne en raison de sa race, son sexe, sa religion, sa nationalité ou ses opinions politiques, ou que la situation de cette personne dans une procédure judiciaire peut être aggravée pour l'une de ces raisons;

(e) la Partie requise est dans le processus ou a mis fin à une procédure pénale ou a déjà rendu un jugement définitif contre le même suspect ou l'accusé pour la même infraction liée à la demande;

(f) la Partie requise estime que l'exécution de la demande porterait atteinte à sa souveraineté, sa sécurité, son ordre public ou d'autres intérêts publics essentiels; et

(g) la Partie requise estime que l'aide demandée n'a pas de liens substantiels avec le cas.

2. La Partie requise peut surseoir à fournir une assistance si l'exécution d'une demande pourrait nuire à une enquête, des poursuites ou procédures judiciaires en cours dans la Partie requise.

3. Avant de refuser une demande ou en différer l'exécution, la Partie requise détermine si l'entraide peut être accordée sous réserve des conditions qu'il juge nécessaires. Si la Partie requérante accepte l'aide à ces conditions, il devra s'y conformer.

4. Si la Partie requise refuse ou diffère l'assistance, il informe la Partie requérante des raisons du refus ou du report.

Article 4
Forme et contenu des demandes

1. Une demande d'assistance doit être faite par écrit et porter la signature ou le sceau de l'Autorité centrale de la Partie requérante. En cas d'urgence, la Partie requérante peut faire une demande dans d'autres formes telles que

télégramme, télécopie ou courrier électronique, qui sont acceptables pour la Partie requise et la Partie requérante confirme sans tarder la demande par écrit par la suite.

2. Une demande d'assistance doit inclure les éléments suivants:

(a) le nom de l'autorité compétente chargée de l'enquête, des poursuites ou procédure judiciaire auxquelles se rapporte la demande;
(b) une description de la nature de l'affaire à laquelle se rapporte la demande, un résumé de ces faits et le texte des dispositions de la loi applicable;
(c) une description de l'aide demandée, son but et sa pertinence pour le cas; et
(d) le délai dans lequel il est souhaitable d'exécuter la demande.

3. Dans la mesure nécessaire et possible, une demande d'assistance doit également inclure les éléments suivants:

(a) des informations sur l'identité et la résidence de la personne dont le témoignage est requis;
(b) des informations sur l'identité et la résidence du destinataire auquel le document est à remettre et ses liens avec la procédure;
(c) des informations sur l'identité et le lieu de la personne à localiser ou à identifier;
(d) une description de l'objet à inspecter ou à examiner;
(e) une description de l'objet à demander, à rechercher, à geler et à saisir;
(f) une description de toute procédure particulière à suivre en exécution de la demande et les raisons;
(g) une description de l'exigence de confidentialité et les raisons;
(h) des informations sur les indemnités et les frais auxquels a droit une personne invitée à comparaître dans la Partie requérante aux fins de témoigner ou d'aider à l'enquête;
(i) la liste des questions auxquelles le témoin doit répondre;
(j) toute autre information qui peut faciliter l'exécution de la demande.

4. Si la Partie requise estime le contenu de la demande insuffisant pour lui permettre de traiter la demande, elle peut demander des informations supplémentaires.

5. Les demandes et documents à l'appui présentés conformément au présent Traité sont effectués en double exemplaire.

Article 5
Langue

1. Les demandes et les documents à l'appui présentés conformément au présent traité doivent être accompagnés d'une traduction dans la langue de la Partie requise, sauf que les deux parties en ont convenu autrement.

2. La Partie requise doit utiliser sa langue officielle en fournissant une assistance à la Partie requérante.

Article 6
Exécution des demandes

1. La Partie requise exécute une demande d'entraide conformément à ses lois nationales.

2. Dans la mesure où rien n'est contraire à sa législation nationale, la Partie requise peut exécuter la demande d'entraide de la manière demandée par la Partie requérante.

3. La Partie requise informe sans délai la Partie requérante de l'issue de l'exécution de la demande. Si l'aide demandée ne peut être fournie, la Partie requise informe sans délai la Partie requérante des raisons.

Article 7
Confidentialité et restriction d'utilisation

1. La Partie requise doit garder le caractère confidentiel de la demande, y compris son contenu, les documents à l'appui et toute action prise conformément à la demande, si la Partie requérante l'exige. Si la demande ne peut être exécutée sans violer cette confidentialité, la Partie requise informe la Partie requérante, qui devra alors déterminer si la demande doit néanmoins être exécutée.

2. La Partie requérante garde le caractère confidentiel des informations et des preuves fournies par la Partie requise, si cela est demandé par la Partie requise, ou ne doit utiliser ces informations ou éléments de preuve que dans les termes et conditions prévues par la Partie requise.

3. La Partie requérante ne peut utiliser les informations ou éléments de preuve obtenus en vertu du présent Traité à des fins autres que celles indiquées dans la demande sans le consentement préalable de la Partie requise.

Article 8
Signification des documents

1. La Partie requise doit, conformément à sa législation nationale et sur demande, procéder à la remise des documents qui sont transmis par la Partie requérante. Toutefois, la Partie requise n'est pas tenue de signifier un document qui exige que la personne recherchée comparaisse en tant que défendeur.

2. La Partie requise, après avoir accompli la diligence, fournit à la Partie requérante une preuve indiquant la date, le lieu et le mode de signification qui doit comporter la signature et le sceau de l'autorité compétente pour la signification.

Article 9
Recueil des témoignages

1. La Partie requise, conformément à ses lois nationales et sur demande, recueille les preuves et les transmet à la Partie requérante.

2. Lorsque la demande porte sur la transmission de documents ou de dossiers, la Partie requise peut transmettre des copies ou photocopies certifiées conformes. Toutefois, lorsque la Partie requérante exige explicitement la transmission des originaux, la Partie requise doit satisfaire cette exigence dans la mesure du possible.

3. Dans la mesure où rien n'est contraire aux lois de la Partie requise, les documents et autres éléments à transmettre à la Partie requérante en vertu du présent article doivent être certifiés dans les formes qui peuvent être demandées par la Partie requérante afin de les rendre recevables selon les lois de la Partie requérante.

4. Dans la mesure où rien n'est contraire aux lois de la Partie requise, la Partie requise doit permettre la présence des personnes spécifiées dans la demande au cours de l'exécution de la demande, et doit permettre à ces personnes de poser des questions à travers le personnel des autorités compétentes de la Partie requise, à la personne dont le témoignage doit être recueilli. À cette fin, la Partie requise informe sans délai la Partie requérante du temps et du lieu de l'exécution de la demande.

Article 10
Refus de témoigner

1. Une personne qui est tenue de témoigner en vertu du présent traité peut refuser de témoigner si les lois de la Partie requise permettre à la personne de ne pas témoigner dans des circonstances similaires dans les procédures engagées dans la Partie requise.

2. Si une personne qui est tenue de témoigner en vertu du présent traité revendique un droit ou un privilège d'immunité de témoigner en vertu des lois de la Partie requérante, la Partie requise informe la Partie requérante de l'avis de cette personne et exige que la Partie requérante fournisse la preuve si un tel droit ou privilège existe. Les informations fournies par la Partie requérante doivent être considérées comme une preuve suffisante de l'existence d'un tel droit ou privilège, sauf preuve contraire explicite.

Article 11
Disponibilité de personnes pouvant témoigner ou aider à l'enquête

1. La Partie requise, à la demande de la Partie requérante, invite la personne concernée à comparaître devant les autorités compétentes sur le territoire de la Partie requérante à témoigner ou à aider dans les enquêtes. La Partie requérante doit indiquer dans quelle mesure les indemnités et les

frais seront payés à la personne. La Partie requise informe sans délai la Partie requérante de la réponse de la personne.

2. La Partie requérante transmet demande de comparution d'une personne pour témoigner ou aider dans les enquêtes sur son territoire au moins 60 jours avant la comparution prévue. La Partie requise peut consentir une période de temps plus courte en cas d'urgence.

Article 12
Transfèrement des personnes gardées à vue pour fournir une preuve ou aider aux enquêtes

1. La Partie requise peut, à la demande de la Partie requérante, transférer temporairement une personne détenue sur son territoire à la Partie requérante pour témoigner ou aider à des enquêtes, à condition que la personne à transférer y consente et que les Parties aient déjà convenu préalablement par écrit des conditions du transfèrement.

2. Si la personne transférée doit être maintenue en détention en vertu des lois de la Partie requise, la Partie requérante garde cette personne à vue.

3. La Partie requérante doit renvoyer la personne transférée à la Partie requise dès qu'elle a terminé de témoigner ou d'aider dans les enquêtes.

4. Aux fins du présent article, il est tenu compte de la période que la personne transférée a passée en détention dans la Partie requérante aux fins du décompte de la peine à purger dans la Partie requise.

Article 13
Protection des témoins et experts

1. Tout témoin ou expert présent sur le territoire de la Partie requérante ne peut faire l'objet d'une enquête, ni être poursuivi,détenu, puni ou soumis à toute autre restriction de la liberté individuelle par la Partie requérante pour des actes ou omissions qui ont précédé l'entrée sur son territoire de cette personne, ni être forcée de témoigner ou d'aider dans toute enquête, poursuite ou procédure autre que celle à laquelle se rapporte la demande sans le consentement préalable de la Partie requise et de cette personne.

2. Le paragraphe 1 du présent article cesse de s'applique si la personne visée au paragraphe 1 du présent article a séjourné sur le territoire de la Partie requérante quinze jours après que cette personne a été officiellement notifiée depuis que sa présence n'était plus nécessaire ou, après l'avoir quitté, y est volontairement retournée. Mais cette période de temps ne comprend pas le temps pendant lequel la personne ne parvient pas à quitter le territoire de la Partie requérante pour des raisons indépendantes de sa volonté.

3. Une personne qui refuse de témoigner ou de collaborer à des enquêtes conformément aux articles 11 ou 12 ne doit pas être soumise à une peine ou une restriction de liberté personnelle pour un tel refus.

Article l4
Enquête, recherche, gel et saisie

1. La Partie requise, dans la mesure où sa législation nationale l'autorise, exécute une demande d'enquête, de recherche, de gel et de saisie des éléments matériels de preuve, d'articles et d'actifs.

2. La Partie requise communique à la Partie requérante les résultats de l'exécution de la demande, y compris les résultats d'enquête ou de recherche, le lieu et les circonstances du gel ou de la saisie et la garde ultérieure de ces éléments matériels, articles ou actifs.

3. La Partie requise peut transmettre les éléments matériels, les articles ou les actifs saisis à la Partie requérante si la Partie requérante accepte les termes et conditions de cette transmission comme proposés par la Partie requise.

Article 15
Retour des documents, dossiers et articles de preuve

À la demande de la Partie requise, la Partie requérante doit dès que possible retourner à la Partie requise les originaux des documents ou des dossiers et éléments de preuve qui lui sont fournis par ce dernier en vertu des articles 9 et l4 du présent traité.

Article 16
Produits des activités criminelles et instruments du crime

1. La Partie requise, sur demande, s'efforce d'établir si les produits et le des activités criminelles ou instruments du crime sont déposés sur son territoire et communique le résultat à la Partie requérante. En formulant sa demande, la Partie requérante doit indiquer à la Partie requise des raisons pour lesquelles les produits ou les instruments mentionnés ci-dessus peuvent être déposés dans le territoire de cette dernière.

2. Une fois les produits ou instruments du crime soupçonnés ont été trouvés conformément au paragraphe 1 du présent article, la Partie requise, à la demande de la Partie requérante, prend des mesures pour geler, saisir et confisquer ces produits ou instruments conformément à sa législation nationale.

3. À la demande de la Partie requérante, la Partie requise peut, dans la mesure où cela est autorisé par sa législation et selon les termes et conditions agréés par les Parties, la totalité ou une partie des produits ou instruments du crime ou les produits de la vente de tels actifs à la Partie requérante.

4. En application du présent article, les droits et les intérêts légitimes de la Partie requise et de toute partie tierce à ces produits ou instruments doivent être respectées.

Article 17
Notification des résultats de procédures pénales

La Partie requérante, sur demande, informe la Partie requise des résultats de la procédure pénale visée dans la demande d'entraide.

Article 18
Fourniture de casiers judiciaires

Si une personne fait l'objet d'une enquête ou d'une poursuite dans la Partie requérante, la Partie requise doit fournir, sur demande, le casier judiciaire de cette personne dans la Partie requise.

Article 19
Echange d'information sur la législation

Les Parties doivent, sur demande, se fournir réciproquement les informations sur la législation et la pratique judiciaire respectives en vue de la mise en œuvre du présent Traité.

Article 20
Authentification

Aux fins du présent Traité, aucune forme d'authentification ne sera requise pour les documents devant être transmis conformément au présent Traité à moins qu'il n'en soit spécifié autrement dans le présent Traité.

Article 21
Dépenses

1. La Partie requise, doit couvrir le coût de l'exécution de la demande, mais la Partie requérante doit prendre en charge les dépenses suivantes:

(a) les frais permettant aux personnes de se rendre sur le territoire de la Partie requise, d'y séjourner et de le quitter en vertu de l'article 9 (4) du présent Traité;

(b) les allocations ou les dépenses permettant aux personnes de se rendre sur le territoire de la Partie requérante, d'y séjourner et de le quitter en vertu de l'article 11 ou 12 de ce Traité conformément aux normes et règlements de l'endroit où ces allocations ou frais ont été engagés;

(c) les frais pour les évaluations d'experts; et

(d) les frais pour les traducteurs et interprètes.

2. La Partie requérante, sur demande, règle à l'avance les dépenses qu'elle doit supporter.

3. S'il apparaît que l'exécution d'une demande nécessite des dépenses extraordinaires, les Parties se consultent pour déterminer les termes et les conditions suivant lesquelles la demande peut être exécutée.

Article 22
Autre base de la coopération

Le présent Traité ne doit pas empêcher une Partie de fournir une assistance à l'autre Partie conformément à d'autres accords internationaux applicables ou à sa législation nationale. Les parties peuvent également se prêter assistance conformément aux autres arrangements, accords on usages.

Article 23
Règlement des différends

Tout différend résultant de l'interprétation et l'application du présent Traité sera réglé par voie diplomatique si les Autorités centrales des parties ne parviennent pas à un accord.

Article 24
Entrée en vigueur, modification et dénonciation

1. Chaque Partie informe l'autre par note diplomatique lorsque des mesures nécessaires qui ont été prises en vertu de sa législation pour l'entrée en vigueur du présent Traité. Le présent Traité entrera en vigueur dès le trentième jour à partir de la date à laquelle la dernière note diplomatique est envoyée.

2. Le présent Traité peut être modifié à tout moment par accord écrit entre les Parties. Toute modification entrera en vigueur conformément à la même procédure prévue au paragraphe 1 du présent article et fera partie de ce Traité.

3. Chaque Partie peut dénoncer le présent Traité à tout moment par notification écrite à l'autre Partie par la voie diplomatique. La résiliation prend effet cent quatre-vingt jours après la date à laquelle l'avis est donné.

4. Le présent Traité s'applique à toute demande présentée après son entrée en vigueur même si les actes ou omissions en cause sont nés avant l'entrée en vigueur du présent Traité.

EN FOI DE QUOI, les soussignés, dûment autorisés par leurs Gouvernements respectifs, ont signé le présent Traité.

Fait à Beijing , le 5 juillet, an deux mille seize, en trois exemplaires en langues chinoise, française et anglaise. Tous les textes faisant également foi. En cas de divergence d'interprétation du présent Traité, le texte anglais prévaut.

Pour la République Populaire de Chine **Pour la République du Congo**

TREATY BETWEEN THE PEOPLE'S REPUBLIC OF CHINA AND THE REPUBLIC OF CONGO ON MUTUAL LEGAL ASSISTANCE IN CRIMINAL MATTERS

The People's Republic of China and the Republic of Congo (hereinafter referred to as "the Parties"),

With a view to improving the effective cooperation between the two countries in respect of mutual legal assistance in criminal matters on the basis of mutual respect for sovereignty, equality and mutual benefit,

Have decided to conclude this Treaty and have agreed as follows:

Article 1
Scope of Application

1. The Parties shall, in accordance with the provisions of this Treaty, provide widest mutual legal assistance in criminal investigations, prosecutions and judicial proceedings in criminal matters.

2. Such assistance shall include:

(a) serving documents of criminal proceedings;

(b) taking testimonies or statements from persons;

(c) providing documents, records and articles of evidence;

(d) obtaining and providing expert evaluations;

(e) locating and identifying persons;

(f) conducting inspections or examinations;

(g) making persons available for giving evidence or assisting in investigations;

(h) transferring persons in custody for giving evidence or assisting in investigations;

(i) conducting inquiry, searches, freezing and seizures;

(j) assistance relating to proceeds from criminal activities and instruments of crime;

(k) notifying results of criminal proceedings and supplying criminal records;

(l) exchanging information on law; and

(m) any other forms of assistance which is not contrary to the laws of the Requested Party.

3. This Treaty shall only apply to mutual legal assistance between both Parties. The provision of this Treaty shall deny any private person any right to obtain, suppress, or exclude any evidence, or to impede the execution of a request.

Article 2
Central Authorities

1. For the purpose of this Treaty, the Central Authorities designated by the Parties shall communicate directly with each other for matters concerning mutual request and assistance.

2. The Central Authorities referred to in Paragraph 1 of this Article shall be the Ministry of Justice for the People's Republic of China, and the Ministry of Justice for the Republic of Congo.

3. Should either Party changes its designated Central Authority, it shall inform the other Party of such change through diplomatic channels.

Article 3
Limitations on Assistance

1. The Requested Party may refuse to provide assistance if one of the following circumstances appears:

(a) the request relates to conduct which would not constitute an offense under the laws of the Requested Party;

(b) the Requested Party considers that the request relates to a political offence except for terrorism offence or offence which is not regarded as political offences under international convention to which both States are Parties;

(c) the request relates to an offense which only constitutes a military offense;

(d) there are substantial grounds for the Requested Party to believe that the request has been made for the purpose of investigating, prosecuting, punishing or other proceedings against a person on account of that person's race, sex, religion, nationality or political opinions, or that that person's position in judicial proceedings may be prejudiced for any of those reasons;

(e) the Requested Party is in the process of or has terminated criminal proceedings or has already rendered a final judgment against the same suspect or accused for the same offense as related to in the request;

(f) the Requested Party believes that the execution of the request would impair its sovereignty, security, public order or other essential public interests; and

(g) the Requested Party considers that the assistance requested lacks substantial connection with the case.

2. The Requested Party may postpone to provide assistance if execution of a request would interfere with an ongoing investigation, prosecution or judicial proceedings in the Requested Party.

3. Before refusing a request or postponing its execution, the Requested Party shall consider whether assistance may be granted subject to such conditions as it deems necessary. If the Requesting Party accepts assistance subject to these conditions, it shall comply with them.

4. If the Requested Party refuses or postpones to provide assistance, it shall inform the Requesting Party of the reasons for the refusal or postponement.

Article 4
Form and Content of Requests

1. A request for assistance shall be made in writing and affixed with the signature or seal of the Central Authority of the Requesting Party. In urgent situations, the Requesting Party may make a request in other forms such as telegram, facsimile, or electronic mail, which are acceptable to the Requested Party and the Requesting Party shall confirm the request in writing promptly thereafter.

2. A request for assistance shall include the following:

(a) the name of the competent authority conducting the investigation, prosecution or judicial proceedings to which the request relates;

(b) a description of the nature of the case to which the request relates, a summary of its facts and the text of the provisions of the applicable law;

(c) a description of the assistance sought, its purpose and its relevance to the case; and

(d) the time limit within which the request is desired to be executed.

3. To the extent necessary and possible, a request for assistance shall also include the following:

(a) information on the identity and residence of a person from whom evidence is sought;

(b) information on the identity and residence of a person to be served and that person's relationship to the proceedings;

(c) information on the identity and whereabouts of the person to be located or identified;

(d) a description of the object to be inspected or examined;

(e) a description of the object to be inquired, searched, frozen and seized;

(f) a description of any particular procedure desirous to be followed in executing the request and reasons;

(g) a description of the requirement of confidentiality and the reasons;

(h) information as to the allowances and expenses to which a person invited to appear in the Requesting Party to give evidence or assist in investigation will be entitled;

(i) question list to be answered by witness;

(j) such other information which may facilitate execution of the request.

4. If the Requested Party considers the contents contained in the request not sufficient to enable it to deal with the request, it may request additional information.

5. Requests and supporting documents requested in accordance with this Treaty shall be made in duplicate.

Article 5
Language

1. Requests and supporting documents submitted pursuant to this Treaty shall be accompanied by a translation into the language

of the Requested Party except that the two Parties have agreed otherwise.

2. The Requested Party shall use its official language in providing assistance to the Requesting Party.

Article 6
Execution of Requests

1. The Requested Party shall execute a request for assistance in accordance with its national laws.

2. Insofar as not contrary to its national laws, the Requested Party may execute the request for assistance in the manner requested by the Requesting Party.

3. The Requested Party shall promptly inform the Requesting Party of the outcome of the execution of the request. If the assistance requested can not be provided, the Requested Party shall promptly inform the Requesting Party of the reasons.

Article 7
Confidentiality and Limitation on Use

1. The Requested Party shall keep confidential a request, including its contents, supporting documents and any action taken in accordance with the request, if so requested by the Requesting Party. If the request cannot be executed without breaching such confidentiality, the Requested Party shall so inform the Requesting Party, which shall then determine whether the request should

nevertheless be executed.

2. The Requesting Party shall keep confidential the information and evidence provided by the Requested Party, if so requested by the Requested Party, or shall use such information or evidence only under the terms and conditions specified by the Requested Party.

3. The Requesting Party shall not use any information or evidence obtained under this Treaty for any purpose other than for the case stated in the request without the prior consent of the Requested Party.

Article 8
Service of Documents

1. The Requested Party shall, in accordance with its national laws and upon request, effect service of documents that are transmitted by the Requesting Party. However, the Requested Party shall not be obligated to effect service of a document which requires the person to be served to appear as defendant.

2. The Requested Party shall, after effecting service, provide the Requesting Party a proof of service that shall indicate the date, place, and manner of service, and be signed or sealed by the authority which served the document.

Article 9
Taking of Evidence

1. The Requested Party shall, in accordance with its national

laws and upon request, take evidence and transmit it to the Requesting Party.

2. When the request concerns the transmission of documents or records, the Requested Party may transmit certified copies or photocopies thereof. However, where the Requesting Party explicitly requires transmission of originals, the Requested Party shall meet such requirement to the extent possible.

3. Insofar as not contrary to the laws of the Requested Party, the documents and other materials to be transmitted to the Requesting Party in accordance with this Article shall be certificated in such forms as may be requested by the Requesting Party in order to make them admissible according to the laws of the Requesting Party.

4. Insofar as not contrary to the laws of the Requested Party, the Requested Party shall permit the presence of such persons as specified in the request during the execution of the request, and shall allow such persons to pose questions, through personnel of competent authorities of the Requested Party, to the person from whom evidence is to be taken. For this purpose, the Requested Party shall promptly inform the Requesting Party of the time and place of the execution of the request.

Article 10
Decline to Give Evidence

1. A person who is required to give evidence under this Treaty may decline to give evidence if the laws of the Requested Party

permit the person not to give evidence in similar circumstances in proceedings initiated in the Requested Party.

2. If a person who is required to give evidence under this Treaty claim a right or privilege of immunity from giving evidence under the laws of the Requesting Party, the Requested Party shall inform the Requesting Party of that person's opinion and require the Requesting Party to provide evidence of whether such a right or privilege exists. The evidence provided by the Requesting Party shall be deemed as sufficient proof of whether such a right or privilege exists unless explicit evidence to the contrary is available.

Article 11
Availability of Persons to Give Evidence or Assist in Investigation

1. The Requested Party, at the request of the Requesting Party, shall invite the person concerned to appear before relevant authorities in the territory of the Requesting Party to give evidence or assist in investigations. The Requesting Party shall indicate the extent to which allowances and expenses will be paid to the person. The Requested Party shall promptly inform the Requesting Party of the person's response.

2. The Requesting Party shall transmit request for the appearance of a person to give evidence or assist in investigations in its territory no less than sixty days before the scheduled appearance. The Requested Party may consent to a shorter period of time in case of emergency.

Article 12
Transfer of Persons in Custody for Giving Evidence or Assisting in Investigations

1. The Requested Party may, at the request of the Requesting Party, temporarily transfer a person in custody in its territory to the Requesting Party for giving evidence or assisting in investigations, provided that the person to be transferred so consents and the Parties have previously reached a written agreement on the conditions of the transfer.

2. If the person transferred is required to be kept in custody under the laws of the Requested Party, the Requesting Party shall hold that person in custody.

3. The Requesting Party shall return the person transferred to the Requested Party as soon as he/she finished giving evidence or assisting in investigations.

4. For the purpose of this Article, the person transferred shall receive credit for service of the sentence imposed in the Requested Party for the period of time served in the custody of the Requesting Party.

Article 13
Protection of Witnesses and Experts

1. Any witness or expert present in the territory of the

Requesting Party shall not be investigated, prosecuted, detained, punished or subject to any other restriction of personal liberty by the Requesting Party for any acts or omissions which preceded that person's entry into its territory, nor shall that person be obliged to give evidence or to assist in any investigation, prosecution or other proceedings other than that to which the request relates without the prior consent of the Requested Party and that person.

2. Paragraph 1 of this Article shall cease to apply if the person referred to in Paragraph 1 of this Article has stayed on in the territory of the Requesting Party fifteen days after that person has been officially notified that his/her presence is no longer required or, after having left, has voluntarily returned. But this period of time shall not include the time during which the person fails to leave the territory of the Requesting Party for reasons beyond his/her control.

3. A person who declines to give evidence or assist in investigations in accordance with Articles 11 or 12 shall not be subject to any penalty or mandatory restriction of personal liberty for such decline.

Article 14
Inquiry, Search, Freezing and Seizure

1. The Requested Party shall, to the extent its national law permits, execute a request for inquiry, search, freezing and seizure of evidential materials, articles and assets.

2. The Requested Party shall provide the Requesting Party

results of executing the request, including results of inquiry or search, the place and circumstances of freezing or seizure, and the subsequent custody of such materials, articles or assets.

3. The Requested Party may transmit the seized materials, articles or assets to the Requesting Party if the Requesting Party agrees to the terms and conditions for such transmission as proposed by the Requested Party.

Article 15
Return of Documents, Records and Articles of Evidence

At the request of the Requested Party, the Requesting Party shall return to the Requested Party the originals of documents or records and articles of evidence provided to it by the latter under Articles 9 and 14 of this Treaty as soon as possible.

Article 16
Proceeds from Criminal Activities and Instruments of Crime

1. The Requested Party shall, upon request, endeavor to ascertain whether any proceeds from criminal activities or instruments of crime are deposited within its territory and shall notify the Requesting Party of the result. In making the request, the Requesting Party shall notify the Requested Party of the reasons why the proceeds or instruments mentioned-above may be

deposited in the latter's territory.

2. Once the suspected proceeds or instruments of crime are found in accordance with Paragraph 1 of this Article, the Requested Party shall, at the request of the Requesting Party, take measures to freeze, seize and forfeit such proceeds or instruments according to its national laws.

3. At the request of the Requesting Party, the Requested Party may, to the extent permitted by its national laws and under the terms and conditions agreed by the Parties, transfer all or part of the proceeds or instruments of crime, or the proceeds from the sale of such assets to the Requesting Party.

4. In applying this Article, the legitimate rights and interests of the Requested Party and any third party to such proceeds or instruments shall be respected.

Article 17
Notification of Results of Proceedings in Criminal Matters

The Requesting Party shall, upon request, inform the Requested Party of the results of the criminal proceedings to which the request of assistance relates.

Article 18
Supply of Criminal Records

If a person is being investigated or prosecuted in the Requesting

Party, The Requested Party shall provide, upon request, that person's criminal records in the Requested Party.

Article 19
Exchange of Information on Law

The Parties shall, upon request, furnish each other with the laws and information on judicial practice in their respective countries related to the implementation of this Treaty.

Article 20
Authentication

For the purpose of this Treaty, any documents transmitted in accordance with this Treaty shall not require any form of authentication, unless otherwise provided for in this Treaty.

Article 21
Expenses

1. The Requested Party shall meet the cost for executing the request, but the Requesting Party shall bear the following:

(a) expenses for persons to travel to, stay in and leave from the Requested Party under Article 9 (4) of this Treaty;

(b) allowances or expenses for persons to travel to, stay in and leave from the Requesting Party under Articles 11 or 12 of this Treaty in accordance with the standards or regulations of the place where such allowances or expenses have been incurred;

(c) expenses for expert evaluations; and

(d) expenses for translation and interpretation.

2. The Requesting Party shall, upon request, pay in advance the expenses it shall bear.

3. If it becomes apparent that the execution of a request requires extraordinary expenses, the Parties shall consult to determine the terms and conditions under which the request can be executed.

Article 22
Other Basis for Cooperation

This Treaty shall not prevent either Party from providing assistance to another Party according to other applicable international agreements or its national law. The Parties may also provide assistance in accordance with any other arrangement, agreement or customs.

Article 23
Settlement of Dispute

Any dispute arising out of the interpretation and application of this Treaty shall be resolved through consultation by diplomatic channels if the Central Authorities of the Parties are themselves unable to reach agreement.

Article 24
Entry into Force, Amendment and Termination

1. Each Party shall inform the other by diplomatic note when all necessary steps have been taken under its laws for entry into force of this Treaty. This Treaty shall enter into force upon the thirtieth day from the date on which the later diplomatic note is sent.

2. This Treaty may be amended at any time by written agreement between the Parties. Any such amendment will enter into force in accordance with the same procedure prescribed in Paragraph 1 of this Article and will form part of this Treaty.

3. Either Party may terminate this Treaty at any time by notice in writing to the other Party through diplomatic channels. Termination shall take effect on the one hundred and eightieth day after the date on which the notice is given.

4. This Treaty applies to any requests presented after its entry into force even if the relevant acts or omissions occurred before this Treaty enters into force.

IN WITNESS WHEREOF, the undersigned, being duly authorized thereto by their respective Governments, have signed this Treaty.

DONE in duplicate at Beijing on this 5th day of July 2016, in the Chinese, French and English languages, all texts being equally authentic. In case of divergence of interpretation, the English text shall prevail.

For the People's Republic of China **For the Republic of Congo**

中华人民共和国和
阿尔及利亚民主人民共和国
关于民事和商事司法协助的条约

中华人民共和国和阿尔及利亚民主人民共和国（以下称双方），

在相互尊重主权和平等互利的基础上，为加强两国在司法领域的合作，达成协议如下：

第一章　总　则

第一条　司法合作的义务

双方承诺应对方请求相互提供民事和商事司法协助。

第二条　司法保护

一、一方国民在另一方境内，在人身权利和财产权利方面，应当享有与另一方国民同等的司法保护。

二、一方国民有权在与另一方国民同等的条件下，在另一方法院进行诉讼。

三、本条第一款和第二款的规定亦适用于在任何一方境内依该方法律成立的法人。

第三条　诉讼费用担保

一、一方对于另一方国民，不得因为该人系外国人或者在其境内没有住所或者居所而要求该人提供诉讼费用保证金和任何名义的担保存款。

二、本条第一款的规定亦适用于在任何一方境内并依该方法律成立的法人。

第四条　法律援助和诉讼费用

一、任何一方国民在另一方境内，在遵守另一方法律的条件下，有权享有与另一方国民同等的法律援助或者诉讼费用减免。

二、如果申请人在一方境内有住所或者居所，应当由该方主管机关出具申请人的经济困难证明；如果申请人在第三国有住所或者居所，应当由申请人所属国在第三国的外交或者领事代表机关出具该证明。

三、负责提供法律援助或者作出诉讼费用减免决定的主管机关可以要求提供补充材料。

第五条　联系途径

一、除本条约另有规定外，双方应当通过中央机关提出和答复司法协助请求。

中央机关在中华人民共和国方面为司法部，在阿尔及利亚民主人民共和国方面为司法部。

二、任何一方如果变更其对中央机关的指定，应当通过外交途径通知另一方。

第六条　司法协助适用的法律

双方应当根据各自本国法律执行司法协助请求，但是本条约另有规定的除外。

第七条　司法协助的范围

本条约规定的司法协助包括：

（一）送达司法文书；

（二）调查取证；

（三）承认与执行法院裁判文书以及仲裁裁决；

（四）交换法律资料；

（五）不违背被请求方法律的其他形式的协助。

第八条　司法协助的拒绝

一、被请求方如果认为提供司法协助将有损本国的主权、安全或者公共秩序，或者被请求的合作超出本国司法机关的职权范围，应当拒绝提供司法协助。

二、被请求方应当将拒绝的理由告知请求方。

第九条　司法协助请求的形式和内容

一、司法协助请求应当以书面形式提出，并包括下列内容：

（一）提出请求的司法机关；

（二）必要时，被请求的司法机关；

（三）诉讼涉及的人员的姓名、身份、国籍以及住所或者居所，法人的地址；

（四）必要时，当事人代理人的姓名和地址；

（五）请求的事项和所附文件；

（六）请求涉及的诉讼的性质和案情摘要；

（七）执行请求所需的其他材料。

二、在送达裁判文书的情况下，如果裁判文书未写明上诉期限和途径，应当在请求书中说明请求方法律规定的上诉期限和途径。

三、被请求方如果认为请求方提供的材料不足以使其根据本条约的规定执行请求，可以要求请求方提供补充材料。

第十条　书面联系的文字

司法协助请求书及其辅助文件，应当使用请求方的文字，并附英文译文。

第十一条　司法协助的费用

一、被请求方应当负担执行请求所产生的费用，但是请求方应当负担下列费用：

（一）有关人员按照本条约第十八条的规定，前往、停留和离开请求方的费用和津贴。这些费用和津贴应当根据费用发生地的标准和规定支付。

（二）按照特殊方式执行请求的费用。

（三）鉴定的费用。

（四）翻译包括笔译和口译的费用。

二、请求方应当根据要求，预付由其承担的费用。

三、如果执行请求明显需要超常性质的费用，双方应当协商决定执行请求的条件。

第二章　送达司法文书和代为调查取证

第十二条　执行送达司法文书的请求

一、被请求方应当按照本国法律规定的方式送达司法文书。

二、在不违背本国法律的情况下，被请求方应当按照请求方明示要求的特殊方式送达司法文书。

三、被请求机关如果无权执行请求，应当将该项请求移送有权执行的主管机关，以便执行。

四、被请求方如果无法执行请求，应当将请求书及其辅助文件退回请求方，并说明妨碍送达的原因。

第十三条　通知送达司法文书的结果

被请求方应当将送达结果书面通知请求方，并附由受送达人签名并注明日期的送达回证，或者送达机关出具的说明送达行为、方式和日期的证明。如果受送达人拒绝签名或者拒收，应当在送达回证或者证明中说明。

第十四条　调查取证的范围

双方法院可以在民事和商事方面相互请求代为进行必要的调查，包括代为询问当事人、证人和鉴定人，代为调取证据，以及代为进行鉴定和司法勘验。

第十五条　调查取证的执行

一、代为调查取证应由被请求方司法机关按照本国法律规定的程序在其境内执行。

二、被请求机关应当根据请求机关的明确要求，采取如下措施：

（一）在不违反本国法律的情况下，按照特殊方式执行调查取证；

（二）及时通知请求方执行调查取证的日期和地点，以便有关当事人或者其代理人根据被请求方的法律到场。

三、被请求机关如果无权执行调查取证，应当将该项请求移交有权执行的机关。

四、在不能执行请求的情况下，被请求方应当将请求书及其辅助文件退还请求方，并告知无法执行的原因。

第十六条　送达司法文书或者调查取证时确认地址

一、如果司法协助请求涉及的人员的地址不完全或者不正确，被请求方中央机关仍应当接收该请求。在此情况下，被请求方可以要求请求方提供补充材料，以便确认该人地址。

二、如果仍然无法确定地址，被请求方中央机关应当通知请求方中央机关，并退回请求书及其辅助文件。

第十七条　拒绝作证

一、根据本条约被要求作证的人员，如果被请求方法律允许该人在被请求方提起的诉讼中的类似情形下不作证，可以拒绝作证。

二、如果根据本条约被要求作证的人员主张，根据请求方法律有拒绝作证的权利或者特权，不妨碍取证的进行，应将该人的主张告知请求方中央机关。

第十八条　在请求方出庭作证

一、请求方可以请求被请求方协助，邀请有关人员作为证人或者鉴定人出庭，并应当告知该人可获得的费用和津贴。

二、被请求方应当将该人的答复迅速通知请求方。

三、请求方应当在不迟于预定出庭日的六十天前将要求有关人员在请求方境内出庭作证的邀请向被请求方提出。在紧急情况下，被请求方可以同意缩短该期限。

第十九条　证人和鉴定人的保护

一、请求方对于到达其境内的证人或者鉴定人，不得因该人在入境前的任何作为或者不作为而予以起诉、羁押、处罚或者采取其他限制人身自由的措施，也不得要求该人在请求所未涉及的任何其他诉讼程序中作证，除非事先取得被请求方和该人同意。

二、如果上述人员在被正式通知无须继续停留后十五天内未离开请求方，或者离开后又自愿返回，则本条第一款不再适用，但该期限不包括该人因本人无法控制的原因而未离开请求方的时间。

三、如果本条第一款中所述人员拒绝作证，不得对其施加任何处罚，或者采取任何限制其人身自由的强制措施。

第二十条　外交或者领事代表机关的职能

一方可以通过本国派驻另一方的外交或者领事代表机关向在另一方境内的本国国民送达司法文书和司法外文书，但应当遵守另一方的法律，并且不得采取任何强制措施。

第三章　裁判文书和仲裁裁决的承认和执行

第二十一条　承认和执行裁判文书的范围

一、一方应当根据本条约规定的条件，采取措施承认和执行另一方的下列裁判文书：

（一）法院在民事和商事案件中作出的裁判文书；

（二）审理刑事案件的法院就民事权利作出的裁判文书。

二、本条的规定不适用于下列案件中作出的裁判文书：

（一）遗嘱和继承；

（二）破产；

（三）除扶养案件外的临时保全措施。

第二十二条　承认和执行的拒绝

除本条约第八条的规定外，对于本条约第二十一条第一款所述的裁判文书，在下列情况下也可以拒绝承认和执行：

（一）根据裁判文书作出方的法律，该裁判文书尚未生效或者不具有执行效力；

（二）根据被请求方的法律，作出裁判文书的法院无管辖权；

（三）根据裁判文书作出方的法律，缺席的败诉方当事人未经合法传唤，或者无诉讼行为能力的当事人没有得到适当代理；

（四）被请求方法院正在审理相同当事人之间就同一事实和标的提起的案件，或者已经作出生效裁判文书，或者已经承认或者执行第三国法院作出的裁判文书。

第二十三条　承认和执行的程序

一、申请人应当直接向被请求方有管辖权的法院提出承认或者执行的申请。

二、承认和执行应当适用被请求方法律规定的程序。

三、有管辖权的法院应当仅限于审查被请求承认和执行的裁判文书是否符合本条约规定的条件。该法院应当依职权进行审查，并将审查结果写入裁判文书。

四、如有必要，法院在决定承认和执行时，应当采取必要措施，以与本国裁判文书相同的方式公布被承认和执行的裁判文书。

五、被请求方可以全部或者部分承认和执行裁判文书。

六、被承认和执行的裁判文书在被请求方境内应当与被请求方作出的裁判文书具有同等效力。

第二十四条　申请承认和执行应附的文件

一、申请承认或者执行裁判文书的申请人，应当递交下列文件：

（一）经证明无误的裁判文书的副本；

（二）证明裁判文书是终局的文件；

（三）证明已经向败诉方当事人送达裁判文书以及无诉讼行为能力的当事人已经得到适当代理的文件；

（四）如果是缺席裁判，且裁判文书未表明当事人得到合法传唤，证明已传唤缺席当事人出庭的文件。

二、申请书、裁判文书以及上述文件，均应当附有经证明无误的被请求方文字的译文。

第二十五条　仲裁裁决的承认与执行

双方应当根据一九五八年六月十日在纽约联合国大会通过的《承认及执行外国仲裁裁决公约》，相互承认和执行在对方境内作出的仲裁裁决。

第四章 其他规定

第二十六条 认证的免除

通过本条约第五条规定的途径转递的文件，免除任何形式的认证。文件应当由主管机关签署、盖章。

第二十七条 官方文件的证明效力

一、在一方境内制作的官方文件在另一方境内与另一方相同性质的文件享有同等证明效力。

二、如果有关官方文件的真实性受到质疑，可以请求制作该文件的机关予以核实。

第二十八条 交换资料和文献

双方承诺根据请求，相互交换本条约框架下的法律以及司法实践的资料和文献。

第二十九条 争议的解决

因解释或者实施本条约所产生的任何争议或者任何具体事项，双方应当通过协商解决。

第五章　最后条款

第三十条　批　准

本条约须经双方根据各自国内法律程序予以批准。

第三十一条　生　效

一、本条约自互换批准书之日起三十天后生效。

二、本条约可以经双方书面协议随时予以修订。

三、任何一方可以随时通过外交途径，以书面形式通知另一方终止本条约。本条约自该通知发出之日起180天后终止。

下列签署人经各自政府适当授权，签署本条约，以昭信守。

本条约于二〇一〇年一月十日订于阿尔及尔，一式两份，每份均用中文和阿拉伯文写成，两种文本同等作准。

中华人民共和国代表　　阿尔及利亚民主人民共和国代表

اتفاقية تتعلق بالتعاون القضائي في المجال المدني والتجاري
بين جمهورية الصين الشعبية
والجمهورية الجزائرية الديمقراطية الشعبية

إن جمهورية الصين الشعبية من جهة،

والجمهورية الجزائرية الديمقراطية الشعبية من جهة أخرى.

المشار إليهما فيما يلي " بالطرفين".

رغبة منهما في تعزيز التعاون القضائي بين البلدين على أساس الاحترام المتبادل للسيادة ومبدأ المساواة والمصلحة المشتركة.

اتفقتا على ما يلي :

الفصـل الأول
أحكام عامة

المادة 1
الالتزام بالتعاون القضائي

يتعهد الطرفان، بطلب من أحدهما، منح التعاون القضائي في المجال المدني والتجاري.

المادة 2
الحماية القانونية

1- يستفيد مواطنو كل من الطرفين في إقليم الطرف الآخر من نفس الحماية القانونية التي يمنحها هذا الأخير لمواطنيه فيما يتعلق بحقوقهم الشخصية والمالية.

2- يتمتع مواطنو كل من الطرفين بحرية اللجوء إلى الجهات القضائية للطرف الآخر وفق الشروط نفسها التي يخضع لها مواطنو هذا الأخير.

3- كما تطبق الفقرتين 1و 2 أعلاه على الأشخاص المعنوية الموجودة والمنشأة في إقليم أحد الطرفين، وفقا لقانونه الوطني.

المادة 3
كفالة المصاريف القضائية

1- لا يمكن أن تفرض على مواطني كل من الطرفين الذين يمتثلون أمام الجهات القضائية للطرف الآخر أي كفالة ولا إيداع تحت أي تسمية كانت وذلك إما بصفتهم أجانب أو لعدم وجود مسكن لهم أو إقامة في بلد هذا الأخير.

2- تطبق أحكام الفقرة السابقة على الأشخاص المعنوية الموجودة والمنشأة في إقليم أحد الطرفين طبقا لقانونه الوطني .

المادة 4
المساعدة القضائية ومصاريف الإجراءات

1- يتمتع مواطنو كل من الطرفين في إقليم الطرف الآخر من المساعدة القضائية أو من الإعفاء أو تخفيض المصاريف القضائية على غرار مواطني البلد أنفسهم، شريطة احترامهم لقانون الطرف المطلوب منه المساعدة.

2- تسلم الشهادة المثبتة لعدم كفاية الموارد المالية من طرف السلطة المختصة للبلد الذي يقيم أو يسكن في إقليمه الشخص الطالب. وتسلم هذه الشهادة من طرف الممثليات الدبلوماسية أو القنصلية لبلده المختصة إقليميا إذا ما كان الشخص المعني يقيم أو يسكن في بلد ثالث.

3- يمكن السلطة المختصة منح المساعدة القضائية أو السلطة المكلفة باتخاذ قرار الإعفاء أو التخفيض من مصاريف الإجراءات طلب معلومات إضافية.

المادة 5
طرق المراسلة

1- ترسل طلبات التعاون القضائي والإجابات عليها عبر السلطات المركزية للطرفين، ما لم تنص الاتفاقية على خلاف ذلك.

بالنسبة لجمهورية الصين الشعبية، تتمثل السلطة المركزية في وزارة العدل.

بالنسبة للجمهورية الجزائرية الديمقراطية الشعبية، تتمثل السلطة المركزية في وزارة العدل.

2- يبلغ كل طرف الطرف الآخر بأي تغيير لسلطته المركزية عبر الطرق الدبلوماسية.

المادة 6
القوانين المطبقة على التعاون القضائي

يطبق الطرفان قوانينهما الوطنية في تنفيذ طلبات التعاون القضائي ما لم تنص هذه الاتفاقية على غير ذلك.

المادة 7
مجال التعاون القضائي

يشمل التعاون القضائي وفقا لهذه الاتفاقية على ما يلي :

أ- تسليم الوثائق القضائية.
ب- الحصول على الأدلة والقيام بإجراءات التحقيق.
ج- الاعتراف وتنفيذ الأحكام والقرارات القضائية و أحكام المحكمين.
د- تبادل المعلومات حول القوانين .
هـ- كل شكل آخر من أشكال التعاون القضائي لا يتعارض مع تشريع الطرف المطلوب منه التنفيذ.

المادة 8
رفض التعاون القضائي

1- يرفض التعاون القضائي إذا اعتبر الطرف المطلوب منه أن هذا التعاون من شأنه المساس بسيادة بلده أو أمنه أو نظامه العام أو أن التعاون المطلوب ليس من اختصاص سلطاته القضائية.

2-وفي هذه الحالة يعلم الطرف الطالب بأسباب الرفض .

المادة 9
شكل ومحتوى طلب التعاون القضائي

1- يقدم طلب التعاون القضائي كتابيا ويشمل ما يلي :

أ)- السلطة القضائية الطالبة ،
ب)- السلطة القضائية المطلوب منها التعاون، عند الاقتضاء،
ج)- لقب واسم وصفة وجنسية ومسكن أو إقامة الأشخاص المعنية بالدعوى و العنوان الاجتماعي بالنسبة للأشخاص المعنوية،
د)- لقب واسم وعنوان ممثلي الأطراف، عند الاقتضاء،
هـ)- موضوع الطلب والوثائق المرفقة،
ز)- وصف لطبيعة الدعوى المتعلقة بالطلب وملخص عنها،
ي)-أي بيانات أخرى ضرورية لإنجاز الإجراءات المطلوبة.

2- في حالة تبليغ الأحكام القضائية، يشار في الطلب إلى آجال وطرق الطعن المعمول بها في تشريع الطرف الطالب إذا لم يتضمن الحكم ذلك.

3- إذا رأى الطرف المطلوب منه بأن المعلومات المقدمة من قبل الطرف الطالب غير كافية لتنفيذ الطلب طبقا لهذه الاتفاقية، يجوز له طلب معلومات إضافية من الطرف الطالب .

المادة 10
لغـــة المراسلة

يحرر طلب التعاون القضائي والوثائق المدعمة له بلغة الطرف الطالب مرفقة بترجمة مطابقة إلى اللغة الإنجليزية.

المادة 11
مصاريف التعاون القضائي

1- يتحمل الطرف المطلوب منه التعاون المصاريف المتعلقة بتنفيذ الطلب، غير أنه يتعين على الطرف الطالب تحمل المصاريف الآتية:

أ) المصاريف والتعويضات المتعلقة بسفر وإقامة ومغادرة الأشخاص لدى الطرف الطالب وفقا للمادة 18 من هذه الاتفاقية، طبقا للمعايير او التنظيمات المعمول بها في المكان الذي تقع فيه هذه المصاريف،

ب) مصاريف تنفيذ التعاون وفق شكل خاص،

ج) مصاريف الخبرة،

د) مصاريف الترجمة والترجمة الشفهية.

2- بناء على طلب، يدفع الطرف الطالب تسبيقا عن المصاريف التي تقع على عاتقه.

3- إذا اتضح أن تنفيذ الطلب يحتاج إلى مصاريف ذات طبيعة استثنائية، فيتعين على الطرفين التشاور فيما بينهما قصد تحديد الأحكام والشروط التي يتم بموجبها تنفيذ الطلب.

الفصل الثاني
تسليم الوثائق القضائية وتنفيذ الإنابات القضائية

المادة 12
تنفيذ طلب تسليم الوثائق القضائية

1- ينفذ الطرف المطلوب منه طلب تسليم الوثائق القضائية بالطريقة المنصوص عليها في قانونه الوطني.

2- يتعين على الطرف المطلوب منه، ما لم يتعارض ذلك مع قانونه الوطني، تسليم الوثائق القضائية وفق شكل خاص إذا طلب الطرف الطالب منه ذلك صراحة.

3- إذا كانت السلطة المطلوبة غير مختصة لتنفيذ الطلب، يتعين عليها إرسال الطلب إلى السلطة المختصة للتنفيذ.

4- إذا تعذر تنفيذ الطلب، يتعين على الطرف المطلوب منه التعاون إعادة الطلب والوثائق المدعمة له إلى الطرف الطالب مع بيان الأسباب التي حالت دون التسليم.

المادة 13
تبليغ نتائج تسليم الوثائق القضائية

يتعين على الطرف المطلوب منه التعاون، تبليغ الطرف الطالب كتابيا بنتائج تسليم الوثائق ويجب إرفاقها بوصل مؤرخ وموقع من المرسل إليه أو بشهادة من السلطة القائمة بتسليم الوثائق تثبت فعل وطريقة وتاريخ التسليم. وإذا رفض المرسل إليه الاستلام أو التوقيع، يشار إلى ذلك في الوصل أو الشهادة.

المادة 14
نطاق الإنابة القضائية

يمكن الجهات القضائية لكل من الطرفين في المواد المدنية والتجارية انتداب الجهات القضائية للطرف الآخر للقيام بإجراءات التحقيق التي تراها ضرورية كسماع الأطراف والشهود والخبراء وجمع الأدلة وإجراء الخبرة والمعاينة القضائية.

المادة 15
تنفيذ الإنابات القضائية

1- تنفذ الإنابات القضائية في إقليم الطرف المطلوب منه التعاون عن طريق سلطته القضائية حسب الإجراءات المتبعة في تشريعه .

2- تقوم السلطة المطلوب منها التنفيذ بطلب صريح من السلطة الطالبة بما يلي:

أ- تنفيذ الإنابة القضائية وفق شكل خاص إذا كان ذلك غير مخالف لتشريع بلدها.

ب- إعلام السلطة الطالبة في الوقت المناسب بتاريخ ومكان تنفيذ الإنابة القضائية حتى يتسنى للأطراف المعنية أو ممثليهم الحضور طبقا لتشريع البلد المطلوب منه التنفيذ.

3- إذا لم تكن السلطة المطلوب منها تنفيذ الإنابة القضائية مختصة ، فعليها إرسال الطلب إلى السلطة المختصة لتنفيذها.

4- وفي حالة عدم إنجاز الطلب يرد الطلب و الوثائق المرفقة به إلى الطرف الطالب ويجب إخطاره عن أسباب عدم إنجاز الإنابة.

المادة 16
البحث عن العنوان عند تنفيذ طلب تسليم الوثائق القضائية أو الإنابات القضائية

1- إذا كان عنوان الشخص المعني بالطلب غير كامل أو غير صحيح، وجب مع ذلك على السلطة المركزية للطرف المطلوب منه تلبية هذا الطلب. ويمكنها في هذه الحالة أن تطلب من الطرف الطالب معلومات إضافية تسمح بتحديد عنوان هذا الشخص والبحث عنه.

2- في حالة عدم إمكانية التعرف على العنوان رغم الجهود المبذولة، وجب على السلطة المركزية للطرف المطلوب منه إخطار السلطة المركزية للطرف الطالب بذلك ويعاد الطلب والوثائق المرفقة له.

المادة 17
رفض الإدلاء بالشهادات

1- يمكن الشخص الذي استدعي للإدلاء بشهادته وفقا لهذه الاتفاقية، رفض الإدلاء بها إذا كانت قوانين الطرف المطلوب منه التعاون تسمح للشخص بعدم الإدلاء في ظروف مماثلة خلال إجراءات قائمة لديه.

2- إذا ادعى الشخص الذي يستدعى للإدلاء بشهادته وفقا لهذه الاتفاقية، بأن له حق أو امتياز الاستفادة من الحصانة في الإدلاء بشهادته طبقا لقوانين الطرف الطالب، يتم تلقي الشهادة ويبلغ هذا المطلب إلى السلطة المركزية للطرف الطالب.

المادة 18
مثول الأشخاص للإدلاء بشهادتهم لدى الطرف الطالب

1- يمكن الطرف الطالب طلب التعاون من الطرف المطلوب منه قصد دعوة شخص للمثول بصفته شاهدا أو خبيرا في الإجراءات القضائية، ويتم إعلام الشخص بأي مصاريف وتعويضات مستحقة له.

2- يخطر الطرف المطلوب منه التعاون الطرف الطالب بجواب الشخص فورا.

3- يرسل طلب استدعاء الشخص للمثول في اقليم الطرف الطالب للإدلاء بالشهادة إلى الطرف المطلوب منه التعاون في مدة لا تقل عن ستين (60) يوما قبل تاريخ مثول الشخص. وفي حالة الاستعجال يمكن الطرف المطلوب منه التعاون تخفيض هذه المدة.

المادة 19
حماية الشهود والخبراء

1- إذا وجد شاهد أو خبير على إقليم الطرف الطالب، لا يجوز متابعته أو حبسه أو معاقبته أو تقييد حريته الشخصية من قبل هذا الطرف بسبب أي أفعال أو إغفالات سابقة لدخوله إقليمه، كما لا يجوز إلزام هذا الشخص بأن يدلي بشهادته في أي إجراء آخر غير ذلك الذي يتعلق به الطلب، إلا إذا وافق الطرف المطلوب منه وهذا الشخص مسبقا.

2- يتوقف العمل بالفقرة الأولى من هذه المادة إذا لم يغادر هذا الشخص إقليم الطرف الطالب في مدة 15 يوما بعد تبليغه رسميا بأن حضوره لم يعد ضروريا أو إذا عاد بمحض إرادته بعد المغادرة .ولا تشمل هذه المدة الفترة التي لم يغادر فيها الشخص إقليم الطرف الطالب لأسباب خارجة عن إرادته.

3- إذا رفض الشخص المذكور في الفقرة الأولى من هذه المادة الإدلاء بشهادته، لا يكون عرضة لأي عقوبة أو خاضعا لأي تدابير مقيدة لحريته الشخصية.

المادة 20
صلاحيات الأعوان الدبلوماسيين والقنصليين

يمكن لكل من الطرفين تسليم الوثائق القضائية أو غير القضائية إلى رعاياهما في إقليم الطرف الآخر عن طريق أعوانهما الدبلوماسيين والقنصليين شريطة أن تحترم قوانين الطرف الآخر. لا تتخذ في حق الرعايا أي إجراءات إجبارية من أي نوع كانت.

الفصل الثالث
الاعتراف وتنفيذ الأحكام أوالقرارات القضائية والقرارات التحكيمية

المادة 21
نطاق الاعتراف وتنفيذ الأحكام أو القرارات القضائية

1- يتخذ كل طرف وفق الشروط المنصوص عليها في هذه الاتفاقية، الإجراءات الكفيلة بالاعتراف وبتنفيذ الأحكام أو القرارات القضائية الآتية الصادرة في الطرف الآخر:

أ – الأحكام أو القرارات الصادرة عن الجهات القضائية في المادة المدنية والتجارية.

ب – الأحكام أو القرارات الصادرة عن الجهات القضائية الجزائية المتعلقة بالحقوق المدنية.

2 - لا تسري هذه المادة على الأحكام والقرارات الصادرة في المواد المتعلقة بـــ :
أ - الوصايا والإرث.
ب - الإفلاس و الإعسار.
ج - التدابير التحفظية والمؤقتة، باستثناء تلك المتعلقة بالنفقة.

المادة 22
رفض الاعتراف والتنفيذ

1- دون الإخلال بالأحكام الواردة في المادة 8 من هذه الاتفاقية، يمكن رفض الاعتراف وتنفيذ الأحكام أو القرارات القضائية المشار إليها في الفقرة الأولى من المادة 21 في الحالات التالية:

أ- الحكم أو القرار القضائي الذي لم يحز قوة الشيء المقضي به أو لم يصبح قابلا للتنفيذ حسب قانون الطرف الذي صدر فيه.

ب- الحكم أو القرار النهائي الصادر عن جهة قضائية غير مختصة حسب قوانين الطرف المطلوب منه التعاون.

ج- إذا كان الشخص المحكوم عليه لم يستدع قانونا وصدر ضده حكم أو قرار غيابي، أو إذا كان الشخص غير مؤهل للتقاضي أولم يمثل بصفة قانونية، وذلك حسب قانون الطرف الذي صدر فيه الحكم أو القرار.

د- إذا كانت الجهة القضائية للطرف المطلوب منه قد عرض عليها النزاع بين نفس الأطراف في نفس الوقائع والموضوع، أو قد أصدرت حكما أو قرارا بشأنه، أو سبق لها أن اعترفت أو نفذت حكما أو قرارا متعلقا بنفس النزاع وصادرا من جهة قضائية لدولة أخرى.

المادة 23
إجراءات الاعتراف والتنفيذ

1- يجب أن يقدم طلب الاعتراف والتنفيذ مباشرة من الشخص المعني إلى السلطة القضائية المختصة للطرف المطلوب تنفيذ الحكم أو القرار.

2- يطبق قانون الطرف المطلوب منه التنفيذ على إجراءات الاعتراف وتنفيذ الحكم أو القرار.

3- تقتصر الجهة القضائية المختصة على التحقق فيما إذا كان الحكم أو القرار المطلوب الأمر للإعتراف به وتنفيذه تتوفر فيه الشروط المنصوص عليها في أحكام هذه الاتفاقية وتقوم هذه الجهة القضائية بهذا التحقيق من تلقاء نفسها ويجب أن تثبت نتيجة ذلك في حكمها أو قرارها.

4- تأمر الجهة القضائية عند إصدار أمرها بالإعتراف والتنفيذ عند الاقتضاء باتخاذ التدابير اللازمة لتصبغ على الحكم أو القرار نفس الإشهار الذي يكون له لو أنه صدر من البلد الذي يراد الإعتراف به أو تنفيذه فيه.

5- يجوز أن ينصب الأمر بالإعتراف والتنفيذ على كل منطوق الحكم أو القرار أو جزء منه.

6- ينتج الحكم أو القرار المعترف به والمنفذ فوق إقليم الطرف المطلوب منه نفس الآثار التي ينتجها لو كان قد صدر عن قضائه.

المادة 24
الوثائق المرفقة بطلب الاعتراف والتنفيذ

1- يجب على الطرف الذي يطلب الاعتراف أو تنفيذ الحكم أو القرار أن يقدم ما يلي:

أ- صورة رسمية للحكم أو القرار تتوفر فيها الشروط اللازمة لإثبات صحتها.

ب- شهادة تثبت أن الحكم أو القرار أصبح نهائيا .

ج- وثيقة تثبت أن الحكم قد تم تبليغه قانونا لدى الطرف الذي خسر الدعوى وأن الطرف الذي تنقصه الأهلية في النزاع قد تم تمثيله قانونا،

د- وثيقة تثبت تبليغ التكليف بالحضور الموجه إلى الطرف الذي تخلف عن الحضور وذلك في حالة صدور حكم غيابي وعندما لا يتبين من الحكم أن تبليغ التكليف بالحضور كان صحيحا.

2- يرفق الطلب والحكم والوثائق المذكورة أعلاه بترجمة مصادق عليها بلغة الطرف المطلوب منه.

المادة 25
الاعتراف بالقرارات التحكيمية وتنفيذها

إن القرارات التحكيمية الصادرة في إقليم الطرفين يتم الاعتراف بها وتنفيذها وفقا لأحكام الاتفاقية الخاصة باعتماد القرارات التحكيمية الأجنبية وتنفيذها التي صادق عليها مؤتمر الأمم المتحدة في نيويورك بتاريخ 10 جوان 1958.

الفصل الرابع
أحكام مختلفة

المادة 26
الإعفاء من التصديق

1- تعفى الوثائق المرسلة وفقا للطرق المنصوص عليها في المادة 5 من هذه الاتفاقية من أي شكل من أشكال التصديق ويجب إضفاء عليها التوقيع و/أو الختم الرسمي من السلطة التي لها الصفة لإصدارها.

المادة 27
قوة الوثائق الرسمية في الإثبات

1- تتمتع الوثائق الرسمية المحررة في إقليم أحد الطرفين، على إقليم الطرف الآخر بنفس قوة الإثبات التي تتمتع بها الوثائق من نفس الطبيعة عند هذا الطرف.

2- يمكن في حالة الشك أن يطلب من السلطة التي أصدرت الوثيقة التحقق من صحتها.

المادة 28
تبادل المعلومات والوثائق

يتعهد الطرفان وبطلب أحدهما بتبادل المعلومات والوثائق في المجال التشريعي والاجتهاد القضائي في إطار هذه الاتفاقية .

المادة 29
تسوية النزاعات

تتم تسوية النزاعات المتعلقة بتفسير أو تطبيق هذه الاتفاقية بشكل عام أو فيما يتعلق بحالة خاصة عن طريق التشاور بين الطرفين.

الفصل الخامس
أحكام ختامية

المادة 30
التصديق

يصدق على هذه الاتفاقية طبقا للقواعد القانونية سارية المفعول في كل من الطرفين .

المادة 31
دخول حيز التنفيذ

1- تدخل هذه الاتفاقية حيز التنفيذ بعد ثلاثين (30) يوما من تاريخ تبادل وثائق التصديق.

2- يمكن تعديل هذه الاتفاقية في أي وقت باتفاق كتابي بين الأطراف.

3- يمكن أي من الطرفين نقض هذه الاتفاقية في أي وقت بواسطة إشعار كتابي إلى الطرف الآخر عبر الطرق الدبلوماسية ويسري هذا النقض بعد مائة وثمانين (180) يوما من تاريخ تقديم الإشعار.

إثباتا لذلك، وقع مفوضا الحكومتين على هذه الاتفاقية.

حرر بالجزائر في 10 جانفي 2010، في نسختين أصليتين محررتين باللغتين الصينية والعربية ولكل منهما نفس القوة.

عن جمهورية الصين الشعبية	**عن الجمهورية الجزائرية الديمقراطية الشعبية**

中华人民共和国和
波斯尼亚和黑塞哥维那
关于民事和商事司法协助的条约

中华人民共和国和波斯尼亚和黑塞哥维那（以下称双方），

在相互尊重主权和平等互利的基础上，为加强两国在司法领域的合作，决定缔结本条约，并达成下列协议：

第一章　总　则

第一条　司法保护

一、一方国民在另一方境内，应当享有与另一方国民同等的司法保护，有权在与另一方国民同等的条件下，在另一方法院进行诉讼。

二、一方法院对于另一方国民，不得因为该人是外国人或者在其境内没有住所或者居所而要求该人提供诉讼费用担保。

三、本条第一款和第二款的规定亦适用于位于任何一方境内并依该方法律成立的法人。

第二条　诉讼费用减免和法律援助

一、一方国民在另一方境内，应当在与该另一方国民同等的条件下和范围内获得诉讼费用减免和法律援助。

二、申请获得本条第一款规定的诉讼费用减免和法律援助，应当由申请人住所或者居所所在地的一方主管机关出具关于该人财产状况的证明。如果申请人在双方境内均无住所和居所，可以由该人国籍所属的一方的外交或者领事机关出具或者确认有关该事项的证明。

三、负责对诉讼费用减免和法律援助申请作出决定的司法机关或者其他主管机关可以要求提供补充材料。

第三条　司法协助的范围

本条约规定的司法协助包括：

（一）送达司法文书；

（二）调查取证；

（三）承认与执行法院裁决以及仲裁裁决；

（四）交换法律资料。

第四条　司法协助的联系途径

一、除本条约另有规定外，双方在相互请求和提供司法协助时，应当通过各自指定的中央机关直接进行联系。

二、本条第一款所指的中央机关，在中华人民共和国方面为中华人民共和国司法部，在波斯尼亚和黑塞哥维那方面为波斯尼亚和黑塞哥维那司法部。

三、任何一方如果变更其对中央机关的指定，应当通过外交途径通知另一方。

第五条　司法协助适用的法律

双方执行司法协助请求时，应适用各自的本国法，但是本条约另有规定的除外。

第六条　司法协助的拒绝

一、被请求方如果认为提供司法协助将损害本国的主权、安全或者重大公共利益，或者违反本国法律的基本原则，或者请求的事项超出本国司法机关的主管范围，可以拒绝提供司法协助，并应当说明拒绝理由。

二、对于送达司法文书和调查取证的请求，被请求方不得仅因为本国法院对该项诉讼事项有专属管辖权，或者本国法律不允许进行该项请求所依据的诉讼，而拒绝提供协助。

第七条　司法协助请求的形式和内容

一、司法协助的请求应当以书面形式提出，由请求机关签署或者盖章，并包括下列内容：

（一）请求机关的名称和地址；

（二）可能时，被请求机关的名称；

（三）请求所涉及人员的姓名、国籍以及地址；如果涉及法人，法人的名称和地址；

（四）必要时，当事人代理人的姓名和地址；

（五）请求所涉及的诉讼的性质和案情摘要；

（六）请求协助的事项；

（七）执行请求所需的其他材料。

二、被请求方如果认为请求方提供的材料不足以使其根据本条约的规定处理该请求，可以要求请求方提供补充材料。

第八条　文　字

一、双方的中央机关进行书面联系时，应当使用本国官方文字，并附对方文字的译文。

二、司法协助请求书及其所附文件，应当使用请求方的文字，并附被请求方文字的译文。

第二章　送达司法文书

第九条　适用范围

任何一方应当根据本条约的规定，执行另一方提出的向在其境内的人员送达司法文书的请求。

第十条　送达请求的执行

一、被请求方应当按照本国法律规定的方式执行送达请求。

二、在不违背本国法律的范围内，被请求方应当按照请求方明示要求的特定方式执行送达。

三、被请求机关如果无权执行请求，应当将该项请求移送有权执行的主管机关，以便执行。

四、被请求方如果难以按照请求方指明的地址执行送达，应当采取必要措施确定地址，必要时可以要求请求方提供补充材料。如果仍然无法确定地址或者因为其他原因无法执行送达，被请求方应当将请求书以及所附文件退回请求方，并说明妨碍送达的原因。

第十一条　通知送达结果

被请求方应当通过本条约第四条规定的联系途径，向请求方书面通知送达结果，并附送达机关出具的证明。该证明应当注明受送达人的姓名、身份、送达日期和地点以及送达方式。如果受送达人拒收，应当注明拒收的原因。

第十二条　送达的费用

被请求方应当负担在本国境内执行送达所产生的费用。但是，根据本条约第十条第二款执行送达所产生的费用，由请求方负担。

第三章　调查取证

第十三条　适用范围

一、一方应当根据本条约的规定，执行另一方提出的调查取证的请求，包括获取当事人陈述和证人证言，调取物证和书证，进行鉴定或者司法勘验，或者进行与调查取证有关的其他司法行为。

二、本条约不适用于下列情形：

（一）调取不打算用于已经开始或者即将开始的司法程序的证据；

（二）调取未在请求书中列明，或者与案件没有直接密切联系的文件。

第十四条　调查取证请求的执行

一、被请求方应当根据本国法律执行调查取证的请求。

二、在不违背本国法律的范围内，被请求方应当按照请求方明示要求的特定方式执行调查取证的请求。

三、被请求机关如果无权执行请求，应当将该项请求移送有权执行的主管机关，以便执行。

四、被请求方如果难以按照请求方指明的地址调取证据，应当采取必要措施确定地址，必要时可以要求请求方提供补充材料。如果仍然无法确定地址或者因为其他原因无法执行请求，被请求方应当将请求书及所附文件退回请求方，并说明妨碍执行的原因。

五、如果请求方明示提出要求，被请求方应当向请求方通知执行请求的时间和地点，以便有关当事人或者其代理人到场。上述当事人或者代理人在到场时应当遵守被请求方的法律。

第十五条　拒绝作证

一、如果根据本条约被要求作证的人员主张依请求方法律有拒绝作证的权利或者特权，被请求方应当要求请求方提供存在该项权利或者特权的证明。除非有明确的相反证据，请求方的证明应当被视为对存在该项权利或者特权的充分证据。

二、如果被请求方法律允许根据本条约被要求作证的人员在被请求方提起的诉讼中的类似情形下不作证，该人可以拒绝作证。

第十六条　通知执行结果

被请求方应当通过本条约第四条规定的联系途径，向请求方书面通知执行调查取证请求的结果，并转交所取得的证据材料。

第十七条　安排有关人员作证

一、被请求方应当根据请求方的请求，邀请有关人员前往请求方境内出庭作证。请求方应当说明需向该人支付的津贴、费用的范围和标准。被请求方应当将该人的答复迅速通知请求方。

二、邀请有关人员在请求方境内出庭作证的文书送达请求，应当在不迟于预定出庭日的六十天前递交给被请求方，除非在紧急情况下，被请求方可以同意在较短期限内转交。

第十八条　证人和鉴定人的保护

一、请求方对于到达其境内的证人或鉴定人，不得因该人在入境前的任何作为或者不作为而予以起诉、羁押、处罚或者采取其他限制人身自由的措施，也不得要求该人在请求未涉及的任何其他诉讼程序中作证，除非事先取得被请求方和该人同意。

二、如果上述人员在被正式通知无需继续停留后十五天内未离开请求方，或者离开后又自愿返回，则不再适用本条第一款。但该期限不包括该人因本人无法控制的原因而未离开请求方的期间。

三、对于拒绝接受根据本条约第十七条提出的邀请的人员，不得因此种拒绝而被施加任何处罚或者任何限制人身自由的强制措施。

第十九条　调查取证的费用

一、被请求方应当负担在本国境内执行调查取证请求的费用，但请求方应当负担下列费用：

（一）按照本条约第十四条第二款规定的特定方式执行请求的费用。

（二）有关人员按照本条约第十四条第五款的规定，前往、停留和离开被请求方的费用。

（三）有关人员按照本条约第十七条的规定，前往、停留和离开请求方的费用和津贴。这些费用应当根据费用发生地的标准和规定支付。

（四）鉴定人的费用和报酬。

二、如果执行请求明显需要超常性质的费用，双方应当协商决定可以执行请求的条件。

第四章　法院裁决与仲裁裁决的承认和执行

第二十条　法院裁决的范围

一、一方法院在本条约生效后作出的下列裁决，应当根据本条约规定的条件在另一方境内得到承认和执行：

（一）法院在民事和商事案件中作出的裁决；

（二）审理刑事案件的法院就向被害人给予赔偿和返还财物作出的民事裁决。

二、本条第一款所述“裁决”包括法院就民事和商事案件制作的调解书。

第二十一条　申请的提出

承认与执行裁决的申请，可以由当事人直接向被请求方的主管法院提出，也可以由其向作出该裁决的法院提出并由该法院按照本条约第四条规定的途径转交给被请求方法院。

第二十二条　申请应附的文件

一、承认和执行裁决的申请，应当附有下列文件：

（一）经证明无误的裁决副本；

（二）证明裁决是终局的文件，以及在申请执行时，证明裁决是可以执行的文件，除非裁决中对此已经予以明确说明；

（三）证明败诉一方当事人已被适当送达裁决和无诉讼行为能力的当事人已经得到适当代理的文件；

（四）如果是缺席裁决，证明缺席的当事人已经过合法传唤的文件。

二、申请书和上述裁决及文件，均应当附有经证明无误的被请求方文字的译文。

第二十三条　承认或执行的拒绝

对于本条约第二十条第一款列举的裁决，除根据本条约第六条的规定可以拒绝承认或执行外，有下列情形之一的，也可以拒绝承认与执行：

（一）根据作出裁决一方的法律，该裁决不是终局的或者不具有执行效力；

（二）根据本条约第二十四条的规定，作出裁决的法院无管辖权；

（三）败诉的当事人未经合法传唤，或者无诉讼行为能力的当事人没有得到适当代理；

（四）被请求方法院已经受理相同当事人之间就同一标的提起的诉讼；

（五）该裁决与被请求方法院已经作出的裁决或已经承认的第三国法院作出的裁决不符。

第二十四条　管辖权

一、为本条约的目的，符合下列情况之一的，作出裁决一方的法院即被视为有管辖权：

（一）在提起诉讼时，被告在该方境内有住所或者居所；

（二）诉讼因被告在该方境内设立的分支机构的商业活动而产生；

（三）被告已经明示接受该方法院的管辖；

（四）被告就争议的实质问题进行了答辩，未对管辖权提出异议；

（五）在合同案件中，合同在该方境内签订，或者已经或者应当在该方境内履行，或者诉讼标的物在该方境内；

（六）在非合同性质的侵权案件中，侵权行为或者结果发生在该方境内；

（七）在扶养义务案件中，债权人在提起诉讼时在该方境内有住所或者居所；

（八）作为诉讼标的物的不动产位于该方境内；

（九）在继承案件中，被继承人死亡时的住所地或者居所地或者主要遗产所在地位于该方境内；

（十）在身份案件中，在提起诉讼时，诉讼当事人在该方境内有住所或者居所。

二、本条第一款不应影响双方法律关于专属管辖权的规定。为此目的，双方应当在本条约生效后，及时通过本条约第四条规定的途径，以书面形式相互通知本国法律关于专属管辖权的规定。

第二十五条　承认和执行的程序

一、裁决的承认和执行应当适用被请求方法律规定的程序。

二、被请求方法院应当仅限于审查裁决是否符合本条约规定的条件，不得对裁决作实质性审查。

三、如果裁决涉及多项内容并且无法得到全部承认或者执行，被请求方法院可以决定仅承认或者执行裁决的部分内容。

第二十六条　承认和执行的效力

被承认或执行的裁决在被请求方境内应当与被请求方法院作出的裁决具有相同的效力。

第二十七条　仲裁裁决的承认与执行

双方应当根据一九五八年六月十日在纽约签订的《承认及执行外国仲裁裁决公约》，相互承认和执行在对方境内作出的仲裁裁决。

第五章　其他规定

第二十八条　交换法律资料

双方应当根据请求，相互交换与本条约的实施相关的本国现行法律或者司法实践的资料。

第二十九条　外交或者领事代表送达文书和调查取证

一方可以通过本国派驻另一方的外交或者领事代表向在该

另一方领域内的本国国民送达司法文书和调查取证，但应当遵守该另一方法律，并且不得采取任何强制措施。

第三十条　认证的免除

为适用本条约的目的，由双方法院或者其他主管机关制作或者证明，并且通过本条约第四条规定的联系途径转递的文件，免除任何形式的认证。

第三十一条　争议的解决

因解释或者实施本条约所产生的任何分歧，如果双方中央机关不能达成协议，应当通过外交途径协商解决。

第六章　最后条款

第三十二条　生效、修正和终止

一、双方在完成使条约生效的必要国内程序后，应当通过外交照会通知对方。本条约自收到后一份照会之日起第三十天生效。

二、本条约可以经双方书面协议随时予以修正。

三、任何一方可以随时通过外交途径，以书面形式通知另一方终止本条约。终止自该书面通知发出之日后第一百八十天生效。

下列签署人经各自政府适当授权，签署本条约，以昭信守。

本条约于二〇一二年十二月十八日在北京签订，一式两份，每份均以中文、波斯尼亚文、克罗地亚文、塞尔维亚文和英文制成，五种文本同等作准。如遇解释上的分歧，以英文本为准。

中华人民共和国代表　　　　**波斯尼亚和黑塞哥维那代表**

UGOVOR
IZMEĐU
NARODNE REPUBLIKE KINE
I
BOSNE I HERCEGOVINE
O PRAVNOJ POMOĆI
U GRAĐANSKIM I PRIVREDNIM STVARIMA

Narodna Republika Kina i Bosna i Hercegovina (u daljnjem tekstu: „strane ugovornice"),

U želji da ojačaju pravnu saradnju između dvije države na temelju uzajamnog poštovanja suverenosti, jednakopravnosti i zajedničkog interesa,

Odlučile su da zaključe ovaj ugovor i sporazumjele su se o sljedećem:

POGLAVLJE I.
Opće odredbe

Član 1.
Pravna zaštita

1. Državljani jedne strane ugovornice uživaju jednaku pravnu zaštitu na teritoriji druge strane ugovornice kao i državljani druge strane ugovornice i imaju pravo na pristup sudovima druge strane ugovornice pod istim uslovima koji važe za državljane druge strane ugovornice.

2. Sudovi jedne strane ugovornice ne smiju od državljana druge strane ugovornice zahtijevati da polože obezbjeđenje parničnih troškova samo zbog toga što su stranci ili što nemaju prebivalište ili boravište na njenoj teritoriji.

3. Odredbe iz stavova 1. i 2. ovog člana primjenjuju se i na pravna lica koja imaju sjedište na teritoriji jedne od strana ugovornica, a osnovana su u skladu sa zakonima te strane ugovornice.

Član 2.

Smanjenje i oslobađanje od plaćanja troškova sudskog postupka i pravne pomoći

1. Državljani jedne strane ugovornice imaju pravo na smanjenje troškova ili na oslobađanje od plaćanja troškova sudskog postupka na teritoriji druge strane ugovornice i imaju pravo na pravnu pomoć pod jednakim uslovima i u istom obimu koji važe i za državljane druge strane ugovornice.

2. Uz molbu za smanjenje ili oslobađanje od plaćanja troškova sudskog postupka ili pravne pomoći predviđenih stavom 1. podnosi se i uvjerenje o imovnom stanju molioca koju izdaje nadležni organ strane ugovornice na čijoj teritoriji molilac ima prebivalište ili boravište. Ako molilac nema prebivalište niti boravište na teritoriji jedne od dvije strane ugovornice, ovo uvjerenje izdaju ili ovjeravaju diplomatska ili konzularna predstavništva strane ugovornice čije je to lice državljanin.

3. Sudski organi ili drugi nadležni organi koji odlučuju o molbi za smanjenje ili oslobađanje od plaćanja troškova sudskog postupka ili pravne pomoći mogu zatražiti dodatne podatke.

Član 3.

Obim pravne pomoći

Pravna pomoć u smislu ovog ugovora obuhvata:

(a) uručenje sudskih dokumenata;

(b) izvođenje dokaza;

(c) priznanje i izvršenje sudskih odluka i arbitražnih odluka;

(d) razmjenu informacija o zakonu.

Član 4.

Načini komunikacije u pružanju pravne pomoći

1. Ako se drugačije ne predviđa ovim ugovorom, strane ugovornice prilikom podnošenja ili odobravanja zahtjeva za pravnu pomoć ostvaruju direktnu komunikaciju preko svojih centralnih organa koji se u tu svrhu odrede.

2. Centralni organi u smislu stava 1. ovoga člana su Ministarstvo pravde za Narodnu Republiku Kinu, a Ministarstvo pravde Bosne i Hercegovine za Bosnu i Hercegovinu.

3. Ako jedna strana ugovornica promijeni prvobitno određeni centralni organ, ta strana ugovornica o tome mora obavijestiti drugu stranu ugovornicu diplomatskim putem.

Član 5.

Mjerodavno pravo u pružanju pravne pomoći

Strane ugovornice u izvršenju zamolnica za pravnu pomoć primjenjuju zakone svoje zemlje, osim ako se ovim ugovorom ne predviđa drugačije.

Član 6.

Odbijanje pravne pomoći

1. Kad zamoljena strana ugovornica smatra da se ukazivanjem pravne pomoći ugrožava njen suverenitet, bezbjednost ili javni poredak ili da je takva pomoć u suprotnosti sa osnovnim načelima pravnog poretka te strane ugovornice ili smatra da je tražena pomoć van nadležnosti njenih sudskih organa, onda ona može odbiti da pruži pravnu pomoć, a o razlozima za odbijanje pravne pomoći obavještava stranu ugovornicu koja tu pomoć traži.

2. Zamoljena strana ugovornica ne smije odbiti zahtjev za pružanje pravne pomoći vezan za dostavljanje sudskih akata ili izvođenje dokaza samo iz razloga što njeni sudovi imaju isključivu stvarnu nadležnost nad tim postupkom ili što unutrašnjim zakonima zamoljene strane ugovornice nije dopušten postupak na kojem se predmetni zahtjev zasniva.

Član 7.

Forma i sadržaj zamolnice za pravnu pomoć

1. Zamolnica za pravnu pomoć se podnosi u pisanoj formi i mora imati potpis ili pečat organa koji traži pomoć i sadržati sljedeće:

(a) naziv i adresu organa koji traži pomoć;

(b) naziv zamoljenog organa, ukoliko je poznat;

(c) ime, državljanstvo i adresu lica koje je predmet zamolnice; ako se radi o pravnom licu, naziv pravnog lica i adresa;

(d) ime i adresu zastupnika lica koje je predmet zamolnice, po potrebi;

(e) opis prirode postupka na koji se predmetna zamolnica odnosi i kratak sažetak predmeta;

(f) opis tražene pravne pomoći;

(g) ostale informacije koje su neophodne za izvršenje zamolnice.

2. Ako zamoljena strana ugovornica smatra da su informacije koje je dostavila strana

ugovornica koja traži pomoć nedovoljne da bi se omogućilo postupanje po ovoj zamolnici u skladu sa odredbama iz ovog ugovora, zamoljena strana ugovornica može od strane ugovornice koja traži pomoć tražiti dostavljanje dodatnih informacija.

Član 8.

Jezik

1. Centralni organi strane ugovornice se u međusobnoj pisanoj komunikaciji služe svojim službenim jezikom uz obezbijeđen prevod na jezik druge strane ugovornice.

2. Zamolnice za pravnu pomoć i prateća dokumentacija pišu se na jeziku strane ugovornice koja traži pomoć i uz njih se dostavlja prevod na jezik zamoljene strane ugovornice.

POGLAVLJE II.

Uručenje sudskih dokumenata

Član 9.

Primjena

Prema odredbama iz ovog ugovora, jedna strana ugovornica je dužna izvršiti zamolnice druge strane ugovornice kojima se traži uručenje sudskih dokumenata licima koja se nalaze na njenoj teritoriiji.

Član 10.

Izvršenje zamolnice za uručenje dokumenata

1. Zamoljena strana ugovornica u izvršenju zamolnice za uručenje dokumenata primjenjuje način propisan zakonskim odredbama te strane ugovornice.

2. Na izričit zahtjev strane ugovornice koja traži uručenje, zamoljena strana ugovornica vrši uručenje dokumenata na poseban način samo onda kada to nije protivno zakonskim odredbama zamoljene strane ugovornice.

3. Ako zamoljena strana ugovornica nije nadležna za izvršenje zamolnice, ista tu zamolnicu dostavlja nadležnom organu na izvršenje.

4. Ako zamoljena strana ugovornica ima poteškoća sa izvršenjem predmetnog uručenja na osnovu podataka o adresi koje je navela strana ugovornica koja traži uručenje, zamoljena strana ugovornica mora preduzeti sve neophodne mjere u cilju utvrđivanja adrese i od strane ugovornice koja traži uručenje može, po potrebi, zatražiti dodatne informacije.

Ako zamoljena strana ugovornica ni tada ne bude mogla utvrditi adresu ili iz nekih drugih razloga ne bude u mogućnosti da izvrši zamolnicu, zamolnicu i prateću dokumentaciju vraća strani ugovornici koja je istu podnijela, navodeći razloge zbog kojih je bila spriječena da izvrši uručenje.

Član 11.

Obavještenje o rezultatima uručenja

Komunicirajući na način utvrđen u članu 4. ovog ugovora, zamoljena strana ugovornica u pisanoj formi obavještava stranu ugovornicu koja traži uručenje o rezultatima uručenja i u prilogu dostavlja potvrdu o izvršenom uručenju koju je daje organ koji je izvršio predmetno uručenje. Ta potvrda sadrži ime i lične podatke adresata, datum, mjesto i način uručenja. Ako adresat odbije da primi dokument, navode se razlozi odbijanja.

Član 12.

Troškovi uručenja

Zamoljena strana ugovornica snosi sve troškove koji nastanu izvršenjem zamolnica za uručenje dokumenata na njenoj teritoriji. Međutim, strana ugovornica koja traži uručenje snosi troškove nastale izvršenjem zamolnica za uručenje dokumenata prema odredbama iz člana 10. stav 2. ovoga ugovora.

POGLAVLJE III.

Izvođenje dokaza

Član 13.

Primjena

1. Prema odredbama iz ovog ugovora, jedna strana ugovornica izvršava zamolnice za izvođenje dokaza koje podnese druga strana ugovornica, uključujući i uzimanje izjava od stranaka u postupku i svjedoka, prikupljanje materijalnih i pismenih dokaza, provođenje vještačenja ili sudskog uviđaja ili obavljanje drugih sudskih radnjii vezanih za izvođenje dokaza.

2. Ovaj ugovor ne primjenjuje se na:

(a) izvođenje dokaza koji nisu namijenjeni za upotrebu u tekućim ili budućim sudskim postupcima; ili

(b) pribavljanje dokumenata koji u zamolnici nisu navedeni, ili nisu u direktnoj i bliskoj vezi sa predmetom.

Član 14.

Izvršenje zamolnice za izvođenje dokaza

1. Zamoljena strana ugovornica u izvršenju zamolnice za izvođenje dokaza primjenjuje svoje zakone.

2. Na izričit zahtjev strane ugovornice koja traži izvođenje dokaza, zamoljena strana ugovornica izvršava zamolnicu za izvođenje dokaza na poseban način samo onda kada to nije protivno zakonskim odredbama zamoljene strane ugovornice.

3. Ako zamoljeni organ nije nadležan za izvršenje ove zamolnice, isti tu zamolnicu dostavlja nadležnom organu na izvršenje.

4. Ako zamoljena strana ugovornica ima poteškoća sa izvođenjem dokaza prema podacima o adresi koje je navela strana ugovornica koja to izvođenje traži, zamoljena strana ugovornica mora preduzeti sve neophodne mjere u cilju utvrđivanja adrese i od strane ugovornice koja traži izvođenje dokaza može, po potrebi, zatražiti dodatne informacije. Ako zamoljena strana ugovornica ni tada ne bude mogla utvrditi adresu ili iz nekih drugih razloga ne bude u mogućnosti da izvrši zamolnicu, zamolnicu i prateću dokumentaciju vraća strani ugovornici koja traži izvođenje dokaza, navodeći razloge zbog kojih je bila spriječena da izvrši zamolnicu.

5. Na izričitu molbu strane ugovornice koja traži izvođenje dokaza, zamoljena strana ugovornica obavještava stranu ugovornicu koja traži izvođenje dokaza o vremenu i mjestu izvršenja zamoljene radnje, kako bi zainteresovane stranke ili njihovi zastupnici mogli prisustvovati izvršenju. Kad prisustvuju izvršenju, gore pomenute stranke ili njihovi zastupnici moraju poštovati zakonske odredbe zamoljene strane ugovornice.

Član 15.

Odbijanje svjedočenja

1. Kada lice čije se svjedočenje traži u skladu sa odredbama iz ovog Ugovora tvrdi da po zakonima strane ugovornice koja traži svjedočenje ima pravo ili privilegiju da odbije da svjedoči, zamoljena strana ugovornica od strane ugovornice koja traži svjedočenje mora tražiti potvrdu o postojanju tog prava ili privilegije. Potvrda koju dostavi strana ugovornica koja traži svjedočenje smatra se uvjerljivim dokazom o postojanju tog prava ili privilegije ako ne postoji očigledan dokaz o suprotnom.

2. Lice čije se svjedočenje traži u skladu sa odredbama iz ovog Ugovora može odbiti da svjedoči ako je zakonima zamoljene strane ugovornice tom licu dopušteno da ne svjedoči u sličnim okolnostima u sudskom postupku pokrenutom u zamoljenoj strani ugovornici.

Član 16.

Obavještenje o rezultatima izvršenja

Komunicirajući na način utvrđen u članu 4. ovog ugovora, zamoljena strana ugovornica u pisanoj formi obavještava stranu ugovornicu koja traži pomoć o rezultatima izvršenja zamolnice za izvođenje dokaza i u prilogu dostavlja prikupljeni dokazni materijal.

Član 17.

Dostupnost lica za svjedočenje

1. Na molbu strane ugovornice koja traži svjedočenje, zamoljena strana ugovornica upućuje poziv licu da se radi svjedočenja pojavi na teritoriji strane ugovornice koja to svjedočenje traži. Strana ugovornica koja traži svjedočenje obavještava lice o visini i standardu svih eventualnih naknada i troškova koji će mu biti isplaćeni. Zamoljena strana ugovornica odmah obavještava stranu ugovornicu koja traži svjedočenje o odgovoru tog lica.

2. Zamolnica za uručenje dokumenata kojim se neko lice poziva da se pojavi na teritoriji strane ugovornice koja traži svjedočenje dostavlja se zamoljenoj strani ugovornici najkasnije šezdeset dana prije zakazanog pojavljivanja, izuzev kada u hitnim slučajevima zamoljena strana ugovornica pristane na kraći vremenski rok.

Član 18.

Zaštita svjedoka i vještaka

1. Svjedok ili vještak koji se nalazi na teritoriji strane ugovornice koja traži pomoć ne smije biti krivično gonjen, pritvoren i kažnjen, niti smije biti podvrgnut nekom drugom ograničenju lične slobode na teritoriji te strane ugovornice zbog neke radnje ili propusta koji su se desili prije njegovog dolaska na teritoriju te strane ugovornice, niti ima obavezu da bez prethodnog odobrenja zamoljene strane ugovornice i njegove lične saglasnosti svjedoči u nekom drugom sudskom postupku osim onog koji je predmet zamolnice.

2. Odredba iz stava 1. ovoga člana ne primjenjuje se ako to lice nije napustilo teritoriju strane ugovornice koja traži pomoć u roku od petnaest dana od dana kada mu je

zvanično saopšteno da njegovo prisustvo više nije potrebno ili od kada se po njenom napuštanju u nju dobrovoljno vratilo. Ali u ovaj rok se ne uračunava vrijeme u kojem to lice, iz razloga koji su van njegove kontrole, nije moglo napustiti teritoriju zemlje ugovornice koja traži pomoć.

3. Lice koje odbije poziv za svjedočenje iz člana 17. ne smije biti kažnjeno zbog tog odbijanja, niti smije biti podvrgnuto bilo kakvim prinudnim mjerama ograničenja lične slobode.

Član 19.

Troškovi izvođenja dokaza

1. Zamoljena strana ugovornica snosi troškove koji nastanu izvršenjem zamolnica za izvođenje dokaza na njenoj teritoriji, ali strana ugovornica koja traži izvođenje dokaza snosi sljedeće troškove:

(a) troškove koji nastanu usljed izvršenja zamolnica primjenom posebnog načina utvrđenog u članu 14. stav 2. ovog ugovora;

(b) troškove za lica koja dolaze na teritoriju zamoljene strane ugovornice, borave na njoj i napuštaju je shodno članu 14. stav 5. ovog ugovora;

(c) troškove ili naknade za lica koja dolaze na teritoriju strane ugovornice koja traži izvođenje dokaza, borave na njoj i napuštaju je shodno članu 17. ovog ugovora. Ovi troškovi ili naknade se plaćaju prema važećim standardima ili regulativama mjesta gdje su isti nastali;

(d) troškove i honorare vještaka.

2. Ako postane očigledno da izvršenje zamolnice iziskuje vanredne izdatke, strane ugovornice su se dužne konsultovati radi utvrđivanja uslova za izvršenje ove zamolnice.

POGLAVLJE IV.

Priznanje i izvršenje

sudskih odluka i arbitražnih odluka

Član 20.

Vrste sudskih odluka

1. Strane ugovornice na svojoj teritoriji priznaju i izvršavaju sljedeće sudske odluke donijete na teritoriji druge strane ugovornice u skladu s odredbama ovog Ugovora:

(a) sudske odluke u postupcima u građanskim i trgovinskim stvarima; ili

(b) sudske odluke u krivičnim postupcima koje se odnose na građanske stvari i vezane su za isplatu odštete i povrat imovine oštećenima.

2. "Sudske odluke" iz stava 1. ovog člana uključuju i sudske dokumente o poravnanju u građanskim ili trgovinskim stvarima.

Član 21.

Podnošenje molbe

Molbu za priznanje i izvršenje sudske odluke strana u postupku može podnijeti direktno nadležnom sudu zamoljene strane ugovornice ili sudu koji je donio odluku i koji tu molbu prosljeđuje nadležnom sudu zamoljene strane ugovornice putevima komunikacije utvrđenim članom 4. ovog ugovora.

Član 22.

Propratna dokumentacija

1. Uz molbu za priznanje i izvršenje sudske odluke prilažu se sljedeći dokumenti:

(a) ovjeren prijepis odluke;

(b) dokument kojim se potvrđuje konačnost odluke, a ako se traži izvršenje, onda i potvrdu o izvršivosti odluke, osim ako u odluci to već nije eksplicitno navedeno;

(c) dokument kojim se potvrđuje propisno uručenje odluke stranki protiv koje je odluka donesena, te da je stranka koja nema pravnu sposobnost u parničnom postupku bila propisno zastupana; i

(d) ako je odluka donesena u odsutnosti jedne stranke, dokument na osnovu kojeg se može utvrditi da je sudski poziv propisno uručen stranci koja je izostala.

2. Uz molbu, odluku i gore pomenute dokumente prilaže se i ovjereni prevod tih dokumenata na jezik zamoljene strane ugovornice.

Član 23.

Odbijanje priznanja ili izvršenja

Priznanje ili izvršenje sudskih odluka iz člana 20. stav 1. ovog ugovora može se odbiti u skladu sa odredbama iz člana 6. ovog ugovora, ili pod uslovom da:

(a) odluka nije konačna ili nije izvršiva po zakonima strane ugovornice u kojoj je ta odluka donesena;

(b) sud koji je donio odluku nema nadležnost u skladu sa odredbama iz člana 24. ovog Ugovora;

(c) stranka protiv koje je donesena odluka nije bila propisno pozvana ili stranka koja nema pravnu sposobnost u parničnom postupku nije bila propisno zastupana;

(d) pred sudom zamoljene strane ugovornice je u toku postupak među istim strankama i u istoj pravnoj stvari; ili

(e) odluka nije u skladu sa odlukom koju je donio sud zamoljene strane ugovornice ili koju je donio sud treće zemlje, a priznao sud zamoljene strane ugovornice.

Član 24.

Nadležnost

1. U cilju primjene ovog ugovora, sud strane ugovornice u kojoj je donesena odluka smatra se nadležnim pod uslovom da:

(a) optuženi u vrijeme pokretanja postupka ima prebivalište ili boravište na teritoriji te strane ugovornice;

(b) postupak je pokrenut zbog poslovnih aktivnosti filijale koju optuženi ima na teritoriji te strane ugovornice;

(c) optuženi je izričito prihvatio nadležnost suda te strane ugovornice;

(d) optuženi je raspravljao o meritumu ne osporavajući nadležnost suda;

(e) kod sporova iz oblasti ugovornih odnosa, ugovor je zaključen na teritoriji te strane ugovornice, odnosno proveden je ili je trebao biti proveden na toj teritoriji, ili se predmet postupka nalazi na toj teritoriji;

(f) kod sporova izvanugovorne odgovornosti za štetu, prekršaj ili njegov rezultat su se desili na teritoriji te strane ugovornice;

(g) kod obaveza izdržavanja, povjerilac u vrijeme pokretanja postupka ima prebivalište ili boravište na teritoriji te strane ugovornice;

(h) nepokretna imovina koja je predmet postupka se nalazi na teritoriji te strane ugovornice;

(i) kod nasljeđivanja, preminulo lice je u vrijeme svoje smrti imalo prebivalište ili boravište na teritoriji te strane ugovornice, ili se na teritoriji te strane ugovornice nalaze glavni dijelovi njegove imovine; ili

(j) kod stvari vezanih za lični status, parničar ima prebivalište ili boravište na teritoriji te strane ugovornice.

2. Stav 1. iz ovog člana ne smije biti u suprotnosti sa zakonskim odredbama obje strane ugovornice vezanim za isključivu nadležnost. U tu svrhu, strane ugovornice moraju po stupanju na snagu ovog Ugovora odmah obavijestiti jedna drugu u pisanoj formi, putevima komunikacije utvrđenim članom 4. ovog ugovora, o odredbama sopstvenih zakona koje se bave pitanjem isključive nadležnosti.

Član 25.

Postupak priznanja i izvršenja

1. Postupak priznanja i izvršenja sudskih odluka sprovodi se po zakonima zamoljene strane ugovornice.

2. Sud zamoljene strane ugovornice ograničava se na to da utvrdi da li sudske odluke ispunjavaju uslove predviđene ovim Ugovorom i ne preispituje meritum.

3. Ako sudska odluka sadrži elemente koji se mogu odvojiti i ne mogu biti priznati ili izvršeni kao cjelina, sud zamoljene strane ugovornice može odlučiti da odobri priznanje ili izvršenje samo jednog dijela te odluke.

Član 26.

Pravno dejstvo priznanja i izvršenja

Sudske odluke čije je priznanje ili izvršenje odobreno imaju isto pravno dejstvo kao i odluke koje su donijeli sudovi zamoljene strane ugovornice na njenoj teritoriji.

Član 27.

Priznanje i izvršenje arbitražnih odluka

Svaka strana ugovornica priznaje i izvršava arbitražne odluke koje su donesene na teritoriji druge strane ugovornice u skladu sa odredbama Konvencije o priznanju i izvršenju inostranih arbitražnih odluka zaključene u Njujorku, dana 10. juna 1958. godine.

POGLAVLJE V.

Ostale odredbe

Član 28.

Razmjena informacija o zakonima

Na zahtjev, strane ugovornice razmjenjuju informacije o važećim zakonima i sudskoj praksi svojih zemalja u vezi sa primjenom ovog ugovora.

Član 29.

Uručenje dokumenata i izvođenje dokaza od strane diplomatskih ili konzularnih predstavništava

Svaka od strana ugovornica može izvršiti uručenje dokumenta ili uzeti izjave svojim državljanima koji su na teritoriji druge strane ugovornice preko svojih diplomatskih ili konzularnih predstavništava na toj teritoriji, pod uslovom da se pridržavaju zakonskih odredbi druge strane ugovornice i da ne primjenjuju nikakve mjere prinude.

Član 30.

Oslobođenje od legalizacije

Radi primjene ovog Ugovora, svi dokumenti koji su izdati ili zvanično ovjereni u sudovima ili drugim nadležnim organima strana ugovornica i koji su dostavljeni putevima komunikacije koji su utvrđeni članom 4. ovog ugovora oslobađaju se od svakog oblika legalizacije.

Član 31.

Rješavanje sporova

Sporovi koji nastanu u vezi sa tumačenjem i primjenom ovog ugovora rješavaju se dogovorom, diplomatskim putem, ako centralni organi strana ugovornica ne mogu da postignu sporazum.

POGLAVLJE VI.

Završne odredbe

Član 32.

Stupanje na snagu, izmjene i dopune i otkazivanje Ugovora

1. Ovaj ugovor stupa na snagu trideset dana nakon prijema zadnje diplomatske note kojom Strane obavještavaju jedna drugu da je završena unutrašnja zakonska procedura neophodna za stupanje na snagu ovog ugovora.

2. Ovaj ugovor može biti izmijenjen i dopunjen u svako vrijeme pismenim sporazumom između strana ugovornica.

3. Svaka strana ugovornica može otkazati ovaj ugovor u svako vrijeme,

dostavljanjem pismenog obavještenja diplomatskim putem drugoj strani ugovornici. To otkazivanje proizvodi pravno dejstvo po isteku sto i osamdeset dana od dana dostavljanja obavještenja.

U POTVRDU ČEGA su dole potpisane strane, propisno ovlaštene od svojih nadležnih organa, potpisale ovaj ugovor.

SAČINJENO u dva primjerka, u Pekingu dana 18. (mjesec) 12 (godina) 2012, na kineskom, bosanskom, hrvatskom, srpskom i na engleskom jeziku, pri čemu su svi tekstovi podjednako vjerodostojni. U slučaju razlika u tumačenju odredaba teksta Ugovora, engleska verzija će prevladati.

Za Narodnu Republiku Kinu **Za Bosnu i Hercegovinu**

UGOVOR
IZMEĐU
NARODNE REPUBLIKE KINE
I
BOSNE I HERCEGOVINE
O PRAVNOJ POMOĆI
U GRAĐANSKIM I PRIVREDNIM STVARIMA

Narodna Republika Kina i Bosna i Hercegovina (u daljnjem tekstu: „strane ugovornice"),

U želji da ojačaju pravnu suradnju između dvije države na temelju uzajamnog poštovanja suverenosti, jednakopravnosti i zajedničkog interesa,

Odlučile su da zaključe ovaj ugovor i sporazumjele su se o sljedećem:

POGLAVLJE I.
Opće odredbe

Članak 1.
Pravna zaštita

1. Državljani jedne strane ugovornice uživaju jednaku pravnu zaštitu na teritoriju druge strane ugovornice kao i državljani druge strane ugovornice i imaju pravo na pristup sudovima druge strane ugovornice pod istim uvjetima koji važe za državljane druge strane ugovornice.

2. Sudovi jedne strane ugovornice ne smiju od državljana druge strane ugovornice zahtijevati da polože osiguranje parničnih troškova samo zbog toga što su stranci ili što nemaju prebivalište ili boravište na njenom teritoriju.

3. Odredbe iz stavaka 1. i 2. ovoga članka primjenjuju se i na pravne osobe koje imaju sjedište na teritoriju jedne od strana ugovornica, a utemeljena su sukladno zakonima te strane ugovornice.

Članak 2.

Smanjenje i oslobađanje od plaćanja troškova sudskog postupka i pravne pomoći

1. Državljani jedne strane ugovornice imaju pravo na smanjenje troškova ili na oslobađanje od plaćanja troškova sudskog postupka na teritoriju druge strane ugovornice i imaju pravo na pravnu pomoć pod jednakim uvjetima i u istom opsegu koji važe i za državljane druge strane ugovornice.

2. Uz molbu za smanjenje ili oslobađanje od plaćanja troškova sudskog postupka ili pravne pomoći predviđenih stavkom 1. podnosi se i uvjerenje o imovnom stanju molitelja koju izdaje nadležno tijelo strane ugovornice na čijem teritoriju molitelj ima prebivalište ili boravište. Ako molitelj nema prebivalište niti boravište na teritoriju jedne od dvije strane ugovornice, ovo uvjerenje izdaju ili ovjeravaju diplomatska ili konzularna predstavništva strane ugovornice čija je ta osoba državljanin.

3. Sudbena tijela ili druga nadležna tijela koja odlučuju o molbi za smanjenje ili oslobađanje od plaćanja troškova sudskog postupka ili pravne pomoći mogu zatražiti dodatne podatke.

Članak 3.

Opseg pravne pomoći

Pravna pomoć u smislu ovog ugovora obuhvaća:

(a) uručenje sudbenih dokumenata;

(b) izvođenje dokaza;

(c) priznanje i izvršenje sudbenih odluka i arbitražnih odluka;

(d) razmjenu informacija o zakonu.

Članak 4.

Načini komuniciranja u pružanju pravne pomoći

1. Ako se drukčije ne predviđa ovim ugovorom, strane ugovornice prilikom podnošenja ili odobravanja zahtjeva za pravnu pomoć ostvaruju izravnu komunikaciju preko svojih središnjih tijela koja se u tu svrhu odrede.

2. Središnja tijela u smislu stavka 1. ovoga članka su Ministarstvo pravde za Narodnu Republiku Kinu, a Ministarstvo pravde Bosne i Hercegovine za Bosnu i Hercegovinu.

3. Ako jedna strana ugovornica promijeni prvobitno određeno središnje tijelo, ta strana ugovornica o tome mora obavijestiti drugu stranu ugovornicu diplomatskim putem.

Članak 5.

Mjerodavno pravo u pružanju pravne pomoći

Strane ugovornice u izvršenju zamolnica za pravnu pomoć primjenjuju zakone svoje zemlje, osim ako se ovim ugovorom ne predviđa drukčije.

Članak 6.

Odbijanje pravne pomoći

1. Kad zamoljena strana ugovornica smatra da se ukazivanjem pravne pomoći ugrožava njen suverenitet, sigurnost ili javni poredak ili da je takva pomoć oprečna temeljnim načelima pravnog poretka te strane ugovornice ili smatra da je tražena pomoć van nadležnosti njezinih sudskih tijela, onda ona može odbiti da pruži pravnu pomoć, a o razlozima za odbijanje pravne pomoći izvještava stranu ugovornicu koja tu pomoć traži.

2. Zamoljena strana ugovornica ne smije odbiti zahtjev za pružanje pravne pomoći vezan za dostavljanje sudskih akata ili izvođenje dokaza samo iz razloga što njeni sudovi imaju isključivu stvarnu nadležnost nad tim postupkom ili što unutarnjim zakonima zamoljene strane ugovornice nije dopušten postupak na kojem se predmetni zahtjev temelji.

Članak 7.

Forma i sadržaj zamolnice za pravnu pomoć

1. Zamolnica za pravnu pomoć se podnosi u pisanoj formi i mora imati potpis ili pečat tijela koji traži pomoć i sadržati sljedeće:

(a) naziv i adresu tijela koje traži pomoć;

(b) naziv zamoljenog tijela, ukoliko je poznat;

(c) ime, državljanstvo i adresu osobe koja je predmet zamolnice; ako se radi o pravnoj osobi, naziv pravne osobe i adresa;

(d) ime i adresu zastupnika osobe koja je predmet zamolnice, po potrebi;

(e) opis prirode postupka na koji se predmetna zamolnica odnosi i kratak sažetak predmeta;

(f) opis tražene pravne pomoći;

(g) ostale informacije koje su nužne za izvršenje zamolnice.

2. Ako zamoljena strana ugovornica smatra da su informacije koje je dostavila strana ugovornica koja traži pomoć nedovoljne da bi se omogućilo postupanje po ovoj zamolnici sukladno odredbama iz ovog ugovora, zamoljena strana ugovornica može od strane ugovornice koja traži pomoć tražiti dostavljanje dodatnih informacija.

Članak 8.

Jezik

1. Središnje tijelo dvije strane ugovornice se u međusobnoj pisanoj komunikaciji služe svojim službenim jezikom uz osiguranje prijevoda na jezik druge strane ugovornice.

2. Zamolnice za pravnu pomoć i prateća dokumentacija pišu se na jeziku strane ugovornice koja traži pomoć, i uz njih se dostavlja prijevod na jezik zamoljene strane ugovornice.

POGLAVLJE II.
Uručenje sudskih dokumenata

Članak 9.

Primjena

Prema odredbama iz ovog ugovora, jedna strana ugovornica je dužna izvršiti zamolnice druge strane ugovornice kojima se traži uručenje sudbenih dokumenata osobama koja se nalaze na njezinoj teritoriji.

Članak 10.
Izvršenje zamolnice za uručenje dokumenata

1. Zamoljena strana ugovornica u izvršenju zamolnice za uručenje dokumenata primjenjuje način propisan zakonskim odredbama te strane ugovornice.

2. Na izričit zahtjev strane ugovornice koja traži uručenje, zamoljena strana ugovornica vrši uručenje dokumenata na poseban način samo onda kada to nije protivno zakonskim odredbama zamoljene strane ugovornice.

3. Ako zamoljena strana ugovornica nije nadležna za izvršenje zamolnice, istu tu zamolnicu dostavlja nadležnom tijelu na izvršenje.

4. Ako zamoljena strana ugovornica ima poteškoća sa izvršenjem predmetnog uručenja temeljem podataka o adresi koju je navela strana ugovornica koja traži uručenje, zamoljena strana ugovornica mora poduzeti sve nužne mjere u cilju utvrđivanja adrese i od strane ugovornice koja traži uručenje može, po potrebi, zatražiti dodatne informacije. Ako zamoljena strana ugovornica ni tada ne bude mogla utvrditi adresu ili iz nekih drugih razloga ne bude u mogućnosti da izvrši zamolnicu, zamolnicu i prateću dokumentaciju vraća strani ugovornici koja je istu podnijela, navodeći razloge zbog kojih je bila spriječena da izvrši uručenje.

Članak 11.
Obavijest o rezultatima uručenja

Komunicirajući na način utvrđen u članku 4. ovoga ugovora, zamoljena strana ugovornica u pisanoj formi izvještava stranu ugovornicu koja traži uručenje o rezultatima uručenja i u prilogu dostavlja potvrdu o izvršenom uručenju koju daje tijelo koje je izvršilo predmetno uručenje. Ta potvrda sadrži ime i osobne podatke adresata, datum, mjesto i način uručenja. Ako adresat odbije da primi dokument, navode se razlozi odbijanja.

Članak 12.
Troškovi uručenja

Zamoljena strana ugovornica snosi sve troškove koji nastanu izvršenjem zamolnica za uručenje dokumenata na njezinom teritoriju. Međutim, strana ugovornica koja traži uručenje snosi troškove nastale izvršenjem zamolnica za uručenje dokumenata prema odredbama iz članka 10. stavak 2. ovoga ugovora.

POGLAVLJE III.
Izvođenje dokaza

Članak 13.
Primjena

1. Prema odredbama iz ovog ugovora, jedna strana ugovornica izvršava zamolnice za izvođenje dokaza koje podnese druga strana ugovornica, uključujući i uzimanje izjava od stranaka u postupku i svjedoka, prikupljanje materijalnih i pismenih dokaza, provedbe vještačenja ili sudbenog uviđaja ili obavljanje drugih sudskih radnjii vezanih za izvođenje dokaza.

2. Ovaj ugovor ne primjenjuje se na:

(a) izvođenje dokaza koji nisu namijenjeni za upotrebu u tekućim ili budućim sudskim postupcima; ili

(b) pribavljanje dokumenata koji u zamolnici nisu navedeni, ili nisu u direktnoj i bliskoj vezi sa predmetom.

Članak 14.
Izvršenje zamolnice za izvođenje dokaza

1. Zamoljena strana ugovornica u izvršenju zamolnice za izvođenje dokaza primjenjuje svoje zakone.

2. Na izričit zahtjev strane ugovornice koja traži izvođenje dokaza, zamoljena strana ugovornica izvršava zamolnicu za izvođenje dokaza na poseban način samo onda kada to nije protivno zakonskim odredbama zamoljene strane ugovornice.

3. Ako zamoljeno tijelo nije nadležno za izvršenje ove zamolnice, isti tu zamolnicu dostavlja nadležnom tijelu na izvršenje.

4. Ako zamoljena strana ugovornica ima poteškoća sa izvođenjem dokaza prema podacima o adresi koje je navela strana ugovornica koja to izvođenje traži, zamoljena strana ugovornica mora poduzeti sve nužne mjere u cilju utvrđivanja adrese i od strane ugovornice koja traži izvođenje dokaza može, po potrebi, zatražiti dodatne informacije. Ako zamoljena strana ugovornica ni tada ne bude mogla utvrditi adresu ili iz nekih drugih razloga ne bude u mogućnosti da izvrši zamolnicu, zamolnicu i prateću dokumentaciju vraća strani ugovornici koja traži izvođenje dokaza, navodeći razloge zbog kojih je bila spriječena da izvrši zamolnicu.

5. Na izričitu molbu strane ugovornice koja traži izvođenje dokaza, zamoljena strana ugovornica izvještava stranu ugovornicu koja traži izvođenje dokaza o vremenu i mjestu izvršenja zamoljene radnje, kako bi zainteresirane stranke ili njihovi zastupnici mogli prisustvovati izvršenju. Kad prisustvuju izvršenju, gore pomenute stranke ili njihovi zastupnici moraju poštovati zakonske odredbe zamoljene strane ugovornice.

Članak 15.
Odbijanje svjedočenja

1. Kada osoba čije se svjedočenje traži sukladno odredbama iz ovog ugovora tvrdi da po zakonima strane ugovornice koja traži svjedočenje ima pravo ili privilegiju da odbije da svjedoči, zamoljena strana ugovornica od strane ugovornice koja traži svjedočenje mora tražiti potvrdu o postojanju tog prava ili privilegije. Potvrda koju dostavi strana ugovornica koja traži svjedočenje smatra se uvjerljivim dokazom o postojanju tog prava ili privilegije ako ne postoji očigledan dokaz o suprotnom.

2. Osoba čije se svjedočenje traži sukladno odredbama iz ovog ugovora može odbiti da svjedoči ako je zakonima zamoljene strane ugovornice toj osobi dopušteno da ne svjedoči u sličnim okolnostima u sudbenom postupku pokrenutom u zamoljenoj strani ugovornici.

Članak 16.
Obavijest o rezultatima izvršenja

Komunicirajući na način utvrđen u članku 4. ovoga ugovora, zamoljena strana ugovornica u pisanoj formi izvještava stranu ugovornicu koja traži pomoć o rezultatima izvršenja zamolnice za izvođenje dokaza i u prilogu dostavlja prikupljeni dokazni materijal.

Članak 17.
Dostupnost osobe za svjedočenje

1. Na molbu strane ugovornice koja traži svjedočenje, zamoljena strana ugovornica upućuje poziv osobi da se radi svjedočenja pojavi na teritoriju strane ugovornice koja to svjedočenje traži. Strana ugovornica koja traži svjedočenje izvještava osobu o visini i standardu svih eventualnih naknada i troškova koji će mu biti isplaćeni. Zamoljena strana ugovornica odmah izvještava stranu ugovornicu koja traži svjedočenje o odgovoru te osobe.

2. Zamolnica za uručenje dokumenata kojom se neka osoba poziva da se pojavi na teritoriju strane ugovornice koja traži svjedočenje dostavlja se zamoljenoj strani ugovornici najkasnije šezdeset dana prije zakazanog pojavljivanja, izuzev kada u žurnim slučajevima zamoljena strana ugovornica pristane na kraći vremenski rok.

Članak 18.
Zaštita svjedoka i vještaka

1. Svjedok ili vještak koji se nalazi na teritoriju strane ugovornice koja traži pomoć ne smije biti kazneno gonjen, pritvoren i kažnjen, niti smije biti podvrgnut nekom drugom ograničenju osobne slobode na teritoriju te strane ugovornice zbog neke radnje ili propusta koji su se desili prije njegovog dolaska na teritorij te strane ugovornice, niti ima obvezu da bez prethodnog odobrenja zamoljene strane ugovornice i njegove osobne suglasnosti svjedoči u nekom drugom sudbenom postupku osim onog koji je predmet zamolnice.

2. Odredba iz stavka 1. ovoga članka ne primjenjuje se ako ta osoba nije napustila teritorij strane ugovornice koja traži pomoć u roku od petnaest dana od dana kada mu je zvanično saopćeno da njegova nazočnost više nije potrebna ili od kada se po njenom napuštanju u nju dobrovoljno vratila. Ali u ovaj rok se ne uračunava vrijeme u kojem ta osoba, iz razloga koji su izvan njene kontrole, nije mogla napustiti teritorij zemlje ugovornice koja traži pomoć.

3. Osoba koja odbije poziv za svjedočenje iz članka 17. ne smije biti kažnjena zbog tog odbijanja, niti smije biti podvrgnuta bilo kakvim prinudnim mjerama ograničenja osobne slobode.

Članak 19.
Troškovi izvođenja dokaza

1. Zamoljena strana ugovornica snosi troškove koji nastanu izvršenjem zamolnica za izvođenje dokaza na njezinom teritoriju, ali strana ugovornica koja traži izvođenje dokaza snosi sljedeće troškove:

(a) troškove koji nastanu usljed izvršenja zamolnica primjenom posebnog načina utvrđenog u članku 14. stavak 2. ovoga ugovora;

(b) troškove za lica koja dolaze na teritorij zamoljene strane ugovornice, borave na njoj i napuštaju je shodno članku 14. stavak 5. ovoga ugovora;

(c) troškove ili naknade za lica koja dolaze na teritorij strane ugovornice koja traži izvođenje dokaza, borave na njoj i napuštaju je shodno članku 17. ovoga ugovora. Ovi troškovi ili naknade se plaćaju prema važećim standardima ili regulativama mjesta gdje su isti nastali;

(d) troškove i honorare vještaka.

2. Ako postane očigledno da izvršenje zamolnice iziskuje izvanredne izdatke, strane ugovornice su se dužne konsultirati radi utvrđivanja uvjeta za izvršenje ove zamolnice.

POGLAVLJE IV.
Priznanje i izvršenje
Sudbenih odluka i arbitražnih odluka

Članak 20.
Vrste sudbenih odluka

1. Strane ugovornice na svojem teritoriju priznaju i izvršavaju sljedeće sudske odluke donesene na teritoriju druge strane ugovornice sukladno odredbama ovog Ugovora:

(a) sudske odluke u postupcima u građanskim i trgovačkim stvarima; ili

(b) sudske odluke u kaznenim postupcima koje se odnose na građanske stvari i vezane su za isplatu odštete i povrat imovine oštećenicima.

2. "Sudske odluke" iz stavka 1. ovoga članka uključuju i sudske dokumente o poravnanju u građanskim ili trgovačkim stvarima.

Članak 21.
Podnošenje molbe

Molbu za priznanje i izvršenje sudske odluke strana u postupku može podnijeti direktno nadležnom sudu zamoljene strane ugovornice, ili sudu koji je donio odluku i koji tu molbu prosljeđuje nadležnom sudu zamoljene strane ugovornice putevima komunikacije utvrđenim člankom 4. ovoga ugovora.

Članak 22.
Propratna dokumentacija

1. Uz molbu za priznanje i izvršenje sudske odluke prilažu se sljedeći dokumenti:

(a) ovjeren prijepis odluke;

(b) dokument kojim se potvrđuje konačnost odluke, a ako se traži izvršenje, onda i potvrdu o ovršnosti odluke, osim ako u odluci to već nije eksplicitno navedeno;

(c) dokument kojim se potvrđuje propisno uručenje odluke stranci protiv koje je odluka donesena, te da je stranka koja nema pravnu sposobnost u parničnom postupku bila propisno zastupana; i

(d) ako je odluka donesena u odsutnosti jedne stranke, dokument temeljem kojeg se može utvrditi da je sudski poziv propisno uručen stranci koja je izostala.

2. Uz molbu, odluku i gore pomenute dokumente prilaže se i ovjereni prijevod tih dokumenata na jezik zamoljene strane ugovornice.

Članak 23.
Odbijanje priznanja ili izvršenja

Priznanje ili izvršenje sudskih odluka iz članka 20. stavak 1. ovoga ugovora može se odbiti sukladno odredbama iz članka 6. ovoga ugovora, ili pod uvjetom da:

(a) odluka nije konačna ili nije izvršiva po zakonima strane ugovornice u kojoj je ta odluka donesena;

(b) sud koji je donio odluku nema nadležnost sukladno odredbama iz članka 24. ovoga ugovora;

(c) stranka protiv koje je donesena odluka nije bila propisno pozvana ili stranka koja nema pravnu sposobnost u parničnom postupku nije bila propisno zastupana;

(d) pred sudom zamoljene strane ugovornice je u toku postupak među istim strankama i u istoj pravnoj stvari; ili

(e) odluka nije sukladna odluci koju je donio sud zamoljene strane ugovornice ili koju je donio sud treće zemlje, a priznao sud zamoljene strane ugovornice.

Članak 24.
Nadležnost

1. U cilju primjene ovog ugovora, sud strane ugovornice u kojoj je donesena odluka smatra se nadležnim pod uvjetom da:

(a) optuženik u vrijeme pokretanja postupka ima prebivalište ili boravište na teritoriju te strane ugovornice;

(b) postupak je pokrenut zbog poslovnih aktivnosti filijale koju optuženi ima na teritoriju te strane ugovornice;

(c) optuženik je izričito prihvatio nadležnost suda te strane ugovornice;

(d) optuženik je raspravljao o meritumu ne osporavajući nadležnost suda;

(e) kod sporova iz područja ugovornih odnosa, ugovor je zaključen na teritoriju te strane ugovornice, odnosno proveden je ili je trebao biti proveden na tom teritoriju, ili se predmet postupka nalazi na tom teritoriju;

(f) kod sporova izvan ugovorne odgovornosti za štetu, prekršaj ili njegov rezultat su se desili na teritoriju te strane ugovornice;

(g) kod obveza izdržavanja, povjeritelj u vrijeme pokretanja postupka ima prebivalište ili boravište na teritoriju te strane ugovornice;

(h) nepokretna imovina koja je predmet postupka se nalazi na teritoriju te strane ugovornice;

(i) kod nasljeđivanja, preminula osoba je u vrijeme svoje smrti imala prebivalište ili boravište na teritoriju te strane ugovornice, ili se na teritoriju te strane ugovornice nalaze glavni dijelovi njene imovine; ili

(j) kod stvari vezanih za osobni status, parničar ima prebivalište ili boravište na teritoriju te strane ugovornice.

2. Stavak 1. iz ovoga članka ne smije biti u oprečan zakonskim odredbama obiju strana ugovornica vezanim za isključivu nadležnost. U tu svrhu, strane ugovornice moraju po stupanju na snagu ovog ugovora odmah izvijestiti jedna drugu u pisanoj formi, putevima komunciranja utvrđenim člankom 4. ovoga ugovora, o odredbama sopstvenih zakona koje se bave pitanjem isključive nadležnosti.

Članak 25.

Postupak priznanja i izvršenja

1. Postupak priznanja i izvršenja sudskih odluka provodi se po zakonima zamoljene strane ugovornice.

2. Sud zamoljene strane ugovornice ograničava se na to da utvrdi da li sudske odluke ispunjavaju uvjete predviđene ovim ugovorom i ne preispituje meritum.

3. Ako sudska odluka sadrži elemente koji se mogu odvojiti i ne mogu se priznati ili izvršiti kao cjelina, sud zamoljene strane ugovornice može odlučiti odobriti priznanje ili izvršenje samo jednog dijela te odluke.

Članak 26.

Pravno dejstvo priznanja i izvršenja

Sudske odluke čije je priznanje ili izvršenje odobreno imaju isto pravno dejstvo kao i odluke koje su donijeli sudovi zamoljene strane ugovornice na njezinom teritoriju.

Članak 27.

Priznanje i izvršenje arbitražnih odluka

Svaka strana ugovornica priznaje i izvršava arbitražne odluke koje su donesene na teritoriju druge strane ugovornice sukladno odredbama Konvencije o priznanju i izvršenju inostranih arbitražnih odluka zaključene u Njujorku, dana 10. lipnja 1958. godine.

POGLAVLJE V.

Ostale odredbe

Članak 28.

Razmjena informacija o zakonima

Na zahtjev, strane ugovornice razmjenjuju informacije o važećim zakonima i sudskoj praksi svojih zemalja u svezi sa primjenom ovog ugovora.

Članak 29.

Uručenje dokumenata i izvođenje dokaza od strane diplomatskih ili konzularnih predstavništava

Svaka od strana ugovornica može izvršiti uručenje dokumenta ili uzeti izjave svojim državljanima koji su na teritoriju druge strane ugovornice preko svojih diplomatskih ili konzularnih predstavništava na tom teritoriju, pod uvjetom da se pridržavaju zakonskih odredbi druge strane ugovornice i da ne primjenjuju nikakve mjere prisile.

Članak 30.

Oslobođenje od legalizacije

Radi primjene ovog ugovora, svi dokumenti koji su izdani ili zvanično ovjereni u sudovima ili drugim nadležnim tijelima strana ugovornica i koji su dostavljeni putevima komunikacije koji su utvrđeni člankom 4. ovoga ugovora oslobađaju se od svakog oblika legalizacije.

Članak 31.
Rješavanje sporova

Sporovi koji nastanu u svezi s tumačenjem i primjenom ovoga ugovora rješavaju se dogovorom, diplomatskim putem, ako središnja tijela strana ugovornica ne mogu da postignu sporazum.

POGLAVLJE VI.
Završne odredbe

Članak 32.
Stupanje na snagu, izmjene i dopune i otkazivanje Ugovora

1. Ovaj ugovor stupa na snagu trideset dana nakon prijema zadnje diplomatske note kojom Strane izvještavaju jedna drugu da je završena unutarnja zakonska procedura nužna za stupanje na snagu ovog ugovora.

2. Ovaj ugovor može biti izmijenjen i dopunjen u svako vrijeme pismenim sporazumom između strana ugovornica.

3. Svaka strana ugovornica može otkazati ovaj ugovor u svako vrijeme, dostavljanjem pismene obavjesti diplomatskim putem drugoj strani ugovornici. To otkazivanje proizvodi pravno dejstvo po isteku sto i osamdeset dana od dana dostavljanja obavjesti.

U POTVRDU ČEGA su dolje potpisane strane, propisno ovlaštene od svojih nadležnih tijela, potpisale ovaj ugovor.

SAČINJENO u dva primjerka, u PEKINGU dana 18 (mjesec) 12. (godina) 2012, na kineskom, hrvatskom, bosanskom, srpskom i na engleskom jeziku, pri čemu su svi tekstovi podjednako vjerodostojni. U slučaju razlika u tumačenju odredaba teksta Ugovora, engleska verzija će prevladati.

Za Narodnu Republiku Kinu | **Za Bosnu i Hercegovinu**

УГОВОР
ИЗМЕЂУ
НАРОДНЕ РЕПУБЛИКЕ КИНЕ
И
БОСНЕ И ХЕРЦЕГОВИНЕ
О ПРАВНОЈ ПОМОЋИ
У ГРАЂАНСКИМ И ПРИВРЕДНИМ СТВАРИМА

Народна Република Кина и Босна и Херцеговина (у даљем тексту: „стране уговорнице"),

У жељи да ојачају правну сарадњу између двије државе на темељу узајамног поштовања суверености, једнакоправности и заједничког интереса,

Одлучиле су да закључе овај уговор и споразумјеле су се о сљедећем:

ГЛАВА I
Опште одредбе

Члан 1.
Правна заштита

1. Држављани једне стране уговорнице уживају једнаку правну заштиту на територији друге стране уговорнице као и држављани друге стране уговорнице и имају право на приступ судовима друге стране уговорнице под истим условима који важе за држављане друге стране уговорнице.

2. Судови једне стране уговорнице не смију од држављана друге стране уговорнице захтијевати да положе обезбјеђење парничних трошкова само због тога што су странци или што немају пребивалиште или боравиште на њеној територији.

3. Одредбе из ставова 1. и 2. овог члана примјењују се и на правна лица која имају сједиште на територији једне од страна уговорница, а основана су у складу са законима те стране уговорнице.

Члан 2.

Смањење и ослобађање од плаћања трошкова судског поступка и правне помоћи

1. Држављани једне стране уговорнице имају право на смањење трошкова или на ослобађање од плаћања трошкова судског поступка на територији друге стране уговорнице и имају право на правну помоћ под једнаким условима и у истом обиму који важе и за држављане друге стране уговорнице.

2. Уз молбу за смањење или ослобађање од плаћања трошкова судског поступка или правне помоћи предвиђених ставом 1. подноси се и увјерење о имовном стању молиоца коју издаје надлежни орган стране уговорнице на чијој територији молилац има пребивалиште или боравиште. Ако молилац нема пребивалиште нити боравиште на територији једне од двије стране уговорнице, ово увјерење издају или овјеравају дипломатска или конзуларна представништва стране уговорнице чије је то лице држављанин.

3. Судски органи или други надлежни органи који одлучују о молби за смањење или ослобађање од плаћања трошкова судског поступка или правне помоћи могу затражити додатне податке.

Члан 3.

Обим правне помоћи

Правна помоћ у смислу овог уговора обухвата:

(а) уручење судских докумената;

(б) извођење доказа;

(ц) признање и извршење судских одлука и арбитражних одлука;

(д) размјену информација о закону.

Члан 4.

Начини комуникације у пружању правне помоћи

1. Ако се другачије не предвиђа овим уговором, стране уговорнице приликом подношења или одобравања захтјева за правну помоћ остварују директну комуникацију преко својих централних органа који се у ту сврху одреде.

2. Централни органи у смислу става 1. овога члана су Министарство правде за Народну Републику Кину, а Министарство правде Босне и Херцеговине за Босну и Херцеговину.

3. Ако једна страна уговорница промијени првобитно одређени централни орган, та страна уговорница о томе мора обавијестити другу страну уговорницу дипломатским путем.

Члан 5.

Мјеродавно право у пружању правне помоћи

Стране уговорнице у извршењу замолница за правну помоћ примјењују законе своје земље, осим ако се овим уговором не предвиђа другачије.

Члан 6.

Одбијање правне помоћи

1. Кад замољена страна уговорница сматра да се указивањем правне помоћи угрожава њен суверенитет, безбједност или јавни поредак, или да је таква помоћ у супротности са основним начелима правног поретка те стране уговорнице, или сматра да је тражена помоћ ван надлежности њених судских органа, онда она може одбити да пружи правну помоћ, а о разлозима за одбијање правне помоћи обавјештава страну уговорницу која ту помоћ тражи.

2. Замољена страна уговорница не смије одбити захтјев за пружање правне помоћи везан за достављање судских аката или извођење доказа само из разлога што њени судови имају искључиву стварну надлежност над тим поступком или што унутрашњим законима замољене стране уговорнице није допуштен поступак на којем се предметни захтјев заснива.

Члан 7.

Форма и садржај замолнице за правну помоћ

1. Замолница за правну помоћ се подноси у писаној форми и мора имати потпис или печат органа који тражи помоћ и садржати сљедеће:

(а) назив и адресу органа који тражи помоћ;

(б) назив замољеног органа, уколико је познат;

(ц) име, држављанство и адресу лица које је предмет замолнице; ако се ради о правном лицу, назив правног лица и адреса;

(д) име и адресу заступника лица које је предмет замолнице, по потреби;

(е) опис природе поступка на који се предметна замолница односи и кратак сажетак предмета;

(ф) опис тражене правне помоћи;

(г) остале информације које су неопходне за извршење замолнице.

2. Ако замољена страна уговорница сматра да су информације које је доставила страна уговорница која тражи помоћ недовољне да би се омогућило поступање по овој замолници у складу са одредбама из овог уговора, замољена страна уговорница може од стране уговорнице која тражи помоћ тражити достављање додатних информација.

Члан 8.

Језик

1. Централни органи двије стране уговорнице се у међусобној писаној комуникацији служе својим службеним језиком уз обезбијеђен превод на језик друге стране уговорнице.

2. Замолнице за правну помоћ и пратећа документација пишу се на језику стране уговорнице која тражи помоћ, и уз њих се доставља превод на језик замољене стране уговорнице.

ГЛАВА II

Уручење судских докумената

Члан 9.

Примјена

Према одредбама из овог уговора, једна страна уговорница је дужна извршити замолнице друге стране уговорнице којима се тражи уручење судских докумената лицима која се налазе на њеној територији.

Члан 10.

Извршење замолнице за уручење докумената

1. Замољена страна уговорница у извршењу замолнице за уручење докумената примјењује начин прописан законским одредбама те стране уговорнице.

2. На изричит захтјев стране уговорнице која тражи уручење, замољена страна уговорница врши уручење докумената на посебан начин само онда када то није противно законским одредбама замољене стране уговорнице.

3. Ако замољена страна уговорница није надлежна за извршење замолнице, иста ту замолницу доставља надлежном органу на извршење.

4. Ако замољена страна уговорница има потешкоћа са извршењем предметног уручења на основу података о адреси које је навела страна уговорница која тражи уручење, замољена страна уговорница мора предузети све неопходне мјере у циљу утврђивања адресе и од стране уговорнице која тражи уручење може, по потреби, затражити додатне информације. Ако замољена страна уговорница ни тада не буде могла утврдити адресу или из неких других разлога не буде у могућности да изврши замолницу, замолницу и пратећу документацију враћа страни уговорници која је исту поднијела, наводећи разлоге због којих је била спријечена да изврши уручење.

Члан 11.

Обавјештење о резултатима уручења

Комуницирајући на начин утврђен у члану 4. овог уговора, замољена страна уговорница у писаној форми обавјештава страну уговорницу која тражи уручење о резултатима уручења и у прилогу доставља потврду о извршеном уручењу коју је даје орган који је извршио предметно уручење. Та потврда садржи име и личне податке адресата, датум, мјесто и начин уручења. Ако адресат одбије да прими документ, наводе се разлози одбијања.

Члан 12.

Трошкови уручења

Замољена страна уговорница сноси све трошкове који настану извршењем замолница за уручење докумената на њеној територији. Међутим, страна уговорница која тражи уручење сноси трошкове настале извршењем замолница за уручење докумената према одредбама из члана 10. став 2. овога уговора.

ГЛАВА III

Извођење доказа

Члан 13.

Примјена

1. Према одредбама из овог уговора, једна страна уговорница извршава замолнице за извођење доказа које поднесе друга страна уговорница, укључујући и узимање изјава од странака у поступку и свједока, прикупљање материјалних и писмених доказа, провођење вјештачења или судског увиђаја или обављање других

судских радњии везаних за извођење доказа.

2. Овај Уговор не примјењује се на:

(а) извођење доказа који нису намијењени за употребу у текућим или будућим судским поступцима; или

(б) прибављање докумената који у замолници нису наведени, или нису у директној и блиској вези са предметом.

Члан 14.

Извршење замолнице за извођење доказа

1. Замољена страна уговорница у извршењу замолнице за извођење доказа примјењује своје законе.

2. На изричит захтјев стране уговорнице која тражи извођење доказа, замољена страна уговорница извршава замолницу за извођење доказа на посебан начин само онда када то није противно законским одредбама замољене стране уговорнице.

3. Ако замољени орган није надлежан за извршење ове замолнице, исти ту замолницу доставља надлежном органу на извршење.

4. Ако замољена страна уговорница има потешкоћа са извођењем доказа према подацима о адреси које је навела страна уговорница која то извођење тражи, замољена страна уговорница мора предузети све неопходне мјере у циљу утврђивања адресе и од стране уговорнице која тражи извођење доказа може, по потреби, затражити додатне информације. Ако замољена страна уговорница ни тада не буде могла утврдити адресу или из неких других разлога не буде у могућности да изврши замолницу, замолницу и пратећу документацију враћа страни уговорници која тражи извођење доказа, наводећи разлоге због којих је била спријечена да изврши замолницу.

5. На изричиту молбу стране уговорнице која тражи извођење доказа, замољена страна уговорница обавјештава страну уговорницу која тражи извођење доказа о времену и мјесту извршења замољене радње, како би заинтересоване странке или њихови заступници могли присуствовати извршењу. Кад присуствују извршењу, горе поменуте странке или њихови заступници морају поштовати законске одредбе замољене стране уговорнице.

Члан 15.

Одбијање свједочења

1. Када лице чије се свједочење тражи у складу са одредбама из овог уговора

тврди да по законима стране уговорнице која тражи свједочење има право или привилегију да одбије да свједочи, замољена страна уговорница од стране уговорнице која тражи свједочење мора тражити потврду о постојању тог права или привилегије. Потврда коју достави страна уговорница која тражи свједочење сматра се увјерљивим доказом о постојању тог права или привилегије ако не постоји очигледан доказ о супротном.

2. Лице чије се свједочење тражи у складу са одредбама из овог уговора може одбити да свједочи ако је законима замољене стране уговорнице том лицу допуштено да не свједочи у сличним околностима у судском поступку покренутом у замољеној страни уговорници.

Члан 16.

Обавјештење о резултатима извршења

Комуницирајући на начин утврђен у члану 4. овог уговора, замољена страна уговорница у писаној форми обавјештава страну уговорницу која тражи помоћ о резултатима извршења замолнице за извођење доказа и у прилогу доставља прикупљени доказни материјал.

Члан 17.

Доступност лица за свједочење

1. На молбу стране уговорнице која тражи свједочење, замољена страна уговорница упућује позив лицу да се ради свједочења појави на територији стране уговорнице која то свједочење тражи. Страна уговорница која тражи свједочење обавјештава лице о висини и стандарду свих евентуалних накнада и трошкова који ће му бити исплаћени. Замољена страна уговорница одмах обавјештава страну уговорницу која тражи свједочење о одговору тог лица.

2. Замолница за уручење докумената којим се неко лице позива да се појави на територији стране уговорнице која тражи свједочење доставља се замољеној страни уговорници најкасније шездесет дана прије заказаног појављивања, изузев када у хитним случајевима замољена страна уговорница пристане на краћи временски рок.

Члан 18.

Заштита свједока и вјештака

1. Свједок или вјештак који се налази на територији стране уговорнице која

тражи помоћ не смије бити кривично гоњен, притворен и кажњен, нити смије бити подвргнут неком другом ограничењу личне слободе на територији те стране уговорнице због неке радње или пропуста који су се десили прије његовог доласка на територију те стране уговорнице, нити има обавезу да без претходног одобрења замољене стране уговорнице и његове личне сагласности свједочи у неком другом судском поступку осим оног који је предмет замолнице.

2. Одредба из става 1. овога члана не примјењује се ако то лице није напустило територију стране уговорнице која тражи помоћ у року од петнаест дана од дана када му је званично саопштено да његово присуство више није потребно или од када се по њеном напуштању у њу добровољно вратило. Али у овај рок се не урачунава вријеме у којем то лице, из разлога који су ван његове контроле, није могло напустити територију земље уговорнице која тражи помоћ.

3. Лице које одбије позив за свједочење из члана 17. не смије бити кажњено због тог одбијања, нити смије бити подвргнуто било каквим принудним мјерама ограничења личне слободе.

Члан 19.

Трошкови извођења доказа

1. Замољена страна уговорница сноси трошкове који настану извршењем замолница за извођење доказа на њеној територији, али страна уговорница која тражи извођење доказа сноси сљедеће трошкове:

(а) трошкове који настану усљед извршења замолница примјеном посебног начина утврђеног у члану 14. став 2. овог Уговора;

(б) трошкове за лица која долазе на територију замољене стране уговорнице, бораве на њој и напуштају је сходно члану 14. став 5. овог уговора;

(ц) трошкове или накнаде за лица која долазе на територију стране уговорнице која тражи извођење доказа, бораве на њој и напуштају је сходно члану 17. овог уговора. Ови трошкови или накнаде се плаћају према важећим стандардима или регулативама мјеста гдје су исти настали;

(д) трошкове и хонораре вјештака.

2. Ако постане очигледно да извршење замолнице изискује ванредне издатке, стране уговорнице су се дужне консултовати ради утврђивања услова за извршење ове замолнице.

ГЛАВА IV
Признање и извршење судских одлука и арбитражних одлука

Члан 20.
Врсте судских одлука

1. Стране уговорнице на својој територији признају и извршавају сљедеће судске одлуке донијете на територији друге стране уговорнице у складу с одредбама овог уговора:

(а) судске одлуке у поступцима у грађанским и трговинским стварима; или

(б) судске одлуке у кривичним поступцима које се односе на грађанске ствари и везане су за исплату одштете и поврат имовине оштећенима.

2. "Судске одлуке" из става 1. овог члана укључују и судске документе о поравнању у грађанским или трговинским стварима.

Члан 21.
Подношење молбе

Молбу за признање и извршење судске одлуке страна у поступку може поднијети директно надлежном суду замољене стране уговорнице, или суду који је донио одлуку и који ту молбу прослеђује надлежном суду замољене стране уговорнице путевима комуникације утврђеним чланом 4. овог уговора.

Члан 22.
Пропратна документација

1. Уз молбу за признање и извршење судске одлуке прилажу се сљедећи документи:

(а) овјерен пријепис одлуке;

(б) документ којим се потврђује коначност одлуке, а ако се тражи извршење, онда и потврду о извршивости одлуке, осим ако у одлуци то већ није експлицитно наведено;

(ц) документ којим се потврђује прописно уручење одлуке странки против које је одлука донесена, те да је странка која нема правну способност у парничном поступку била прописно заступана; и

(д) ако је одлука донесена у одсутности једне странке, документ на основу којег се може утврдити да је судски позив прописно уручен странци која је изостала.

2. Уз молбу, одлуку и горе поменуте документе прилаже се и овјерени превод тих докумената на језик замољене стране уговорнице.

Члан 23.

Одбијање признања или извршења

Признање или извршење судских одлука из члана 20. став 1. овог уговора може се одбити у складу са одредбама из члана 6. овог уговора, или под условом да:

(а) одлука није коначна или није извршива по законима стране уговорнице у којој је та одлука донесена;

(б) суд који је донио одлуку нема надлежност у складу са одредбама из члана 24. овог уговора;

(ц) странка против које је донесена одлука није била прописно позвана или странка која нема правну способност у парничном поступку није била прописно заступана;

(д) пред судом замољене стране уговорнице је у току поступак међу истим странкама и у истој правној ствари; или

(е) одлука није у складу са одлуком коју је донио суд замољене стране уговорнице или коју је донио суд треће земље, а признао суд замољене стране уговорнице.

Члан 24.

Надлежност

1. У циљу примјене овог уговора, суд стране уговорнице у којој је донесена одлука сматра се надлежним под условом да:

(а) оптужени у вријеме покретања поступка има пребивалиште или боравиште на територији те стране уговорнице;

(б) поступак је покренут због пословних активности филијале коју оптужени има на територији те стране уговорнице;

(ц) оптужени је изричито прихватио надлежност суда те стране уговорнице;

(д) оптужени је расправљао о меритуму не оспоравајући надлежност суда;

(е) код спорова из области уговорних односа, уговор је закључен на територији те стране уговорнице, односно проведен је или је требао бити проведен на тој територији, или се предмет поступка налази на тој територији;

(ф) код спорова иzвануговорне одговорности за штету, прекршај или његов резултат су се десили на територији те стране уговорнице;

(г) код обавеза издржавања, повјерилац у вријеме покретања поступка има пребивалиште или боравиште на територији те стране уговорнице;

(х) непокретна имовина која је предмет поступка се налази на територији те стране уговорнице;

(и) код насљеђивања, преминуло лице је у вријеме своје смрти имало пребивалиште или боравиште на територији те стране уговорнице, или се на територији те стране уговорнице налазе главни дијелови његове имовине; или

(ј) код ствари везаних за лични статус, парничар има пребивалиште или боравиште на територији те стране уговорнице.

2. Став 1. из овог члана не смије бити у супротности са законским одредбама обје стране уговорнице везаним за искључиву надлежност. У ту сврху, стране уговорнице морају по ступању на снагу овог Уговора одмах обавијестити једна другу у писаној форми, путевима комуникације утврђеним чланом 4. овог уговора, о одредбама сопствених закона које се баве питањем искључиве надлежности.

Члан 25.

Поступак признања и извршења

1. Поступак признања и извршења судских одлука спроводи се по законима замољене стране уговорнице.

2. Суд замољене стране уговорнице ограничава се на то да утврди да ли судске одлуке испуњавају услове предвиђене овим уговором и не преиспитује меритум.

3. Ако судска одлука садржи елементе који се могу одвојити и не могу бити признати или извршени као цјелина, суд замољене стране уговорнице може одлучити да одобри признање или извршење само једног дијела те одлуке.

Члан 26.

Правно дејство признања и извршења

Судске одлуке чије је признање или извршење одобрено имају исто правно дејство као и одлуке које су донијели судови замољене стране уговорнице на њеној територији.

Члан 27.

Признање и извршење арбитражних одлука

Свака страна уговорница признаје и извршава арбитражне одлуке које су донесене на територији друге стране уговорнице у складу са одредбама Конвенције о признању и извршењу иностраних арбитражних одлука закључене у Њујорку, дана 10. јуна 1958. године.

ГЛАВА V

Остале одредбе

Члан 28.

Размјена информација о законима

На захтјев, стране уговорнице размјењују информације о важећим законима и судској пракси својих земаља у вези са примјеном овог уговора.

Члан 29.

Уручење докумената и извођење доказа од стране дипломатских или конзуларних представништава

Свака од страна уговорница може извршити уручење документа или узети изјаве својим држављанима који су на територији друге стране уговорнице преко својих дипломатских или конзуларних представништава на тој територији, под условом да се придржавају законских одредаба друге стране уговорнице и да не примјењују никакве мјере принуде.

Члан 30.

Ослобађање од легализације

Ради примјене овог уговора, сви документи који су издати или званично овјерени у судовима или другим надлежним органима страна уговорница и који су достављени путевима комуникације који су утврђени чланом 4. овог уговора ослобађају се од сваког облика легализације.

Члан 31.

Рјешавање спорова

Спорови који настану у вези са тумачењем и примјеном овог уговора рјешавају се договором, дипломатским путем, ако централни органи страна уговорница не могу да постигну споразум.

ГЛАВА VI

Завршне одредбе

Члан 32.

Ступање на снагу, измјене и допуне и отказивање Уговора

1. Овај уговор ступа на снагу тридесет дана након пријема задње дипломатске ноте којом Стране обавјештавају једна другу да је завршена унутрашња законска процедура неопходна за ступање на снагу овог Уговора.

2. Овај уговор може бити измијењен и допуњен у свако вријеме писменим споразумом између страна уговорница.

3. Свака страна уговорница може отказати овај уговор у свако вријеме, достављањем писменог обавјештења дипломатским путем другој страни уговорници. То отказивање производи правно дејство по истеку сто и осамдесет дана од дана достављања обавјештења.

У ПОТВРДУ ЧЕГА су доле потписане стране, прописно овлашћене од својих надлежних органа, потписале овај уговор.

САЧИЊЕНО у два примјерка, у Пекингу дана 18 (мјесец) 12 (година) 2012, на кинеском, српском, босанском, хрватском и на енглеском језику, при чему су сви текстови подједнако вјеродостојни. У случају разлика у тумачењу одредаба текста Уговора, енглеска верзија ће превладати.

За Народну Републику Кину **За Босну и Херцеговину**

TREATY BETWEEN THE PEOPLE'S REPUBLIC OF CHINA AND BOSNIA AND HERZEGOVINA ON JUDICIAL ASSISTANCE IN CIVIL AND COMMERCIAL MATTERS

The People's Republic of China and Bosnia and Herzegovina (hereinafter referred to as "the Parties"),

Desirous to strengthen the judicial cooperation between the two countries on the basis of mutual respect for sovereignty and equality and mutual benefit,

Have resolved to conclude this Treaty and have agreed as follows:

Chapter I
General Provisions

Article 1
Judicial Protection

1. Nationals of one Party shall, in the territory of the other Party, enjoy the same judicial protection as nationals of the other

Party and shall have the right to access to courts of the other Party under the same conditions as those for the nationals of the other Party.

2. Courts of one Party shall not require nationals of the other Party to provide any security for costs of the proceedings only because that they are foreigners or they have no domicile or residence in its territory.

3. Provisions of paragraph 1 and 2 of this Article shall also apply to legal persons located and incorporated in the territory of either Party in accordance with its national law.

Article 2
Reduction and Exemption from Costs of Proceedings and Legal Aid

1. Nationals of one Party shall, in the territory of the other Party, be entitled to reduction or exemption from payment of costs of proceedings and be entitled to legal aid under the same conditions and to the same extent as those for nationals of the other Party.

2. An application for reduction or exemption of costs of proceedings or for legal aid as provided for in paragraph 1 shall be accompanied by a certificate on the financial situation of the applicant that is issued by the competent authority of the Party in whose territory the applicant has his/her domicile or residence. If the applicant has no domicile or residence in the territory of either of the Parties, such certificate may be issued or verified by the

diplomatic or consular agents of the Party of which that person is a national.

3. Judicial authorities or other competent authorities responsible for the decision on the application for reduction or exemption of costs of proceedings or for legal aid may require additional information.

Article 3
Scope of Judicial Assistance

Judicial assistance under this Treaty shall include:

(a) the service of judicial documents;

(b) the taking of evidence;

(c) the recognition and enforcement of court decisions and arbitral awards;

(d) the exchange of information on law.

Article 4
Channels of Communication for Judicial Assistance

1. Unless otherwise provided for in this Treaty, the Parties shall communicate directly through their respectively designated Central Authorities to make or to grant requests for judicial assistance.

2. The Central Authorities referred to in paragraph 1 of this Article shall be the Ministry of Justice for the People's Republic of China, and the Ministry of Justice of Bosnia and Herzegovina for

Bosnia and Herzegovina.

3. Where one Party changes its designation of Central Authority, that Party shall so inform the other Party through diplomatic channels.

Article 5
Laws Applicable to Judicial Assistance

The Parties shall apply their respective national laws in executing requests for judicial assistance, unless otherwise provided for in this Treaty.

Article 6
Refusal of Judicial Assistance

1. If the Requested Party considers that provision of judicial assistance would prejudice its sovereignty, security or essential public interests, or is contrary to the fundamental principles of its national law, or the assistance sought is beyond the competence of its judicial authorities, it may refuse to provide judicial assistance and shall inform the Requesting Party of the reasons of the refusal.

2. The request for assistance in service of judicial documents or taking of evidence shall not be refused by the Requested Party solely on the ground that its courts have exclusive jurisdiction over the subject matter of the action or that its national law would not permit the action upon which the request is based.

Article 7
Form and Content of Request for Judicial Assistance

1. Request for judicial assistance shall be made in writing and affixed with the signature or seal of the requesting authority and shall contain the following:

(a) the name and address of the requesting authority;

(b) the name of the requested authority, if possible;

(c) the name, nationality and address of the person concerned in the request; in case of legal person, its name and address;

(d) the name and address of the representative of the party concerned, if necessary;

(e) the description of the nature of the action to which the request relates and summary of the case;

(f) the description of the assistance sought;

(g) other information which may be necessary for the execution of the request.

2. If the Requested Party considers that the information provided by the Requesting Party is not sufficient to enable the request to be dealt with in accordance with this Treaty, it may require additional information from the Requesting Party.

Article 8
Language

1. The Central Authority of either Party shall use its official language to be accompanied with a translation in the language of the other Party in their written communication.

2. Requests for judicial assistance and their supporting documents shall be written in the language of the Requesting Party and be accompanied by a translation in the language of the Requested Party.

Chapter II
Service of Judicial Documents

Article 9
Scope of Application

One Party shall, in accordance with provisions of this Treaty, execute requests made by the other Party for service of judicial documents on persons in its territory.

Article 10
Execution of Request for Service

1. The Requested Party shall execute a request for service by a method prescribed by its national law.

2. The Requested Party shall, to the extent not contrary to its national law, effect service by a particular method expressly required by the Requesting Party.

3. If the requested authority is not competent to execute the request, it shall transmit the request to the competent authority for execution.

4. If it is difficult for the Requested Party to effect service according to the address indicated by the Requesting Party, the Requested Party shall take necessary measures to ascertain the address and may, if necessary, require additional information from the Requesting Party. If the Requested Party still can not ascertain the address or execute the request due to other reasons, it shall return the request and supporting documents to the Requesting Party and indicate the reasons which prevent the service.

Article 11
Notification of Results of Service

The Requested Party shall, through the channel of communication provided for in Article 4 of this Treaty, notify the Requesting Party in writing of results of service which shall be accompanied by a certificate of service produced by the authority executing the service. The certificate shall indicate the name and identity of the person addressed, the date, place and method of the service. Where the person addressed refuse to accept, the reason of refusal shall be indicated.

Article 12
Costs of Service

The Requested Party shall bear the costs arising from the execution of requests for service in its territory. However, the Requesting Party shall bear the costs arising from the execution of requests for service in accordance with paragraph 2 of Article 10 of this Treaty.

Chapter III
Taking of Evidence

Article 13
Scope of Application

1. One Party shall, in accordance with provisions of this Treaty, execute requests made by the other Party for taking of evidence, including obtaining statements of the parties to the case and testimonies of witnesses, taking material and documentary evidence, conducting expert evaluation or judicial inspection, or performing other judicial acts relating to taking evidence.

2. This Treaty shall not apply to:

(a) taking of evidence which is not intended for use in judicial proceedings commenced or contemplated; or

(b) obtaining documents which are not specified in the request, or do not have direct and close connection with the case.

Article 14
Execution of Request for Taking of Evidence

1. The Requested Party shall execute a request for taking of evidence in accordance with its national law.

2. The Requested Party shall, to the extent not contrary to its national law, execute a request for taking of evidence by a particular method expressly required by the Requesting Party.

3. If the requested authority is not competent to execute the request, it shall transmit the request to the competent authority for execution.

4. If it is difficult for the Requested Party to take evidence according to the address indicated by the Requesting Party, the Requested Party shall take necessary measures to ascertain the address and may, if necessary, require additional information from the Requesting Party. If the Requested Party still can not ascertain the address or execute the request due to other reasons, it shall return the request and supporting documents to the Requesting Party and indicate the reasons which prevent the execution of the request.

5. If the Requesting Party so request explicitly, the Requested Party shall inform the Requesting Party of the time when, and the place where, the request will be executed, in order that the parties concerned or their representatives may be present. The above-mentioned parties or their representatives shall comply with the laws of the Requested Party when they are present.

Article 15
Decline to Give Evidence

1. Where a person who is required to give evidence under this Treaty claims that there is a right or privilege to decline to give evidence under the laws of the Requesting Party, the Requested Party shall require the Requesting Party to provide a certificate on the existence of that right or privilege. The certificate provided by the Requesting Party shall be regarded as conclusive evidence on the existence of that right or privilege unless there is a manifestly contrary evidence.

2. A person who is required to give evidence under this Treaty may decline to give evidence where the laws of the Requested Party permit that person not to give evidence in similar circumstances in proceedings originating in the Requested Party.

Article 16
Notification of Results of Execution

The Requested Party shall, through the channels of communication provided for in Article 4 of this Treaty, notify the Requesting Party in writing of the results of the execution of the request for taking evidence, and shall transfer evidential materials obtained.

Article 17
Availability of Persons to Give Evidence

1. The Requested Party shall, at the request of the Requesting Party, invite a person to appear in the territory of the Requesting Party to give evidence. The Requesting Party shall inform the person of the extent and standard of any allowances and expenses payable to him/her. The Requested Party shall promptly inform the Requesting Party of the person's response.

2. A request for the service of a document which invites a person to appear in the territory of the Requesting Party to give evidence shall be transmitted to the Requested Party no less than sixty days before the scheduled appearance unless, in urgent cases, the Requested Party agrees to a shorter period of time.

Article 18
Protection of Witnesses and Experts

1. The witness or expert present in the territory of the Requesting Party shall not be prosecuted, detained, punished or subject to any other restriction of personal liberty by that Party for any acts or omissions which preceded that person's entry into its territory, nor shall the person be obliged to give evidence in any proceeding other than that the request relates to, except with the prior consent of the Requested Party and that person.

2. Paragraph 1 of this Article shall cease to apply if that person

has not left the Requesting Party within a period of fifteen days after that person has been officially notified that his/her presence is no longer required or, after having left, has voluntarily returned. But this period of time shall not include the time during which the person fails to leave the territory of the Requesting Party for reasons beyond his/her control.

3. A person who declines an invitation to give evidence as provided for in Articles 17 shall not, by reason of so declining, be subject to any sanctions or subject to any compulsory measures of restriction of personal liberty.

Article 19
Expenses for Taking of Evidence

1. The Requested Party shall bear the costs arising from the execution of requests for taking of evidence in its territory, but the Requesting Party shall bear:

(a) costs arising from the execution of requests by a particular method provided for in paragraph 2 of Article 14 of this Treaty;

(b) expenses for persons to travel to, stay in and leave the territory of the Requested Party under paragraph 5 of Article 14 of this Treaty;

(c) expenses or allowances for persons to travel to, stay in and leave the Requesting Party under Article 17 of this Treaty. These shall be paid in accordance with the standards or regulations of the place where such expenses or allowance have been incurred;

(d) expenses and fees of experts.

2. If it becomes apparent that execution of a request requires expenses of an extraordinary nature, the Parties shall consult to determine the conditions under which the request can be executed.

Chapter IV
Recognition and Enforcement of Court Decisions and Arbitral Awards

Article 20
Scope of Court Decisions

1. The following decisions rendered by a court of one Party after the entry into force of this Treaty shall, under the terms and conditions provided for in this Treaty, be recognized and enforced in the territory of the other Party:

(a) decisions given by courts in proceedings concerning civil and commercial matters; or

(b) decisions given by courts in criminal proceedings with regard to civil matters concerning the payment of damages and return of property for victims.

2. "Court decisions" referred to in paragraph 1 of this Article shall include conciliation documents produced by courts concerning civil and commercial matters.

Article 21
Submission of Application

Application for recognition and enforcement of court decision may be submitted directly by the party to the case to the competent court of the Requested Party, or to the court which rendered the decision and transmit by that court to the competent court of the Requested Party through the channels of communication provided for in Article 4 of this Treaty.

Article 22
Documents to be Produced

1. An application for recognition and enforcement of a court decision shall be accompanied by:

(a) a certified copy of the decision;

(b) a document to establish that the decision is final and, where the enforcement is applied, to establish that the decision is enforceable, unless the decision itself has already so indicated explicitly;

(c) a document to establish that the decision has been duly served on the defeated party and that the party who lacks the legal capacity in litigation has been duly represented; and

(d) in case of default decision, a document to establish that the defaulting party has been duly summoned.

2. The application, decision and documents mentioned above

shall be accompanied by a certified translation in the language of the Requested Party.

Article 23
Refusal of Recognition or Enforcement

Recognition or enforcement of court decisions mentioned in paragraph 1, Article 20 of this Treaty may be refused in accordance with the provisions of Article 6 of this Treaty, or if:

(a) the decision is not final or is not enforceable in accordance with the laws of the Party in which the decision is rendered;

(b) the court rendering the decision has no jurisdiction in accordance with the provisions of Article 24 of this Treaty;

(c) the defeated party has not been duly summoned or the party who lacks the legal capacity in litigation has not been duly represented;

(d) procccdings between the same parties and having the same subject matters are pending before a court of the Requested Party; or

(e) the decision is inconsistent with a decision rendered by the court of the Requested Party, or rendered by the court of a third state and recognized by the court of the Requested Party.

Article 24
Jurisdiction

1. For the purpose of this Treaty, a court of the Party in which

the decision has been rendered shall be considered as having jurisdiction if:

(a) the defendant has his/her domicile or residence in the territory of that Party at the time when the proceeding was instituted;

(b) the proceeding is arising from business activities of the defendant's branch office in the territory of that Party;

(c) the defendant has accepted explicitly the jurisdiction of the court of that Party;

(d) the defendant has argued the merits without challenging the jurisdiction of the court;

(e) in case of contractual disputes, the contract has been concluded in the territory of that Party, or has been or should have been performed therein, or the object of the action is located therein;

(f) in case of non-contractual tort, the infringing act or the result has occurred in the territory of that Party;

(g) in case of the maintenance obligations, the creditor has his/her domicile or residence in the territory of that Party at the time when the proceeding was instituted;

(h) the immovable property as object of action is located in the territory of that Party;

(i) in case of succession, the deceased person had his/her domicile or residence in the territory of that Party at the time of his/her death, or the main parts of his/her estates is located therein; or

(j) in case of matters relating to personal status, the litigant has his/her domicile or residence in the territory of that Party.

2. Paragraph 1 of this Article shall not prejudice the provisions of the laws of both Parties concerning the exclusive jurisdiction. For this purpose, the Parties shall, after this Treaty enters into force, promptly inform each other in writing, through the channels of communication provided for in Article 4 of this Treaty, of the provisions of their own laws concerning the exclusive jurisdiction.

Article 25
Procedure for Recognition and Enforcement

1. The procedure provided for in the laws of the Requested Party shall be applied to the recognition and enforcement of court decisions.

2. The court of the Requested Party shall confine itself to examination of whether the court decisions meet the terms and conditions provided for in this Treaty and shall not review their merits.

3. If the court decision contains elements which are severable and can not be recognized or enforced as a whole, the court of the Requested Party may decide only to grant recognition or enforcement on part of them.

Article 26
Effect of Recognition and Enforcement

The court decisions which have been granted recognition or

enforcement shall have the same effect as those rendered by the courts of the Requested Party in the territory of that Party.

Article 27
Recognition and Enforcement of Arbitral Awards

Each Party shall recognize and enforce the arbitral awards rendered in the territory of the other Party in accordance with the *Convention on the Recognition and Enforcement of Foreign Arbitral Awards* concluded in New York on 10 June, 1958.

Chapter V
Other Provisions

Article 28
Exchange of Information on Law

The Parties shall, upon request, exchange information concerning the laws in force and the judicial practice in their respective countries related to the implementation of this Treaty.

Article 29
Service of Documents and Taking of Evidence by Diplomatic or Consular Agents

Either Party may serve documents on and take evidence from its nationals in the territory of the other Party through its diplomatic or consular agents therein, provided that the laws of the other Party will be observed and no compulsory measures of any kind will be taken.

Article 30
Exemption of Legalization

For the purpose of this Treaty, any documents produced or verified by the courts or other competent authorities of the Parties and transmitted through the channels of communication provided for in Article 4 of this Treaty shall be exempted from any form of legalization.

Article 31
Settlement of Disputes

Any dispute arising from the interpretation and implementation of this Treaty shall be resolved by consultation through diplomatic channels if the Central Authorities of the Parties are themselves unable to reach agreement.

Chapter VI
Final Clauses

Article 32
Entry into Force, Amendment and Termination

1. This Treaty shall enter into force on the thirtieth day from the date of receipt of the later diplomatic note sent by the Parties to notify each other of the completion of the internal procedures necessary for entry into force of this Treaty.

2. This Treaty may be amended at any time by written agreement between the Parties.

3. Either Party may terminate this Treaty by written notice to the other Party through diplomatic channels at any time. Termination shall take effect on the one hundred and eightieth day after the date on which the notice is given.

IN WITNESS WHEREOF, the undersigned, being duly authorized thereto by their respective Governments, have signed this Treaty.

DONE in duplicate at Beijing on this 18th day of December 2012, in the Chinese, Bosnian, Croatian and Serbian and English languages, all texts being equally authentic. In case of divergence of interpretation, the English text shall prevail.

For the People's Republic of China **For Bosnia and Herzegovina**

中华人民共和国和
埃塞俄比亚联邦民主共和国
关于民事和商事司法协助的条约

中华人民共和国和埃塞俄比亚联邦民主共和国（以下共同提及时简称双方，单独提及时简称一方），

在相互尊重、主权平等和互利的基础上，为加强两国在民商事司法领域的合作，

希望进一步增进和巩固两国间已经建立的友好关系，

达成下列协议：

第一章　总　则

第一条　司法协助的范围

一、双方应根据其本国法律，尽可能相互提供本条约规定范围内的民商事司法协助。

二、本条约规定的司法协助包括：

（一）送达司法文书；

（二）调查取证；

（三）承认与执行法院裁决以及仲裁裁决；

（四）交换法律资料。

第二条　司法保护

一、一方国民在另一方境内，应当享有与另一方国民同等的司法保护，有权在与另一方国民同等的条件下，在另一方法院进行诉讼。

二、一方法院对于另一方国民，不得因为该人是外国人或者在其境内没有住所或者居所而要求该人提供诉讼费用担保。

三、本条第一款和第二款的规定亦适用于位于任何一方境内并依该方法律成立的法人。

第三条　诉讼费用减免和法律援助

一、一方国民在另一方境内，应当在与该另一方国民同等的条件下和范围内获得诉讼费用减免和法律援助。

二、申请获得第一款规定的诉讼费用减免或法律援助，应当由申请人住所或者居所所在地的一方主管机关出具关于该人财产状况的证明。如果申请人在双方境内均无住所和居所，可以由该人国籍所属的一方的外交或者领事机关出具或者确认有关该事项的证明。

三、负责对诉讼费用减免或法律援助申请作出决定的司法机关或者其他主管机关可以要求提供补充材料。

第四条　司法协助的联系途径

一、除本条约另有规定外，双方在相互请求和提供司法协助时，应当通过各自指定的中央机关直接进行联系。

二、本条第一款所指的中央机关，在中华人民共和国方面为司法部，在埃塞俄比亚联邦民主共和国方面为司法部。

三、任何一方如果变更其对中央机关的指定，应当通过外交途径通知另一方。

第五条　司法协助适用的法律

双方执行司法协助请求时，应适用各自的本国法，但是本条约另有规定的除外。

第六条　司法协助的拒绝

一、被请求方如果认为提供司法协助将有损本国的主权、安全或者重大公共利益，或者违反其法律的基本原则，或者请求的事项超出本国司法机关的主管范围，可以拒绝提供司法协助，并应当告知请求方拒绝理由。

二、对于送达司法文书和调查取证的请求，被请求方不得仅因为本国法院对该项诉讼标的有专属管辖权，或者本国法律不允许进行该项请求所依据的诉讼，而拒绝提供协助。

第七条　司法协助请求的形式和内容

一、司法协助的请求应当以书面形式提出，由请求机关签署或者盖章，并包括下列内容：

（一）请求机关的名称和地址；

（二）可能时，被请求机关的名称；

（三）请求所涉及人员的姓名、国籍以及地址；如果系法人，法人的名称和地址；

（四）必要时，当事人代理人的姓名和地址；

（五）请求所涉及的诉讼的性质和案情摘要；

（六）对请求事项的描述；

（七）执行请求所需的其他材料。

二、被请求方如果认为请求方提供的材料不足以使其根据本条约的规定处理该请求，可以要求请求方提供补充材料。

第八条　文　字

一、双方的中央机关进行书面联系时，应当使用本国官方文字，并附英文译文。

二、除非本条约另有规定，司法协助请求书及其所附文件，应当使用请求方的文字，并附被请求方文字的译文或者英文译文。

第二章　送达司法文书

第九条　适用范围

任何一方应当根据本条约的规定，执行另一方提出的向在其境内的人员送达司法文书的请求。

第十条　送达请求的执行

一、被请求方应当根据本国法律规定的方式及时执行送达请求，并在不违背本国法律的范围内，按照请求方明示要求的特殊方式执行送达。

二、被请求机关如果无权执行请求，应当将该项请求移送有权执行的主管机关，以便执行。

三、被请求方如果难以按照请求方指明的地址执行送达，应当采取必要措施确定地址，必要时可以要求请求方提供补充材料。如果仍然无法确定地址或者因为其他原因无法执行送达，被请求方应当将请求书以及所附文件退回请求方，并说明妨碍送达的原因。

第十一条　通知送达结果

一、被请求方应当通过其中央机关，向请求方书面通知送达结果，并附送达机关出具的证明。

二、该证明应当注明受送达人的姓名、身份、送达日期和地点以及送达方式。如果受送达人拒收，应当注明拒收的原因。

第十二条　送达的费用

被请求方应当负担在本国境内执行送达所产生的费用。但是，根据本条约第十条第一款明确要求的特殊方式执行送达所产生的费用，由请求方负担。

第三章　调查取证

第十三条　适用范围

一、一方应当根据本条约的规定，执行另一方提出的调查取证的请求，包括获取当事人陈述和证人证言，调取物证和书证，进行鉴定或者司法勘验，或者履行与调查取证有关的其他司法行为。

二、本条约不适用于下列情况：

（一）调取不打算用于已经开始或者即将开始的司法程序的证据；或者

（二）调取未在请求书中予以列明，或者与案件没有直接密切联系的文件。

第十四条　调查取证请求的执行

一、被请求方应当根据本国法律及时执行调查取证的请求。

二、在不违背本国法律的范围内，被请求方应按照请求方明确要求的特殊方式执行调查取证的请求。

三、被请求机关如果无权执行请求，应当将该项请求移送有权执行的主管机关，以便执行。

四、被请求方如果难以按照请求方指明的地址调取证据，应当采取必要措施确定地址，必要时可以要求请求方提供补充材料。如果仍然无法确定地址或者因为其他原因无法执行请求，被请求方应当将请求书及所附文件退回请求方，并说明妨碍执行的原因。

五、如果请求方明示要求，被请求方应向请求方通知执行请求的时间和地点，以便有关当事人或者其代理人到场。上述当事人或者代理人在到场时应遵守被请求方的法律。

第十五条　拒绝作证

一、如果根据本条约被要求作证的人员主张依请求方法律有拒绝作证的权利或者特权，被请求方应当要求请求方提供是否存在该项权利或者特权的证明。请求方的证明应当被视为是否存在该项权利或者特权的充分证据，除非有明确的相反证据。

二、如果被请求方法律允许根据本条约被要求作证的人员在被请求方提起的诉讼中的类似情形下不作证，该人可以拒绝作证。

第十六条　通知执行结果

被请求方应当通过其中央机关，向请求方书面通知执行调查取证请求的结果，并转交所取得的证据材料。

第十七条　安排有关人员作证

一、被请求方应当根据请求方的请求，邀请有关人员前往请求方境内出庭作证。请求方应当说明需向该人支付的津贴、费用的范围和标准。被请求方应当将该人的答复迅速通知请求方。

二、邀请有关人员在请求方境内出庭作证的文书送达请求，应当在不迟于预定的出庭日的六十天前递交给被请求方，除非在紧急情况下，被请求方可以同意在较短期限内转交。

第十八条　移交在押人员以便作证

一、经请求方请求，被请求方可以将在其境内的在押人员临时移交至请求方以便出庭作证，条件是该人同意，而且双方已经就移交条件事先达成书面协议。

二、如果依被请求方法律该被移交人应予羁押，请求方应当对该人予以羁押。

三、作证完毕后，请求方应当尽快将该人送回被请求方。

四、为了本条的目的，该被移交人在请求方被羁押的时间，应当折抵在被请求方判处的刑期。

第十九条　证人和鉴定人的保护

一、请求方对于到达其境内的证人或者鉴定人，不得因该人在入境前的任何作为或者不作为而予以起诉、羁押、处罚或者采取其他限制人身自由的措施，也不得要求该人在请求所未涉及的任何其他诉讼程序中作证，除非事先取得被请求方和该人同意。

二、如果上述人员在被正式通知无需继续停留后十五天内未离开请求方，或者离开后又自愿返回，则不再适用本条第一款。但该期限不包括该人因本人无法控制的原因而未离开请求方境内的期间。

三、对于拒绝接受根据第十七条或者第十八条提出的邀请的人员，不得因此种拒绝而施加任何处罚或者采取任何限制其人身自由的强制措施。

第二十条　调查取证的费用

一、被请求方应当负担在本国境内执行调查取证请求的费用，但请求方应当负担下列费用：

（一）按照本条约第十四条第二款规定的特殊方式执行请求的费用。

（二）有关人员按照本条约第十四条第五款的规定，前往、停留和离开被请求方的费用。

（三）有关人员按照本条约第十七条或者第十八条的规定，前往、停留和离开请求方的费用和津贴。这些费用应当根据费用发生地的标准和规定支付。

（四）鉴定人的费用和报酬。

（五）笔译和口译的费用和报酬。

二、如果执行请求明显需要超常性质的费用，双方应当协商决定可以执行请求的条件。

第四章　法院裁决的承认和执行

第二十一条　法院裁决的范围

一、一方法院在本条约生效后作出的下列裁决，应当根据本条约规定的条件在另一方境内得到承认和执行：

（一）法院在民事和商事案件中作出的裁决；

（二）审理刑事案件的法院就向被害人给予赔偿和返还财

物作出的民事裁决。

二、本条第一款所述“裁决”包括法院就民事和商事案件制作的调解书。

第二十二条　申请的提出

承认与执行裁决的申请，可以由当事人直接向被请求方的主管法院提出，也可以由其向作出该裁决的法院提出并由该法院通过中央机关转交给被请求方法院。

第二十三条　申请应附的文件

一、承认和执行裁决的申请，应当附有下列文件：

（一）经证明无误的裁决副本；

（二）证明裁决是终局的文件，以及在申请执行时，证明裁决是可以执行的文件，除非裁决中已有体现；

（三）证明已经向败诉一方当事人送达裁决和无诉讼行为能力的当事人已经得到适当代理的文件；

（四）如果是缺席裁决，证明已经合法传唤缺席的当事人出庭的文件。

二、申请书和上述裁决及文件，均应当附有经证明无误的被请求方文字的译文。

第二十四条　承认或执行的拒绝

对于本条约第二十一条第一款列举的裁决，除根据本条约第六条的规定可以拒绝承认或执行外，有下列情形之一的，也可以拒绝承认与执行：

（一）根据作出裁决一方的法律，该裁决不是终局的或者不具有执行效力；

（二）根据本条约第二十五条的规定，作出裁决的法院无管辖权；

（三）败诉的当事人未经合法传唤，或者无诉讼行为能力的当事人没有得到适当代理；

（四）被请求方法院已经受理相同当事人之间就同一标的提起的诉讼；

（五）该裁决与被请求方法院已经作出的裁决或者已经承认的第三国法院作出的裁决不符。

第二十五条　管辖权

一、为本条约的目的，符合下列情况之一的，作出裁决一方的法院即被视为有管辖权：

（一）在提起诉讼时，被告在该方境内有住所或者居所；

（二）因被告在该方境内设立的分支机构的商业活动产生诉讼；

（三）被告已经明示接受该方法院的管辖；

（四）被告就争议的实质问题进行了答辩，未对管辖权提出异议；

（五）在合同案件中，合同在该方境内签订，或者已经、或者应当在该方境内履行，或者诉讼标的物在该方境内；

（六）在非合同性质的侵权案件中，侵权行为或者结果发生在该方境内；

（七）在扶养义务案件中，债权人在提起诉讼时在该方境内有住所或者居所；

（八）作为诉讼标的物的不动产位于该方境内；

（九）在继承案件中，被继承人死亡时的住所地或者居所地或者主要遗产所在地位于该方境内；

（十）在身份案件中，诉讼当事人在该方境内有住所或者居所。

二、本条第一款不应影响双方法律关于专属管辖权的规定。为此目的，双方应当在本条约生效后，及时通过各自的中央机关，以书面形式相互通知本国法律关于专属管辖权的规定。

第二十六条　承认和执行的程序

一、裁决的承认和执行应当适用被请求方法律规定的程序。

二、被请求方法院应当仅限于审查裁决是否符合本条约规定的条件，不得对裁决作任何实质性审查。

三、如果法院裁决涉及多项内容并且无法得到整体承认或者执行，被请求方法院可以决定仅承认或者执行其部分内容。

第二十七条　承认和执行的效力

被承认或执行的裁决在被请求方境内应当与被请求方法院作出的裁决具有相同的效力。

第五章　仲裁裁决的承认和执行

第二十八条　承认和执行的条件

在不影响本条约其他规定的情况下，一方应承认与执行在另一方境内作出的满足下列条件的仲裁裁决：

（一）仲裁裁决是基于当事人关于将已经发生或者即将发生的依据被请求方法律属于契约性和非契约性商事法律关系所引起的争议提交仲裁的书面协议作出的，且是在仲裁协议中所规定的权限范围内作出的；

（二）按照被请求方的法律，该项仲裁裁决所涉及的事项属于可仲裁的事项。

第二十九条　申请的提出

承认和执行仲裁裁决的请求，应当由申请人直接向被请求方的主管法院提出。

第三十条　申请应附的文件

承认与执行仲裁裁决的请求，应当附有下列文件：

（一）经认证的仲裁裁决正本或者经证明无误的仲裁裁决副本；

（二）经认证的仲裁协议正本或者经证明无误的仲裁协议副本。

上述文件均应当附有经证明无误的被请求方官方文字的译文。

第三十一条　拒绝承认和执行

除可根据本条约第六条的规定拒绝承认与执行仲裁裁决外，被请求方只有在作为裁决执行对象的当事人提出有关下列情况之一的证明时，才可以拒绝承认与执行仲裁裁决：

（一）根据对其适用的法律，仲裁协议的当事人处于某种无行为能力的情形，或者仲裁协议根据当事人选择的法律属于无效，或者在当事人没有选择适用的法律时，仲裁协议根据作出仲裁裁决一方的法律属于无效；

（二）仲裁裁决针对的当事人未得到指定仲裁员或者进行仲裁程序的适当通知，或者由于其他原因不能抗辩；

（三）仲裁裁决超出交付仲裁事项的范围；

（四）仲裁庭的组成或者仲裁程序与当事人间的约定不符，或者当没有约定时，与仲裁进行一方的法律不符；

（五）仲裁裁决尚未对当事人发生效力，或者被作出仲裁裁决一方的主管机关撤销或者停止执行。

第六章　其他规定

第三十二条　交换法律资料

双方应当根据请求，相互交换与实施本条约有关的本国现行法律或者司法实践的资料。

第三十三条　外交或者领事代表机关送达文书和调查取证

一方可以通过本国派驻另一方的外交或者领事代表机关向在该另一方境内的本国国民送达司法文书和调查取证，但应当遵守该另一方法律，并且不得采取任何强制措施。

第三十四条　认证的免除

为适用本条约的目的，由双方法院或者其他主管机关制作或者证明，并且通过中央机关转递的文件，免除任何形式的认证。

第三十五条　与其他条约的关系

本条约不应减损双方根据其他条约、协定或者其他法律文件承担的义务，也不妨碍双方根据其他条约、协定或者其他法律文件相互提供或者继续提供司法协助。

第三十六条　争议的解决

因解释或者实施本条约所产生的任何分歧，如果双方中央机关不能达成协议，应当通过外交途径协商解决。

第七章　最后条款

第三十七条　生效和终止

一、本条约须经批准。本条约自收到关于双方相互通知条约生效的后一份外交照会之日后第三十天生效。

二、任何一方可以随时通过外交途径，以书面形式通知另一方终止本条约。终止自该书面通知发出之日后第一百八十天生效。

三、即使本条约终止，在本条约终止前收到的任何请求应当根据本条约的规定继续处理。

第三十八条　修　正

本条约可根据双方达成一致的条件随时予以修正，任何据此作出的修正均为条约的组成部分。

下列签署人经各自政府适当授权，签署本条约，以昭信守。

本条约于二〇一四年五月四日在亚的斯亚贝巴签订，一式两份，每份均以中文、阿姆哈拉文和英文制成，三种文本同等作准，如遇任何分歧，以英文本为准。

中华人民共和国代表　　　　**埃塞俄比亚联邦民主共和国代表**

በቻይና ህዝባዊ ሪፐብሊክ መንግስት እና በኢትዮጵያ ፌዴራላዊ ዴሞክራሲያዊ ሪፐብሊክ መንግስት መካከል የተደረገ በፍትሀብሔር እና የንግድ ህግ ጉዳዮች የጋራ ፍትህ ትብብር ስምምነት

የቻይና ህዝባዊት ሪፐብሊክ መንግስት እና የኢትዮጵያ ፌዴራላዊ ዴሞክራሲያዊ ሪፐብሊክ መንግስት (ከዚህ በኋላ በጋራ "ወገኖች" በተናጠል "ወገን") እየተባሉ የሚጠሩ ይሆናል፡፡

በሁለቱም ሀገራት መሀከል የሚኖረውን የፍትሀብሔር እና የንግድ ህግ ጉዳዩችን የጋራ ትብብር እና ጥቅምን እኩልነትን መሰረት በማድረግ ለማጠናከር፤

ያለውን የወዳጅነት ግንኙነት የበለጠ ለማሳደግ እና ለማጠናከር በማሰብ፤

ከዚህ እንደሚከተለው ተስማምተዋል፡፡

ምዕራፍ አንድ
ጠቅላላ ድንጋጌዎች
አንቀፅ 1
የህግ ትብብር ወሰኑ

1. ሁለቱም ወገኖች የሀገራቸውን ህግ መሰረት በማድረግ ሰፊ በሆነ ሁኔታ በዚሁ ስምምነት በተሸፈነው አግባብ የጋራ የሆነ ህጋዊ ትብብር ለማድረግ ተስማምተዋል፡፡

2. በዚህ ስምምነት የህግ ትብብር የሚከተሉትን ያጠቃልላል፡-

   ሀ. የፍ/ቤት ሰነዶችን የሚመለከቱ ጉዳዮችን፤
   ለ. ማስረጃዎችን የመውሰድ፤
   ሐ. የግልግል ዳኝነት እና የፍ/ቤት ውሳኔዎችን እውቅና የመስጠት እና የመፈጸም፤
   መ. ህግን በተመለከተ መረጃ መለዋወጥን የሚመለከቱ ተግባራትን ያጠቃልላል፡፡

አንቀፅ 2
የህግ ከለላ

1. አንደኛው ወገን በራሱ ግዛት ውስጥ የሌላኛውን ወገን ዜጋ እንደራሱ ሀገር ዜጋ በተመሳሳይ ሁኔታ የህግ ከለላ የመስጠትና በፍርድ ቤት የመዳኘት መብቱን ማረጋገጥ አለበት፡፡
2. የአንደኛው ወገን ፍ/ቤት የሌላውን ወገን ዜጋ ቋሚ የሆነ መኖሪያ ወይም መቆያ የለህም እንዲሁም ደግሞ የውጭ ሀገር ዜጋ ነህ በሚል ምክንያት ብቻ ለሚደረግ ክርክር ወጪ የሚሆን ዋስትና እንዲያቀርብ አያስገድደውም፡፡

3. የዚህ አንቀጽ ንዑስ አንቀጽ 1 እና 2 ድንጋጌዎች በተዋዋይ ሀገራት ህጎች መሰረት በአንዱ ወገን ግዛት ክልል ውስጥ ተቋቁመው በሚገኙ ህጋዊ ሰውነት በተሰጣቸው ተቋማት ላይ ተፈጻሚ ይሆናል፡፡

አንቀፅ 3
የህግ ትብብር እና ከርከር ክፍያን ስለመቀነስ እና ነፃ ስለመሆን

1. የአንዱ ወገን ዜጋ በሌላኛው ወገን ግዛት ውስጥ በተመሳሳይ ሁኔታ እንደ ራሱ ወገን ዜጋ ከክስ ሂደት ክፍያ ቅነሳ ወይም ነፃ አገልግሎት እንዲሁም የህግ እርዳታ አገልግሎት ተጠቃሚ ይሆናል፡፡
2. በንኡስ አንቀጽ 1 የተጠቀሰውን መብት ለማግኘት የሚቀርብ አቤቱታ አመልካቹ በሚኖርበት ቋሚ መኖሪያ ወይም መቆያ ክልል ውስጥ አግባብ ባለው ባለስልጣን በሚሰጥ የግለሰቡን የፋይናንስ ሁኔታ የሚያሳይ ሰርተፊኬት ጋር ተደግፎ መቅረብ አለበት፡፡ አመልካቹ በተዋዋይ ወገኖች ግዛት ክልል ውስጥ ቋሚ የሆነ መቆያ ወይም መኖሪያ ከሌለው ሀገሩን በሚወክለው የዲፕሎማሲ ወይም የቆንስላ ወኪል በኩል ሰርተፊኬቱ ሊወጣ ወይም ሊፀድቅ ይችላል፡፡
3. የህግ ባለስልጣናት ወይም ሌላ አግባብ ያለው ባለስልጣን ተጨማሪ መረጃዎችን የመጠየቅና ለአመልካቹ የህግ ትብብር ወይም የክስ ሂደት ክፍያ ቅነሳ ወይም ነፃ ስለመሆን የመወሰን ኃላፊነት አለበት፡፡

አንቀፅ 4
የህግ ትብብር ማድረጊያ መንገዶች

1. በዚህ ስምምነት በተለየ ሁኔታ ካልተቀመጠ በስተቀር ሁለቱም ወገኖች የህግ ትብብር ለመጠየቅም ወይም ለመስጠት ጥያቄ የሚያቀርቡት በቀጥታ በወከሏቸው ዋና ባለስልጣናት በኩል ይሆናል፡፡
2. በዚህ አንቀጽ በንዑስ አንቀጽ 1 የተገለፁት ዋና ባለስልጣናት የኢትዮጵያ ዴሞክራሲያዊ ሪፐብሊክ መንግስት ፍትህ ሚኒስቴር እና የህዝባዊት ቻይና ሪፐብሊክ መንግስት ፍትህ ሚኒስቴር ይሆናሉ፡፡
3. አንዱ ወገን የወከለውን ዋና ባለስልጣን ሲቀይር ለሌላኛው ወገን የተቀየረውን ባለስልጣን በዲፕሎማሲያዊ የግንኙነት መንገድ መሰረት ማሳወቅ ይኖርበታል፡፡

አንቀፅ 5
ለህግ ትብብሩ ተፈፃሚ ስለሚሆኑ ህጎች

በዚህ ስምምነት በተለየ ሁኔታ ካልተቀመጠ በስተቀር ሁለቱም ወገኖች የህግ ትብብር ለማድረግ የሀገራቸውን ህጎች ተፈፃሚ ያደርጋሉ፡፡

አንቀፅ 6
የህግ ትብብር ስምምነትን ስለአለመቀበል

1. የተጠየቀው ወገን በህግ የመተባበር ጥያቄው የራሱን ሀገር ሉአላዊነት፣ ደህንነት፣ መሰረታዊ የህዝብ ጥቅምን ወይም ከሀገሪቱ ህጎችና መሰረታዊ መርሆዎች ጋር የሚፃረር ወይም ጥያቄው ከህጋዊው ባለስልጣን በላይ ሲሆን ያለመቀበል እና ያልተቀበለበትንም ምክንያት ለጠየቀው ወገን ማሳወቅ አለበት፡፡
2. የህግ ሰነዶችን ወይም ማስረጃዎችን እንዲሰጥ የሚቀርብ ጥያቄ በጉዳዩ ላይ ስልጣን ያለው የእኔ ፍ/ቤት ብቻ ነው ወይም ደግሞ የሀገሪቱ ህግ ይህን ለማድረግ አይፈቅድም በሚል ምክንያት ብቻ ሌላኛው ወገን ሊከለከል አይገባም፡፡

አንቀፅ 7
በህግ ጉዳዮች የመተባበር ስምምነት ይዘትና ቅርጽ

1. በህግ ጉዳዮች የመተባበር ስምምነት ጥያቄ የሚቀርበው በጽሁፍ ሆኖ ፊርማ ወይም የጠያቂው ባለስልጣኑን ማህተምና ከዚህ በታች የተዘረዘሩትን :-
   ሀ. የጠያቂውን ባለስልጣን ስምና አድራሻ፣
   ለ. የሚቻል ከሆነ የተጠያቂዉን ባለስልጣን ስም፣
   ሐ. ጉዳዩ የሚመለከተውን ሰው ስም፣ ዜግነት እና አድራሻ፣ ህጋዊ ሰውነት ያለው ከሆነ ስሙንና አድራሻውን፣
   መ. አስፈላጊ ሲሆን የሚመለከተው ወገንን ተወካይ ስምና አድራሻ፣
   ሠ. ከጥያቄው ጋር ተያያዥነት ያላቸውን መግለጫዎች እና ስለ ጉዳዩ አጭር ማጠቃለያ፣
   ረ. የሚፈለገውን ትብብር መግለጫ እና
   ሰ. ጥያቄውን ለማስፈፀም የሚረዱ ሌሎች አስፈላጊ መረጃዎችን ይይዛል፡፡
2. ተጠያቂው ወገን በዚህ ስምምነት መሰረት ጥያቄውን ለመመለስ በጠያቂው ወገን የቀረበው መረጃ በቂ አይደለም ብሎ ሲያምን ጠያቂውን ወገን ተጨማሪ መረጃ መጠየቅ ይችላል፡፡

አንቀፅ 8
ቋንቋ

1. የሁለቱም ወገን ባለስልጣናት በጽሁፍ ለሚያደርጉት ግንኙነት የራሳቸውን ብሔራዊ ቋንቋ ከእንግሊዘኛ ቋንቋ ትርጉም ጋር በማስደገፍ ይጠቀማሉ።
2. በዚህ ስምምነት በተለየ ሁኔታ ካልተቀመጠ በስተቀር በህግ ጉዳዮች ላይ የሚቀርብ የትብብር ጥያቄና አጋዥ ሰነዶችን በተመለከተ የጠያቂው ወገን ቋንቋን ከሌላኛው ወገን ቋንቋ ትርጉም ወይም ከእንግሊዝኛ ቋንቋ ትርጉም ጋር በማስደገፍ ይቀርባል።

ምዕራፍ ሁለት
የህግ ሰነዶች አገልግሎት
አንቀፅ 9
የተፈፃሚነት ወሰን

በዚህ ስምምነት በተገለፀው መሰረት የሚቀርብ የህግ ሰነዶች ግልጋሎት ጥያቄ በሌላኛው ወገን ግዛት ውስጥ በሚገኙ ሰዎች ላይ ተፈፃሚ ያደርጋል።

አንቀፅ 10
የህግ ሰነዶች ግልጋሎት አፈፃፀም

1. የተጠየቀው ወገን የቀረበውን ጥያቄ በህጉ በተገለፀው መሰረት በወቅቱና የራሱን ህግ በማይፃረር መንገድ በተለይ ደግሞ ጠያቂው ወገን በጠየቀው መሰረት ውጤታማ አገልግሎት መስጠት አለበት።
2. የተጠየቀው ወገን ጥያቄውን ለመፈፀም የማይችል ከሆነ መፈፀም ለሚችለው አግባብ ላለው ባለስልጣን ማስተላለፍ አለበት።
3. የተጠየቀው ባለስልጣን ጠያቂው በገለፀው አድራሻ መሰረት አገልግሎቱን ለመስጠት አስቸጋሪ በሚሆንበት ጊዜ የተጠየቀው ወገን የተሰጠውን አድራሻ የማረጋገጥና አስፈላጊ ከሆነም ጠያቂውን ወገን ተጨማሪ መረጃ በመጠየቅ አስፈላጊ እርምጃዎችን መውሰድ አለበት። ተጠያቂው ወገን አሁንም አድራሻውን እርግጠኛ ባለመሆን ወይም በሌላ ምክንያት ጥያቄውን መፈፀም ካልቻለ መጠየቂያውን ከአጋዥ መረጃዎቹ እና ስአገልግሎቱ አለመፈፀም ምክንያት የሆነውን ነገር በመግለፅ ለጠያቂው ወገን መመለስ አለበት።

አንቀፅ 11
ውጤትን ስለማሳወቅ

1. ተጠያቂው ወገን በዋና ባለስልጣኑ በኩል ውጤቱን ለተጠያቂው ወገን በፅሑፍ ግልጋሎቱን በፈፀመው ባለስልጣን በተረጋገጠ ማስረጃ ያስታውቃል፡፡
2. ማስረጃው መረጃ የተጠየቀበትን ሰው ስም፣ ማንነት ፣ ቀን ፣ቦታ እና የተሰጠውን የአገልግሎት አይነት መያዝ አለበት፡፡ የተጠቀሰው ሰው ጥያቄውን ለመቀበል ፈቃደኛ ካልሆነ ላለመቀበሉ ምክንያት የሆነውን ነገር መግለፅ አለበት፡፡

አንቀፅ 12
የአገልግሎት ዋጋ

ተጠያቂው ወገን በራሱ ግዛት ውስጥ ለተጠየቀው ጉዳይ ማስፈፀሚያ የአገልግሎት ዋጋ ራሱ ይከፍላል፡፡ ነገር ግን ጠያቂው ወገን በአንቀጽ 10 ንዑስ አንቀጽ 1 መሰረት በተለየ መንገድ ለሚፈጸም ጥያቄ የአገልግሎት ክፍያ እሱ ይከፍላል፡፡

ምዕራፍ ሦስት
ማስረጃዎችን ስለመውሰድ
አንቀጽ 13
የተፈፃሚነት ወሰን

1. ማስረጃ መውሰድን በተመለከተ የሚቀርቡ ጥያቄዎች ለጉዳዩ ባለቤት የሆኑትን ወገኖች እና የምስክሮችን ቃል፣ የሰነድ እና ግዑዛዊ ማስረጃዎችን፣ የባለሙያ ግምገማ ማድረግን፣ የፍ/ቤት ማጣሪያዎችን እና ሌሎች የህግ ተግባራትን መፈፀም ጨምሮ በዚህ ስምምነት መስራት ሌላኛው ወገን መፈፀም አለበት
2. ይህ ስምምነት ከዚህ በታች ለተገለጹት፡-

   ሀ. ህጋዊ ክርክር ለማድረግ ለማይገመትበት ፣ ላልታተደበት እና በማይነሳበት ጉዳዮች፤

   ለ. በጥያቄው ላይ ባልተጠቀሱ ፣ ቀጥተኛ እና የቅርብ ግንኙነት በሌላቸው ጉዳዮች ላይ ማስረጃ መቀበልን አያካትትም ፡፡

አንቀፅ 14
ማስረጃዎች ስለሚወሰድበት አፈፃፀም

1. የተጠየቀው ወገን በሀገሩ ህግ መሰረት ጥያቂዎችን በወቅቱ ማስተናገድ አለበት፡፡
2. ተጠያቂው ወገን የሚቀርብለት ጥያቄ የሀገሪቱን ህግ እስካልተቃረነ ድረስ ሌላኛው ወገን በተለየ ሁኔታ በግልጽ በጠየቀው መንገድ የማስረጃ መውሰድ ጥያቄውን ተቀብሎ መፈፀም አለበት፡፡
3. የተጠየቀው ባለስልጣን ጥያቄውን ለመመለስ የማይችል ከሆነ ጥያቄውን ለሚመለከተው ባለስልጣን እንዲፈፅም ያስተላልፋል፡፡
4. የተጠየቀው ወገን ጠያቂው ወገን በጠቀሰው አድራሻ መሰረት ለማግኘት አስቸጋሪ ሲሆን አድራሻውን ለማረጋገጥና አስፈላጊ ሲሆን ተጨማሪ መረጃ ከጠያቂው ወገን መጠየቅ ይችላል፡፡ አሁንም ወገን በአድራሻው ወይም በሌላ ምክንያት ጥያቄውን መመለስ ካልቻለ መጠየቂያውን፣ አጋዥ የመረጃ ሰነዶችንና ለመፈፀም ያልቻለበትን ምክንያት በመግለጽ ለጠያቂው ወገን መመለስ አለበት፡፡
5. ጠያቂው ወገን በግልጽና በተሟላ ሁኔታ ሲጠየቅ የሚመለከታቸው ወገኖች ወይም ተወካዮቻቸው እንዲቀርቡ ለማድረግ ጥያቄው መቼ እና የት እንደሚፈጸም ማሳወቅ አለበት፡፡ ከላይ የተጠቀሱት ባለጉዳዮች ወይም ወኪሎቻቸው በሚቀርቡበት ወቅት የሀገሪቱን ህግ ተከትሎ ተፈፃሚ የሚደረግ ይሆናል፡፡

አንቀፅ 15
ማስረጃዎችን ለመስጠት አለመቻል

1. በዚህ ስምምነት መሰረት ማስረጃ እንዲሰጥ የሚፈለገው ሰው በጠያቂው ወገን ህግ መሰረት ማስረጃውን ያለመስጠት መብት አለኝ ብሎ ሲቃወም የተጠቀሰውን ልዩ መብት መኖሩን የሚያሳይ ማስረጃ እንዲቀርብለት ተጠያቂው ወገን ሌላኛውን ወገን ይጠይቃል፡፡ በግልጽ ሌላ ተፃራሪ ማስረጃ እስካልቀረበ ድረስ በጠያቀው ወገን ልዩ መብት መኖሩን የሚያሳይ ማስረጃ መቅረብ እንደ መጨረሻ ወይም አስተማማኝ ማስረጃ ይቆጠራል፡፡
2. በዚህ ስምምነት መሰረት ማስረጃ እንዲሰጥ የሚጠየቀው ግለሰብ በተጠያቂው አገር ውስጥ በሚነሳ ተመሳሳይነት ባለው ክርክር ላይ ማስረጃ እንዳይሰጥ የሀገሪቱ ህግ ሲከለክል ጥያቄውን ውድቅ ሊያደርግ ይችላል፡፡

አንቀፅ 16
የአፈፃፀም ውጤቶችን ስለአለማሳወቅ

የተጠያቂው ወገን ማዕከላዊ ባለስልጣን ማስረጃ መውሰድን አስመለክቶ ለሚቀርበው ጥያቄ የተገኘውን ውጤትና ማስረጃ ለጠያቂው ወገን በጽሁፍ መስጠት አለበት፡፡

አንቀፅ 17
ማስረጃውን የሚሰጡ ሰዎች በአካል ስለመቅረብ

1. በጠያቂው ወገን አቅራቢነት በራሱ ግዛት ውስጥ ማስረጃውን እንዲሰጥ ጠያቂው ወገን የግለሰቡን ፈቃደኝነት ሊጠይቀው ይችላል። ጠያቂው ወገንም ስለአበል እና ሌሎች ወጭዎች መጠን እና አይነት ማስረጃ ለሚሰጠው ግለሰብ እንዲያውቀው ያደርጋል። ተጠያቂው ወገንም የግለሰቡን ምላሽ በፍጥነት ለጠያቂው ማሳወቅ አለበት።
2. በአስቸኳይ ጉዳዮች ላይ በአጭር ጊዜ መልስ ለመስጠት ተጠያቂው ወገን ካልተስማማ በስተቀር ማስረጃ የሚሰጠው ግለሰብ በጠያቂው ወገን ግዛት በመሄድ ማስረጃ ለመስጠት የሚደረገው ጥያቄ ጉዳዩን ለመፈጸም ከታቀደበት ቢያንስ ከስልሳ ቀናት በፊት ለተጠያቂው ወገን መተላለፍ አለበት።

አንቀፅ 18
ማስረጃ እንዲሰጡ በእስር ላይ ያሉ ሰዎችን ስለማስተላለፍ

1. በእስር ላይ የሚገኘው ሰው ከፈቀደ እና ተዋዋይ ወገኖች ቀደም ሲል ዝውውርን አስመልክቶ የገቡት የፅሁፍ ስምምነት ካለ ተጠያቂው ወገን ግለሰቡ ማስረጃውን በጊዜያዊነት በሌላኛው ግዛት በመሄድ እንዲሰጥ ሊያደርግ ይችላል።
2. የተላለፈው ግለሰብ በተጠየቀው ወገን ህግ መሰረት በእስር እንዲቆይ የሚገደድ ሲሆን ሌላኛው ወገን ግለሰቡን በእስር ማቆየት አለበት።
3. ጠያቂው ወገን በእስር ላይ የሚገኘውን ግለሰብ ማስረጃውን እንደሰጠ ወዲያውኑ ለጠየቀው ወገን ያስተላልፈዋል።
4. ለዚህ አንቀፅ አላማ ሲባል የተዘዋወረው ሰው በጠየቀው ወገን ለተፈረደበት ዓመት በጠያቂው ወገን እስር ቤት የቆየባቸው ቀናቶች ታሳቢ ይሆናሉ።

አንቀፅ 19
የምስክሮችና የባለሙያዎች የህግ ከለላ

1. በጠያቂው ወገን ግዛት የሚቀርብ ምስክር ወይም ባለሙያ ወደ ግዛቱ ከመግባቱ በፊት ለተፈፀሙ ማንኛውም ድርጊቶች ወይም ያለማድረግ ጋር ተያይዞ ሊከሰስ፣ ሊያዝ፣ ሊቀጣ ወይም ደግሞ በማንኛውም ሁኔታ የግል ነጻነቱ ሊገደብ አይችልም። እንዲሁም በእርሱ እና በተጠየቀው ወገን ፍቃድ ካልሆነ በስተቀር ጥያቄው ከቀረበበት ጉዳይ ውጭ ባለ ክርክር ላይ ማስረጃ እንዲሰጥ አይገደድም።
2. የእርሱ በሀገር ውስጥ መኖር አላስፈላጊ መሆኑ ከተገለፀበት አስራ አምስት ቀን በኋላ ወይም ደግሞ ከሀገር ከወጣ በኋላ በፈቃደኝነት ከተመለሰ በንኡስ አንቀፅ 1 የተጠቀሰው መብት

ተግባራዊ መሆን ያቆማል። ነገር ግን ከላይ የተጠቀሰው የጊዜ ገደብ ግለሰቡ ከአራሱ ቁጥጥር ውጭ በሆነ ምክንያት ከሀገር ያልወጣበትን ጊዜዎች አያጠቃልልም።

3. በአንቀጽ 17 እና 18 መሰረት ማስረጃውን የመስጠት ጥያቄ ያልተቀበለው ግለሰብ በዚሁ ምክንያት ብቻ ለማንኛውም አይነት ገደብ ወይም ሌላ ነፃነቱን ለሚገድብ እርምጃዎች ሊዳረግ አይገባም።

አንቀፅ 20
ማስረጃን ለመውሰድ ስለሚያስፈልጉ ወጪዎች

1. ተጠያቂው ወገን ማስረጃዎችን ለመውሰድ የሚያስፈልጉ ወጪዎችን ይሸፍናል። ነገር ግን ጠያቂው ወገን፦
   ሀ. በአንቀፅ 14(2) በተቀመጠው አግባብ በተለየ ሁኔታ እንዲፈፀም ለማድረግ የሚወጡ ወጪዎችን፣
   ለ. በአንቀጽ 14(5) መሠረት ግለሰቡን ከተጠያቂው ሀገር ለማስወጣት፣ ለማጓጓዝ እና ለማቆያ የሚያስፈልጉ ወጪዎችን፣
   ሐ. በአንቀጽ 17 እና 18 መሠረት ግለሰቡን ወደ ተጠያቂው ሀገር ለመላክ፣ ለማቆየት እና ለመመለስ የሚያስፈልጉ ወጪዎችን እና የአበል ክፍያዎችን መሸፈን አለበት።እነዚሁም ወጪዎች በሚወጡበት ቦታ ባለው ደረጃ እና ደንብ መሰረት ተከፋይ ይሆናል።
   መ. የባለሙያዎች ወጪ እና ክፍያ፣ እንዲሁም
   ሠ. የፍቺ እና የትርጉም ክፍያዎችን ይሆናል።
2. ጥያቄውን ግልፅ ለማድረግ የሚያስፈልጉ ያልተለመዱ ወጪዎችን ሁለቱ ወገኖች በማን ወገን እንደሚሸፈኑ በመነጋገር ይወስናሉ።

ምዕራፍ አራት
የፍ/ቤት ውሣኔዎችን እውቅና ስለመስጠት እና ስለመፈፀም
አንቀጽ 21
የፍርድ ቤት ውሣኔዎች ተፈፃሚነት ወሰን

1. ይህ ስምምነት ተፈፃሚ ከሆነ በኋላ የሚከተሉት በፍ/ቤት የሚሰጡ ውሣኔዎች በዚህ ስምምነት ውስጥ በተቀመጡት ዝርዝር ሁኔታዎች መሰረት በሌላኛው ወገን ግዛት ውስጥ እውቅና ማግኘት እና መፈፀም አለባቸው።
   ሀ. የፍትሐብሔር እና የንግድ ጉዳዮችን በተመለከተ በፍ/ቤት የሚሰጡ ውሣኔዎች፣
   ለ. በወንጀል ክርክር ጉዳዮች ላይ የጉዳት ካሳ ክፍያዎች እና ለተበዳዩ ንብረትን መመለስ አስመልክቶ የሚሰጡ የፍትሐብሔር ውሣኔዎች

2. በንዑስ አንቀፅ 1 የተቀመጠው የፍርድ ቤት ውሣኔ በፍትሐብሔር እና ንግድ ጉዳዮች ላይ በፍ/ቤት የሚሰጥ የስምምነት ሠነዶችን ያጠቃልላል።

አንቀጽ 22
ማመልከቻ አቀራረብ

በፍ/ቤት የሚሰጥ ውሣኔን እውቅና እንዲሰጥ እና እንዲፈፀም የሚቀርብ ማመልከቻ በቀጥታ ጉዳዩን በሚመለከት ተከራካሪ በኩል በሚጠየቀው ወገን ውስጥ ባለ ስጉዳዩ አግባብነት ባለው ፍ/ቤት ይቀርባል። ካልሆነም ውሣኔውን የሰጠው ፍ/ቤት በተጠያቂው ወገን ማዕከላዊ ባለሥልጣን በኩል ለጉዳዩ አግባብነት ላለው ፍ/ቤት እንዲደርስ ይደረጋል፡

አንቀጽ 23
ሊቀርቡ ስለሚቀርቡ ሠነዶች

1. የተሰጡ የፍ/ቤት ውሣኔዎች እውቅና እንዲያገኙ እና እንዲፈፀሙ ለማድረግ የሚቀርብ ማመልከቻ፡-
   ሀ. የተረጋገጠ የውሣኔ ግልባጭ
   ለ. በተሰጠው ውሣኔ ስር ካልተካተተ በስተቀር ውሣኔው የመጨረሻ መሆን እና ተግባራዊ ሲሆን ሊፈፀም እንደሚችል የሚያሳይ ሠነድ፣
   ሐ. ውሣኔው ለተከሣሹ ወገን በተገቢው መንገድ የደረሰው መሆኑን እና የህግ ችሎታ የሌለው ወገን ከነበረ በተገቢው መንገድ የተወከለ መሆኑን የሚያሳይ ሠነድ፣
   መ. ተከራካሪ ወገን በሌለበት የተሰጠ ውሣኔ ከሆነ መጥሪያው ላልቀረበው ተከራካሪ በአግባቡ መውጣቱን የሚያሳይ ሠነድ መቅረብ ይኖርበታል።
2. ከዚህ በላይ የተጠቀሰው ውሣኔ፣ ሠነዶች እና ማመልከቻው በተጠያቂው ወገን ቋንቋ ተረጋግጦ በሚቀርብ ትርጉም መደገፍ አለበት።

አንቀጽ 24
እውቅና እንዳይሰጥ ወይም እንዳይፈፀም መቃወም

በዚህ ስምምነት አንቀጽ 21 ንኡስ አንቀፅ 1 የተጠቀሰትን የፍ/ቤት ውሣኔዎችን እውቅና መስጠት እና አፈፃፀም አስመልክቶ በአንቀፅ 6 መሠረት ተቃውሞ ሊቀርብበት የሚችለው፡-
   ሀ. ውሣኔው የመጨረሻ ካልሆነ ወይም ውሣኔው በተሰጠበት ወገን ህግ መሠረት ሊፈፀም የማይችል ከሆነ፣

ለ. በዚህ ስምምነት አንቀፅ 25 መሠረት ውሣኔውን የሰጠው ፍ/ቤት ሥልጣን ከሌለው፣ ሐ.ተሸናፊው ወገን የፍ/ቤት መጥሪያው በአግባቡ ካልደረሰው ወይም የህግ ችሎታ የሌለው ወገን በአግባቡ ካልተወከለ፣

መ. ተመሳሳይ የሆኑ ተከራካሪዎች በአንድ አይነት ጉዳይ ላይ በተጠየቀው ወገን ባለ ፍ/ቤት ውስጥ በሂደት ላይ ክርክር ካላቸው፣

ሠ. ውሣኔው በተጠየቀው ወገን ውስጥ ባለ ፍ/ቤት ከተሰጠ ሌላ ውሣኔ ጋር ወይም ተጠያቂው አገር እውቅና ከሰጠው የሶስተኛ ወገን አገር ፍ/ቤት ጋር የማይጣጣም ከሆነ ነው።

አንቀጽ 25
ስለ ፍ/ቤት ስልጣን

1. በዚህ ስምምነት መሠረት ውሣኔ የተሰጠበት ወገን ውስጥ ያለ ፍ/ቤት ሥልጣን እንዳለው ሊቆጠር የሚችለው፡-
   ሀ. ክሱ በተመሰረተበት ወቅት ተከሳሹ በግዛቱ ውስጥ ቋሚ የሆነ መኖሪያ ወይም መቆያ የነበረው ከሆነ፣
   ለ. ክሱ በግዛቱ ውስጥ በሚገኝ የተከሳሽ ቅርንጫፍ ሥራን መነሻ ያደገ ሲሆን፣
   ሐ. ተከሣሹ የሌላውን ወገን ፍ/ቤት ሥልጣን በግልጽ ከተቀበለ፣
   መ. ተከሣሹ የፍ/ቤቱ ሥልጣንን ሳይቃወም በዋና ፍሬ ነገር ውስጥ ገብቶ ከተከራከረ፣
   ሠ. ውልን በሚመለከቱ አለመግባባቶች በተመለከተ ውሉ በእዚያው ወገን ግዛት ውስጥ ከተደረገ፣ ጉዳዩ በዚያው ወገን የሚገኝ ከሆነ ወይም ውሉ በዚያው ግዛት የተፈፀመ ወይም ሊፈፀም የሚችል ከሆነ፣
   ረ. ከውል ውጭ ለሆነ ግንኙነት ጥሰቱ ወይም የዚሁ ውጤት በዚያው ወገን ግዛት ውስጥ ከተከሰተ፣
   ሰ. ቀለብ የመስጠት ግዴታን በተመለከተ ክርክሩ በተነሳበት ወቅት ባለመብቱ ቋሚ መኖሪያው ወይም መቆያው በዚያው ወገን ግዛት ውስጥ ከሆነ፣
   ሸ. የማይንቀሳቀስ ንብረትን በተመለከተ ንብረቱ በሚገኝበት ወገን ግዛት ውስጥ ከሆነ፣
   ቀ. ውርስን በተመለከተ የሟቹ ቋሚ መኖሪያ ወይም መቆያው ካለዚያም ዋና የሀብቱ ድርሻ በዚያው የነበረ ከሆነ፣
   በ. ግላዊ ጉዳዩን የሚመለከቱ ነገሮችን በተመለከተ ተከራካሪው ቋሚ መኖሪያው ወይም መቆያው በዚያው ወገን ግዛት ከሆነ ነው።
2. የዚህ አንቀጽ ንዑስ አንቀጽ 1 ድንጋጌ በሁለቱ ወገን ህግ የተቀመጠውን ብቸኛ የዳኝነት ሥልጣን የጠበቀ ነው። ለዚህም ሲባል ስምምነቱ ወደ ተግባር ሲቀየር በአስቸኳይ ሁለቱም ወገኖች በማዕከላዊ

ባለሥልጣኖቻቸው በኩል በህጐቻቸው ውስጥ ስለሚገኙ ብቸኛ የዳኝነት ሥልጣን በጽሑፍ አንዱ ለሌላው ማሳወቅ ይገባቸዋል፡፡

አንቀጽ 26
እውቅና ስለሚሰጥበት ስርዓት እና አፈፃፀሙ

1. የፍ/ቤት ውሣኔዎች እውቅና የሚያገኙት እና የሚፈፀሙት በተጠያቂው ወገን አገር ውስጥ ባለው የህግ ስርዓት ይሆናል፡፡
2. የተጠያቂው ወገን ፍ/ቤት ወደ ዝርዝር ጉዳዮች ሳይገባ የተሰጡ ውሣኔዎች በዚህ ስምምነት በተቀመጡ ዝርዝር ሁኔታዎች ጋር የተገናዘቡ መሆናቸውን መመርመር አለበት፡፡
3. የፍ/ቤት ውሣኔውን ሙሉ በሙሉ እውቅና ለመስጠት እና ለመፈፀም የማያስችሉ የተለዩ ሁኔታዎች ካሉ የተጠየቀው ወገን በከፊል እውቅና ለመሰጠት እና ለመፈፀም ይችላል፡፡

አንቀጽ 27
እውቅና የመስጠት እና የመፈፀም ውጤት

እውቅና የተሰጣቸው እና እንዲፈፀሙ የተደረጉት የፍ/ቤት ውሣኔዎች በተጠያቂው ወገን ግዛት ውስጥ ባሉ ፍ/ቤቶች እንደተሰጡ ውሣኔዎች ተመሳሳይ ውጤት ይኖራቸዋል፡፡

ምዕራፍ አምስት
የግልግል ውሣኔዎች እውቅና አሰጣጥ እና አፈፃፀም
አንቀጽ 28
እውቅና የሚሰጥበት እና የሚፈፀምበት ሁኔታ

በዚህ ስምምነት የተቀመጡት ሌሎች ድንጋጌዎች እንደተጠበቁ ሆኖ በአንዱ ወገን ግዛት ውስጥ የተሰጠ የግልግል ውሣኔዎች በሌላኛው ወገን ግዛት ውስጥ እውቅና የሚያገኙት እና ተፈፃሚ ሊሆኑ የሚችሉት፡-

ሀ. የግልግል ውሣኔዎች በተጠያቂው ወገን ህግ መሠረት በልዩ ሁኔታ ወይም ወደ ፊት ሊከሰቱ በሚችሉ ውልን ወይም ከውል ውጭ የሆነ ህግ ነክ የንግድ ግንኙነቶችን መሠረት ያደረገ የተዋዋይ ወገኖች የጽሑፍ ስምምነት ሲኖር እና በውስጡም በዚያው ወገን መታየት እንደሚቻል ሲገልፅ፤

ለ. የግልግል ውሣኔው በተጠያቂው ወገን ህግ መሠረት በግልግል ሊያልቅ የሚችል ጉዳይ ሲሆን ነው፡፡

አንቀጽ 29
የማመልከቻ አቀራረብ

የግልግል ውሣኔዎችን እውቅና እንዲሰጠው እና እንዲፈፀም የሚቀርብ ማመልከቻ በቀጥታ አመልካቹ በተጠያቂው ወገን ውስጥ ባለ ለሚመለከተው ፍ/ቤት ይቀርባል፡፡

አንቀጽ 30
ሊቀርቡ ስለሚገቡ ሠነዶች

የግልግል ውሣኔ እውቅና እንዲሰጠው እና እንዲፈፀም በሚል የሚቀርብ ማመልከቻ፡-

ሀ. ህጋዊ የሆነ የግልግል ውሣኔ ወይም የተረጋገጠ ኮፒው፣

ለ. ህጋዊ የሆነ የግልግል ስምምነቱ ወይም የተረጋገጠ ኮፒው ጋር ተደግፎ መቅረብ አለበት፡፡

ከዚህ በላይ የተጠቀሱት ሠነዶች በተጠያቂው አገር ቋንቋ ተረጋግጦ በተሰጠ ትርጉም ጋር ተያይ መቅረብ አለበት፡፡

አንቀጽ 31
እውቅናን እና አፈፃፀምን ስለመቃወም

በስምምነቱ አንቀፅ 6 የተቀመጠው እንደተጠበቀ ሆኖ እውቅና እንዲሰጥ እና እንዲፈፀም በሚል የቀረበ የግልግል ውሣኔ ተቃውሞ ሊቀርብበት የሚችለው የተሰጠው ውሣኔ የሚያርፍበት አካል፡-

ሀ. የግልግል ስምምነቱ በተመሰረተበት ህግ መሠት ተደራዳሪ ወገኖች ተፈፃሚ በሚሆንባቸው ህግ መሠረት የተወሰነ ብቁነት ከሌላቸው፣ ስምምነቱ ተዋዋይ ወገኖች በሚመለከታቸው ህግ መሠረት ዋጋ የማይኖረው መሆኑ ወይም ሌላ ጠቋሚ ነገር ከሌለው፣

ለ. ውሣኔው የሚያርፍበት ወገን ስለግልግሉ ወይም የግልግል ሂደቱ በተገቢው መንገድ እንዲያውቀው ካልተደረገ ወይም የራሱን ጉዳይ ማቅረብ ሳይችል ከቀረ፣

ሐ. ውሣኔው ግልግል እንዲደረግበት ተብሎ ከተሰጠው ጉዳይ በላይ ሲሆን፣

መ. የግልግል አድራጊው ባለሥልጣን ወይም የግልግል ሥርዓት ስብጥሩ ተዋዋይ ወገኖች ባስቀመጡት ስምምነት መሠረት ካልሆነ፣ ወይም ስምምነት ካላደረጉም ግልግሉ በተደረገበት ወገን ህግ መሠረት ሳይሆን ሲቀር፣

ሠ. የተሰጠው ውሣኔ በተዋዋዮች ዘንድ አስገዳጅ ካልሆነ፣ ውድቅ ከተደረገ ወይም ስምምነቱ በተደረገበት ወገን በሚገኝ አግባብነት ባለው ባለሥልጣን የስምምነቱ መቋረጥ ሲረጋገጥ ብቻ ይሆናል፡፡

ምዕራፍ ስድስት
ልድ ልዩ ድንጋጌዎች

አንቀጽ 32
በህጉ መሠረት ማስረጃዎችን ስለመለዋወጥ

ተዋዋይ ወገኖች ይህን ስምምነት ተግባራዊ ከማድረግ ጋር ተያይዞ ተፈፃሚነት ያላቸውን ህጎች እና የዳኝነት ተግባሩን አስመልክ ጥያቄ ሲቀርብ ተዋዋይ ወገኖች መረጃዎችን መለዋወጥ ይኖርባቸዋል፡፡

አንቀጽ 33

በዲፕሎማቲክ ወይም በቆንስላ ተወካይ አማካኝነት የሚደረግ የሰነዶች አገልግሎት ወይም መረጃዎችን ስለመውሰድ

የአንደኛው ወገን ህግን ግንዛቤ ውስጥ አስገብቶ እንዲሁም የሀይል እርምጃ እስካልተወሰደ ድረስ በዲፕሎማቲክ ወይም በቆንስላ ተወካዮች በኩል በሌላኛው ወገን ግዛት ውስጥ ከሚገኙ ዜጎች ማስረጃዎችን መውሰድ እና ሰነዶችን የመገልገል ተግባር ማከናወን ይቻላል፡፡

አንቀጽ 34
የህጋዊነት ጥያቄን ስለማስቀረት

በተዋዋይ ወገን ፍ/ቤቶች ወይም በሌላ አግባብነት ባለው ባለስልጣን ተዘጋጅተው በፀደቁ እና በማዕከላዊ ባለስልጣኖች በኩል የሚተላለፉ ማንኛውም ሰነዶች ለዚህ ስምምነት ሲባል ከማንኛውም አይነት ህጋዊነትን ከሚያስነሱ የፎርም ጥያቄዎች ነጻ ናቸው፡፡

አንቀጽ 35
ከሌሎች ስምምነቶች ጋር ስለሚኖር ግንኙነት

ይህ ስምምነት ተዋዋይ ወገኖች በሌሎች ስምምነቶች እና ማስፈፀሚያዎች ስር የገቧቸውን ግዴታዎች ሊጥስም ሆነ በመሰል ስምምነቶች መነሻነት እየተሰጠ ያለውን እና የሚሰጠውን የጋራ ትብብር ድጋፍ ሊከለከል አይችልም፡፡

አንቀጽ 36
አለመግባባቶች ስለሚፈቱበት ሁኔታ

ይህን ስምምነት ከመተርጎም እና ከመፈፀም ጋር ተያይዞ የሚነሱ አለመግባባቶች በማዕከላዊ ባለስልኖች አማካኝነት ስምምነት ላይ ካልተደረሰ በዲፕሎማሲያዊ መንገዱ በሚደረግ ምክክር መፍትሄ እንዲገኝለት ይደረጋል፡፡

ምዕራፍ 7
የማጠቃለያ ድንጋጌዎች
አንቀጽ 37
ወደ ሥራ ስለመግባት እና ስለማቋረጥ

1. ይህ ስምምነት ለማፀደቅ የተዘጋጀ ነው፡፡ተዋዋይ ወገኖች በዲፕሎማሲያዊ ማስታወሻ ስምምነቱ መፅደቁን አንዱ ለሌላው ከገለፀበት 30 ቀናት በኋላ ተግባር ላይ ይውላል፡፡
2. አንደኛው ወገን በማንኛውም ጊዜ ዲፕሎማሲያዊ መንገዶችን ተጠቅሞ በጽሑፍ ለሌላኛው በማሳወቅ ስምምነቱን ሊያቋርጥ ይችላል፡፡ መቋረጡ ተግባር ላይ የሚውለው ሌላኛው ወገን ማስታወቂያው ከደረሰበት 180 ቀናት በኋላ ይሆናል፡፡
3. ስምምነቱን ማቋረጥ የተጠበቀ ቢሆንም ከመቋረጡ በፊት ሌላኛው ወገን የተቀበላቸው ማንኛውም ጥያቄዎች በዚህ ስምምነት መሠረት ተፈፃሚነታቸው ይቀጥላል፡፡

አንቀጽ38
ስለማሻሻል

ተዋዋይ ወገኖች በሚስማሙባቸው ሁኔታዎች መሰረት ስምምነቱ በማንኛውም ጊዜ ሊሻሻል ይችላል፡፡ የተደረጉ ማሻሻያዎች የዚህ ስምምነት አካል ይሆናሉ፡፡

እኩል እውቅና ባላቸው በአማርኛ፣ በቻይንኛ እና እንግሊዝኛ ቋንቋ ተተርጉሞ ልዩነት በሚኖር ጊዜ የእንግሊዝኛው ትርጉም የበላይ እንደሚሆን ታውቆ በተዋዋይ ወገኖች በመንግታት በአግባቡ በተወከሉት ከዚህ በታች በተጠቀሱት በ___________ቀን ____________ዓ.ም ስምምነቱ ተፈርሟል፡፡

የቻይና ህዝባዊ ሪፐብሊክ መንግሥት

የኢትዮጵያ ፌዴራላዊ ዴሞክራሲያዊ
ሪፐብሊክ መንግሥት

TREATY BETWEEN THE PEOPLE'S REPUBLIC OF CHINA AND THE FEDERAL DEMOCRATIC REPUBLIC OF ETHIOPIA ON JUDICIAL ASSISTANCE IN CIVIL AND COMMERCIAL MATTERS

The People's Republic of China and The Federal Democratic Republic of Ethiopia (hereinafter jointly referred to as "the Parties" and separately as "Party"),

Desirous to strengthen the judicial cooperation on civil and commercial matters between the two countries on the basis of mutual respect, sovereign equality and mutual benefit,

Wishing to further enhance and strengthen the already established friendly relationship between the two countries,

Have agreed as follows:

Chapter I
General Provisions

Article 1
Scope of Judicial Assistance

1. The Parties shall, in accordance with their national laws,

grant each other the widest measure of mutual legal assistance in civil and commercial matters covered under this Treaty.

2. Judicial assistance under this Treaty shall include:

(a) the service of judicial documents;

(b) the taking of evidence;

(c) the recognition and enforcement of court decisions and arbitral awards;

(d) the exchange of information on law.

Article 2
Judicial Protection

1. Nationals of one Party shall, in the territory of the other Party, enjoy the same judicial protection as nationals of the other Party and shall have the right to access to courts of the other Party under the same conditions as those for the nationals of the other Party.

2. Courts of one Party shall not require nationals of the other Party to provide any security for costs of the proceedings only because that they are foreigners or they have no domicile or residence in its territory.

3. Provisions of paragraph 1 and 2 of this Article shall also apply to legal persons located and incorporated in the territory of either Party in accordance with its national law.

Article 3
Reduction and Exemption from Costs of Proceedings and Legal Aid

1. Nationals of one Party shall, in the territory of the other Party, be entitled to reduction or exemption from payment of costs of proceedings and be entitled to legal aid under the same conditions and to the same extent as those for nationals of the other Party.

2. An application for reduction or exemption of costs of proceedings or for legal aid as provided for in paragraph 1 shall be accompanied by a certificate on the financial situation of the applicant that is issued by the competent authority of the Party in whose territory the applicant has his/her domicile or residence. If the applicant has no domicile or residence in the territory of either of the Parties, such certificate may be issued or verified by the diplomatic or consular agents of the Party of which that person is a national.

3. Judicial authorities or other competent authorities responsible for the decision on the application for reduction or exemption of costs of proceedings or for legal aid may require additional information.

Article 4
Channels of Communication for Judicial Assistance

1. Unless otherwise provided for in this Treaty, the Parties shall communicate directly through their respectively designated Central Authorities to make or to grant requests for judicial assistance.

2. The Central Authorities referred to in paragraph 1 of this Article shall be the Ministry of Justice for the People's Republic of China, and Ministry of Justice for the Federal Democratic Republic of Ethiopia.

3. Where one Party changes its designation of Central Authority, that Party shall so inform the other Party through diplomatic channels.

Article 5
Laws Applicable to Judicial Assistance

The Parties shall apply their respective national laws in executing requests for judicial assistance, unless otherwise provided for in this Treaty.

Article 6
Refusal of Judicial Assistance

1. If the Requested Party considers that provision of judicial

assistance would prejudice its sovereignty, security or essential public interests, or is contrary to the fundamental principles of its national law, or the assistance sought is beyond the competence of its judicial authorities, it may refuse to provide judicial assistance and shall inform the Requesting Party of the reasons of the refusal.

2. The request for assistance in service of judicial documents or taking of evidence shall not be refused by the Requested Party solely on the ground that its courts have exclusive jurisdiction over the subject matter of the action or that its national law would not permit the action upon which the request is based.

Article 7
Form and Content of Request for Judicial Assistance

1. Request for judicial assistance shall be made in writing and affixed with the signature or seal of the requesting authority and shall contain the following:

(a) the name and address of the requesting authority;

(b) the name of the requested authority, if possible;

(c) the name, nationality and address of the person concerned in the request; in case of legal person, its name and address;

(d) the name and address of the representative of the party concerned, if necessary;

(e) the description of the nature of the action to which the request relates and summary of the case;

(f) the description of the assistance sought;

(g) other information which may be necessary for the execution of the request.

2. If the Requested Party considers that the information provided by the Requesting Party is not sufficient to enable the request to be dealt with in accordance with this Treaty, it may require additional information from the Requesting Party.

Article 8
Language

1. The Central Authority of either Party shall use its official language to be accompanied with a translation in the English language in their written communication.

2. Unless otherwise provided in this Treaty, requests for judicial assistance and their supporting documents shall be written in the language of the Requesting Party and be accompanied by a translation in the language of the Requested Party or the English language.

Chapter II
Service of Judicial Documents

Article 9
Scope of Application

One Party shall, in accordance with provisions of this Treaty, execute requests made by the other Party for service of judicial documents on persons in its territory.

Article 10
Execution of Request for Service

1. The Requested Party shall execute a request for service in a timely manner by a method prescribed by its national law, and to the extent not contrary to its national law, effect service by a particular method expressly required by the Requesting Party.

2. If the requested authority is not competent to execute the request, it shall transmit the request to the competent authority for execution.

3. If it is difficult for the Requested Party to effect service according to the address indicated by the Requesting Party, the Requested Party shall take necessary measures to ascertain the address and may, if necessary, require additional information from the Requesting Party. If the Requested Party still can not ascertain the address or execute the request due to other reasons, it shall return the request and supporting documents to the Requesting Party and indicate the reasons which prevent the service.

Article 11
Notification of Results of Service

1. The Requested Party shall, through its Central Authority, notify the Requesting Party in writing of results of service which shall be accompanied by a certificate of service produced by the

authority executing the service.

2. The certificate shall indicate the name and identity of the person addressed, the date, place and method of the service. Where the person addressed refuse to accept, the reason of refusal shall be indicated.

Article 12
Costs of Service

The Requested Party shall bear the costs arising from the execution of requests for service in its territory. However, the Requesting Party shall bear the costs arising from the execution of requests for service by a particular method it expressly requires in accordance with paragraph 1 of Article 10 of this Treaty.

Chapter III
Taking of Evidence

Article 13
Scope of Application

1. One Party shall, in accordance with provisions of this Treaty, execute requests made by the other Party for taking of evidence, including obtaining statements of the parties to the case and testimonies of witnesses, taking material and documentary evidence, conducting expert evaluation or judicial inspection, or performing other judicial acts relating to taking evidence.

2. This Treaty shall not apply to:

(a) taking of evidence which is not intended for use in judicial proceedings commenced or contemplated; or

(b) obtaining documents which are not specified in the request, or do not have direct and close connection with the case.

Article 14
Execution of Request for Taking of Evidence

1. The Requested Party shall execute a request for taking of evidence in a timely manner in accordance with its national law.

2. The Requested Party shall, to the extent not contrary to its national law, execute a request for taking of evidence by a particular method expressly required by the Requesting Party.

3. If the requested authority is not competent to execute the request, it shall transmit the request to the competent authority for execution.

4. If it is difficult for the Requested Party to take evidence according to the address indicated by the Requesting Party, the Requested Party shall take necessary measures to ascertain the address and may, it necessary, require additional information from the Requesting Party. If the Requested Party still can not ascertain the address or execute the request due to other reasons, it shall return the request and supporting documents to the Requesting Party and indicate the reasons which prevent the execution of the request.

5. If the Requesting Party so request explicitly, the Requested

Party shall inform the Requesting Party of the time when, and the place where, the request will be executed, in order that the parties concerned or their representatives may be present. The above-mentioned parties or their representatives shall comply with the laws of the Requested Party when they are present.

Article 15
Decline to Give Evidence

1. Where a person who is required to give evidence under this Treaty claims that there is a right or privilege to decline to give evidence under the laws of the Requesting Party, the Requested Party shall require the Requesting Party to provide a certificate on the existence of that right or privilege. The certificate provided by the Requesting Party shall be regarded as conclusive evidence on the existence of that right or privilege unless there is a manifestly contrary cvidcncc.

2. A person who is required to give evidence under this Treaty may decline to give evidence where the laws of the Requested Party permit that person not to give evidence in similar circumstances in proceedings originating in the Requested Party.

Article 16
Notification of Results of Execution

The Requested Party shall, through its Central Authority, notify the Requesting Party in writing of the results of the execution of the request for taking evidence, and shall transfer evidential materials obtained.

Article 17
Availability of Persons to Give Evidence

1. The Requested Party shall, at the request of the Requesting Party, invite a person to appear in the territory of the Requesting Party to give evidence. The Requesting Party shall inform the person of the extent and standard of any allowances and expenses payable to him/her. The Requested Party shall promptly inform the Requesting Party of the person's response.

2. A request for the service of a document which invites a person to appear in the territory of the Requesting Party to give evidence shall be transmitted to the Requested Party no less than sixty days before the scheduled appearance unless, in urgent cases, the Requested Party agrees to a shorter period of time.

Article 18
Transfer of Persons in Custody for Giving Evidence

1. The Requested Party may, at the request of the Requesting Party, temporarily transfer the person in custody in its territory to the Requesting Party for appearance to give evidence, provided that the person so consents and the Parties have previously reached a written agreement on the conditions of the transfer.

2. Where the person transferred is required to be kept in custody under the laws of the Requested Party, the Requesting Party shall hold that person in custody.

3. The Requesting Party shall promptly return the person transferred to the Requested Party as soon as he/she has finished giving evidence.

4. For the purpose of this Article, the person transferred shall receive credit for service of the sentence imposed in the Requested Party for the period of time during which he/she was held in custody in the Requesting Party.

Article 19
Protection of Witnesses and Experts

1. The witness or expert present in the territory of the Requesting Party shall not be prosecuted, detained, punished or subject to any other restriction of personal liberty by that Party for any acts or omissions which preceded that person's entry into its territory, nor shall the person be obliged to give evidence in any proceeding other than that the request relates to, except with the prior consent of the Requested Party and that person.

2. Paragraph 1 of this Article shall cease to apply if that person has not left the Requesting Party within a period of fifteen days after that person has been officially notified that his/her presence is no longer required or, after having left, has voluntarily returned. But this period of time shall not include the time during which the person fails to leave the territory of the Requesting Party for

reasons beyond his/her control.

3. A person who declines an invitation to give evidence as provided for in Articles 17 or 18 shall not, by reason of so declining, be subject to any sanctions or subject to any compulsory measures of restriction of personal liberty.

Article 20
Expenses for Taking of Evidence

1. The Requested Party shall bear the costs arising from the execution of requests for taking of evidence in its territory, but the Requesting Party shall bear:

(a) costs arising from the execution of requests by a particular method provided for in paragraph 2 of Article 14 of this Treaty;

(b) expenses for persons to travel to, stay in and leave the territory of the Requested Party under paragraph 5 of Article 14 of this Treaty;

(c) expenses or allowances for persons to travel to, stay in and leave the Requesting Party under Article 17 or 18 of this Treaty. These shall be paid in accordance with the standards or regulations of the place where such expenses or allowances have been incurred;

(d) expenses and fees of experts; and

(e) expenses and fees for translation and interpretation.

2. If it becomes apparent that execution of a request requires expenses of an extraordinary nature, the Parties shall consult to determine the conditions under which the request can be executed.

Chapter IV
Recognition and Enforcement of Court Decisions

Article 21
Scope of Court Decisions

1. The following decisions rendered by a court of one Party after the entry into force of this Treaty shall, under the terms and conditions provided for in this Treaty, be recognized and enforced in the territory of the other Party:

(a) decisions given by courts in proceedings concerning civil and commercial matters; or

(b) decisions given by courts in criminal proceedings with regard to civil matters concerning the payment of damages and return of property for victims.

2. "Court decisions" referred to in paragraph 1 of this Article shall include conciliation documents produced by courts concerning civil and commercial matters.

Article 22
Submission of Application

Application for recognition and enforcement of court decision may be submitted directly by the Party to the case to the competent court of the Requested Party, or to the court which rendered the decision and transmit by that court to the competent court of the Requested Party through the Central Authorities.

Article 23
Documents to be Produced

1. An application for recognition and enforcement of a court decision shall be accompanied by:

(a) a certified copy of the decision;

(b) a document to establish that the decision is final and, where the enforcement is applied, to establish that the decision is enforceable, unless that is provided for in the decision itself;

(c) a document to establish that the decision has been duly served on the defeated party and that the party who lacks the legal capacity in litigation has been duly represented; and

(d) in case of default decision, a document to establish that the defaulting party has been duly summoned.

2. The application, decision and documents mentioned above shall be accompanied by a certified translation in the language of the Requested Party.

Article 24
Refusal of Recognition or Enforcement

Recognition or enforcement of court decisions mentioned in paragraph 1, Article 21 of this Treaty may be refused in accordance with the provisions of Article 6 of this Treaty, or if:

(a) the decision is not final or is not enforceable in accordance with the laws of the Party in which the decision is rendered;

(b) the court rendering the decision has no jurisdiction in accordance with the provisions of Article 25 of this Treaty;

(c) the defeated party has not been duly summoned or the party who lacks the legal capacity in litigation has not been duly represented;

(d) proceedings between the same parties and having the same subject matters are pending before a court of the Requested Party; or

(e) the decision is inconsistent with a decision rendered by the court of the Requested Party, or rendered by the court of a third state and recognized by the court of the Requested Party.

Article 25
Jurisdiction

1. For the purpose of this Treaty, a court of the Party in which the decision has been rendered shall be considered as having jurisdiction if:

(a) the defendant has his/her domicile or residence in the territory of that Party at the time when the proceeding was instituted;

(b) the proceeding is arising from business activities of the defendant's branch office in the territory of that Party;

(c) the defendant has accepted explicitly the jurisdiction of the court of that Party;

(d) the defendant has argued the merits without challenging the jurisdiction of the court;

(e) in case of contractual disputes, the contract has been concluded in the territory of that Party, or has been or should have been performed therein, or the object of the action is located therein;

(f) in case of non-contractual tort, the infringing act or the result has occurred in the territory of that Party;

(g) in case of the maintenance obligations, the creditor has his/her domicile or residence in the territory of that Party at the time when the proceeding was instituted;

(h) the immovable property as object of action is located in the territory of that Party;

(i) in case of succession, the deceased person had his/her domicile or residence in the territory of that Party at the time of his/her death, or the main parts of his/her estates is located therein; or

(j) in case of matters relating to personal status, the litigant has his/her domicile or residence in the territory of that Party.

2. Paragraph 1 of this Article shall not prejudice the provisions of the laws of both Parties concerning the exclusive jurisdiction. For this purpose, the Parties shall, after this Treaty enters into force, promptly inform each other in writing, through their respective Central Authorities of the provisions of their own laws concerning the exclusive jurisdiction.

Article 26
Procedure for Recognition and Enforcement

1. The procedure provided for in the laws of the Requested Party shall be applied to the recognition and enforcement of court decisions.

2. The court of the Requested Party shall confine itself to examination of whether the court decisions meet the terms and conditions provided for in this Treaty and shall not review their merits.

3. If the court decision contains elements which are severable and can not be recognized or enforced as a whole, the court of the Requested Party may decide only to grant recognition or enforcement on part of them.

Article 27
Effect of Recognition and Enforcement

The court decisions which have been granted recognition or enforcement shall have the same effect as those rendered by the courts of the Requested Party in the territory of that Party.

Chapeter V
Recognition and Enforcement of Arbitral Awards

Article 28
Conditions of Recognition and Enforcement

Without prejudice to the other provisions of this Treaty, arbitral awards given in the territory of one Party shall be recognized and enforced in the other Party provided that:

(a) the arbitral award is based on a written arbitral agreement of the parties to the specific or future dispute arising out of contractual or non-contractual commercial legal relationship in accordance with the laws of the Requested Party, and falls within its competence as stipulated by the agreement.

(b) the arbitral award is made on matters arbitrable according to the laws of the Requested Party.

Article 29
Submission of Application

Application for recognition and enforcement of arbitral award shall be submitted directly by the applicant to the competent court of the Requested Party.

Article 30
Documents to be Produced

An application for recognition and enforcement of an arbitral award shall be accompanied by:

(a) a legalized original arbitral award or a certified copy thereof;

(b) a legalized original arbitration agreement or a certified copy thereof.

The documents mentioned above shall be accompanied by a certified translation in the language of the Requested Party.

Article 31
Refusal of Recognition or Enforcement

Without prejudice to the provisions of Article 6 of this Treaty, an application for recognition and enforcement of an arbitral award may be refused only if the party against whom it is invoked proves that:

(a) the parties to the arbitral agreement were, under the law applicable to them, under some incapacity, or the said agreement is not valid under the law to which the parties have subjected it or, failing any indication thereon, under the law of the Party where the arbitral award was made; or

(b) the party against whom the award is invoked was not given proper notice of the appointment of the arbitrator or of the arbitration proceedings or was otherwise unable to present his case; or

(c) the arbitral award is beyond the scope of the matters submitted to arbitration; or

(d) the composition of the arbitral authority or the arbitral procedure was not in accordance with the agreement of the parties, or, failing such agreement,was not in accordance with the law of the Party where the arbitration took place; or

(e) the award has not yet become binding on the parties, or has been set aside or suspended by a competent authority of the Party in which the award was made.

Chapter VI
Miscellaneous Provisions

Article 32
Exchange of Information on Law

The Parties shall, upon request, exchange information concerning the laws in force and the judicial practice in their respective countries related to the implementation of this Treaty.

Article 33
Service of Documents and Taking of Evidence by Diplomatic or Consular Agents

Either Party may serve documents on and take evidence from its nationals in the territory of the other Party through its diplomatic or consular agents therein, provided that the laws of the other Party will be observed and no coercive measures of any kind will be taken.

Article 34
Exemption of Legalization

For the purpose of this Treaty, any documents produced or verified by the courts or other competent authorities of the Parties and transmitted through the Central Authorities shall be exempted from any form of legalization.

Article 35
Relationship with Other Treaties

This Treaty shall not derogate the obligations of the Parties under other treaties, agreements and other instruments, nor prevent them from providing or continuing to provide mutual assistance in accordance with other treaties, agreements and other instruments.

Article 36
Settlement of Disputes

Any dispute arising from the interpretation and implementation of this Treaty shall be resolved by consultation through diplomatic channels if the Central Authorities of the Parties are themselves unable to reach agreement.

Chapter VII
Final Provisions

Article 37
Entry into Force and Termination

1. This Treaty is subject to ratification. This Treaty shall enter into force on the thirtieth (30th) day after the date of receipt of the last diplomatic note by which the Parties inform each other of the ratification of this Treaty.

2. Either Party may terminate this Treaty by written notice to the other Party through diplomatic channels at any time. Termination shall take effect on the one hundred and eightieth (180th) day after the date on which the notice is given.

3. Notwithstanding the termination of this Treaty, any request received prior to the termiantion shall continue to be processed in accordance with the provisions of this Treaty.

Article 38
Amendment

This Treaty may be amended at any time in accordance with the condtions to be agreed by the Parties. Any amendment(s) made thereof shall form an integral part of this Treaty.

IN WITNESS WHEREOF, the undersigned, being duly authorized thereto by their respective Governments, have signed this Treaty.

DONE in duplicate at Addis Ababa on this 4th day of May 2014, in the Chinese, Amharic, and English languages, all texts being equally authentic. In case of any divergence the English text shall prevail.

For the People's Republic of China	For the Federal Democratic Republic of Ethiopia

中华人民共和国和伊朗伊斯兰共和国关于民事和商事司法协助的条约

中华人民共和国和伊朗伊斯兰共和国（以下单称一方，合称双方），

在相互尊重主权和平等互利的基础上，为加强两国在民事和商事领域的司法合作，

决定缔结本条约，并达成下列协议：

第一条　司法协助的范围

本条约规定的司法协助包括：

（一）送达司法文书；

（二）调查取证；

（三）承认与执行法院裁决以及仲裁裁决；

（四）交换法律资料；

（五）任何不违背双方法律的其他形式的民事或者商事司法协助，包括但不限于与人身权利相关的协助。

第二条　诉讼费用减免和法律援助

一、一方国民在另一方境内，应当有权在与该另一方国民

同等的条件下和范围内获得诉讼费用减免和法律援助。

二、申请获得第一款规定的诉讼费用减免或法律援助，应当由申请人住所或者居所所在地的一方主管机关出具关于该人财产状况的证明。如果申请人在双方境内均无住所和居所，可以由该人国籍所属的一方的外交或者领事代表出具或者确认有关该事项的证明。

三、负责对诉讼费用减免或法律援助申请作出决定的司法机关或者其他主管机关可以要求提供补充材料。

第三条　司法保护

一、一方国民在另一方境内，应当享有与另一方国民同等的司法保护，有权在与另一方国民同等的条件下，在另一方法院进行诉讼。

二、一方法院对于另一方国民，不得仅因为该人是外国人或者在其境内没有住所或者居所而要求该人提供诉讼费用担保。

三、本条第一款和第二款的规定亦适用于位于任何一方境内并依该方法律成立的法人。

第四条　司法协助的联系途径

一、为了本条约的目的，双方指定的中央机关应当通过外交途径就本条约范围内的事项进行联系。

二、本条第一款所指的中央机关，在中华人民共和国方面为司法部，在伊朗伊斯兰共和国方面为司法部。

三、任何一方如果变更其对中央机关的指定，应当通过外交途径通知另一方。

第五条　司法协助适用的法律

双方执行司法协助请求时，适用各自的法律，但是本条约另有规定的除外。

第六条　司法协助的拒绝

一、被请求方如果认为提供司法协助将有损本国的主权、安全或者重大公共利益，或者违反本国法律的基本原则，或者请求的事项超出本国司法机关的主管范围，可以拒绝提供司法协助，并应当向请求方说明拒绝理由。

二、对于送达司法文书和调查取证的协助请求，被请求方不得仅因为本国法院对该项诉讼标的有专属管辖权而拒绝提供协助。

第七条　司法协助请求的形式和内容

一、司法协助的请求应当以书面形式提出，由请求机关签署或者盖章，并包括下列内容：

（一）请求机关的名称；

（二）可能时，被请求机关的名称；

（三）请求所涉及人员的全名、国籍以及地址；如果系法人，法人的名称和地址；

（四）必要时，所涉及案件当事人的代理人的姓名和地址；

（五）请求所涉及的诉讼性质的说明、案情摘要和相关法律；

（六）请求协助的事项；

（七）请求方要求采取特殊方式的原因及其说明；

（八）希望请求得以执行的时限；

（九）执行请求所需要的其他材料。

二、被请求方如果认为请求方提供的材料不足以使其根据本条约处理该请求，可以要求请求方提供补充材料。

第八条　文　字

一、双方的中央机关进行书面联系时，应当使用本国官方文字并附对方文字或者英文的译文。

二、司法协助请求书及其所附文件，应当使用请求方的文字并附被请求方文字或者英文的译文。

第九条　送达司法文书

一、一方应当根据本条约的规定，执行另一方提出的向在其境内的人员送达司法文书的请求。

二、被请求方应当根据其法律规定的方式执行送达请求。

三、被请求方应当在不违背其法律的范围内，按照请求方明示要求的特殊方式执行送达。

四、被请求机关如果无权执行请求，应当将该项请求移送有权执行的主管机关，以便执行。

五、被请求方如果难以按照请求方指明的地址执行送达，应当采取必要措施确定地址，必要时可以要求请求方提供补充材料。如果仍然无法确定地址或者因为其他原因无法执行请求，被请求方应当将请求书以及所附文件退回请求方，并说明妨碍送达的原因。

第十条　通知送达结果

被请求方应当通过本条约第四条规定的联系途径，向请求方书面通知送达结果，并附送达机关出具的证明。该证明应当注明受送达人全名等身份信息、送达日期、地点以及送达方式。如果受送达人拒收，应当注明拒收的原因。

第十一条　调查取证

一、一方应当根据本条约的规定，执行另一方提出的调查取证的请求，包括获取案件当事人陈述和证人证言、调取物证和书证、进行鉴定或者与调查取证有关的司法行为。

二、本条约不适用于下列情况：

（一）调取不打算用于已经开始或者即将开始的司法程序的证据；

（二）调取未在请求书中列明或者与案件没有直接密切联系的文件。

第十二条　调查取证请求的执行

一、被请求方应当根据本国法律执行调查取证的请求。

二、被请求方应当在不违背其法律的范围内，按照请求方要求的特殊方式执行调查取证的请求。

三、被请求方收到请求的机关如果无权执行请求，应当将该项请求移送有权执行的主管机关，以便执行。

四、被请求方如果由于请求方所提供的信息不足而难以调查取证，可以要求请求方提供补充材料。如果因为其他原因仍然无法执行请求，被请求方应当将请求书及所附文件退回请求方，并说明妨碍执行的原因。

五、如果请求方明示要求，被请求方应当通知请求方执行请求的时间和地点，以便案件当事人或者其代理人到场。上述当事人或者其代理人在到场时应当遵守被请求方的法律。

第十三条　通知调查取证的执行结果

被请求方应当通过本条约第四条规定的联系途径，向请求方书面通知执行调查取证请求的结果，并转交所取得的证据材料。

第十四条　安排有关人员作证

一、被请求方应当根据请求方的请求，邀请有关人员前往请求方境内出庭作证。请求方应当说明需向该人支付的津贴和（或）费用的范围和标准。被请求方应当将该人的答复迅速通知请求方。如果有关人员愿意前往请求方境内出庭作证，请求方应当在该人出发前向其支付津贴和（或）费用。

二、邀请有关人员在请求方境内出庭作证的文书送达请求，应当在不迟于预定的出庭日的六十天前递交给被请求方，除非在紧急情况下，被请求方同意在较短期限内转交。

第十五条　拒绝作证的权利或特权

一、如果根据本条约被要求作证的人员主张依请求方法律有拒绝作证的权利或者特权，被请求方应当要求请求方提供是否存在该项权利或者特权的证明。请求方的证明应当被视为是否存在该项权利或者特权的充分证据，除非有明确的相反证据。

二、如果被请求方法律允许根据本条约被要求作证的人员在被请求方提起的诉讼中的类似情形下拒绝作证，该人可以拒绝作证。

第十六条　移交在押人员以便作证

一、经请求方请求，被请求方可以将在其境内的在押人员临时移交至请求方以便出庭作证，条件是该人同意，而且双方已经就移交条件事先达成书面协议。

二、如果依被请求方法律该被移交人应予羁押，请求方应当对该人予以羁押。

三、作证完毕后，请求方应当立即将该人送回被请求方。

四、为本条的目的，该被移交人在请求方被羁押的时间，应当折抵在被请求方判处的刑期。

第十七条　证人和鉴定人的保护

一、请求方对于到达其境内的证人或鉴定人，不得因该人在入境前的任何作为或者不作为而予以起诉、羁押、处罚或者采取任何其他限制人身自由的措施，也不得强迫该人在请求所未涉及的任何其他诉讼程序中作证，除非事先取得被请求方和该人同意。

二、如果上述人员在被正式通知无需继续停留后十五天内未离开请求方，或者离开后又自愿返回，则不再适用本条第一款。但该期限不包括该人因本人无法控制的原因而未离开请求方的期间。

三、对于拒绝接受根据本条约第十四条或者第十六条提出的作证邀请的人员，不得因此种拒绝而施加任何处罚或者采取任何限制其人身自由的强制措施。

第十八条　承认和执行法院裁决

一、一方法院在本条约生效后作出的下列裁决，应当根据本条约规定的条件在另一方境内得到承认和执行：

（一）法院在民事和商事案件中作出的裁决；

（二）法院在刑事案件中作出的向被害人给予赔偿和返还财物的民事裁决。

二、本条第一款所述“裁决”包括法院就民事和商事案件制作的调解书。

第十九条　承认和执行法院裁决申请的提出

一、承认与执行裁决的申请，可以向作出该裁决的法院提出并按本条约第四条规定的联系途径转交。

二、申请及其所附文件也可以由案件当事人在完成被请求方法律规定的认证程序后，直接向被请求方的主管法院提出。

第二十条　承认和执行法院裁决申请应附的文件

一、承认和执行裁决的申请，应当附有下列文件：

（一）经证明无误的裁决副本。如果部分裁决已经执行，则应附有裁决已获执行部分的证明文件。

（二）证明裁决是终局的文件，以及在申请执行时，证明裁决是可以执行的文件，除非裁决中对此已经予以明确说明。

（三）证明已经向败诉的案件当事人适当送达裁决和无诉讼行为能力的当事人已经得到适当代理的文件。

（四）如果是缺席裁决，证明已经合法传唤缺席的案件当事人出庭的文件。

二、申请书和上述裁决及文件，均应当附有经证明无误的被请求方文字或者英文的译文。

第二十一条　承认和执行法院裁决的拒绝

对于本条约第十八条第一款列举的裁决，除可以根据本条约第六条的规定拒绝承认与执行外，有下列情形之一的，也可以拒绝承认与执行：

（一）根据作出裁决一方的法律，该裁决不是终局的或者不具有执行效力；

（二）根据本条约第二十二条的规定，作出裁决的法院无管辖权；

（三）败诉的案件当事人未经合法传唤，或者无诉讼行为能力的当事人没有得到适当代理；

（四）被请求方法院正在审理相同当事人之间就同一标的提起的诉讼；

（五）该裁决与被请求方法院已经作出的裁决或已经承认的第三国法院作出的裁决不符；

（六）被请求方法院对案件标的具有专属管辖权。

第二十二条　法院裁决得以承认和执行的管辖权

为承认和执行法院裁决的目的，符合下列情况之一的，作出裁决一方的法院即被视为有管辖权：

（一）在提起诉讼时，案件被告在该方境内有住所或者居所；

（二）因案件被告在该方境内设立的分支机构的商业活动产生诉讼；

（三）案件被告已经明示接受该方法院的管辖；

（四）案件被告未对管辖权提出异议，并就争议的实质问题进行了答辩；

（五）在合同案件中，合同在该方境内签订，或者已经或者应当在该方境内履行，或者诉讼标的物在该方境内；

（六）在非合同性质的侵权案件中，侵权行为或者结果发生在该方境内；

（七）在扶养义务案件中，债权人在提起诉讼时在该方境内有住所或者居所；

（八）作为诉讼标的物的不动产位于该方境内；

（九）在继承案件中，被继承人死亡时在该方境内有住所或者居所，或者主要遗产位于该方境内；

（十）在人身权利案件中，诉讼当事人在该方境内有住所或者居所。

第二十三条　承认和执行法院裁决的程序

一、裁决的承认和执行应当适用被请求方法律规定的程序。

二、被请求方法院应当仅限于审查裁决是否符合本条约规定的条件，不得对裁决作任何实质性审查。

三、如果裁决涉及多项可分开的内容，且无法得到全部承认和执行，被请求方法院可以决定仅承认和执行裁决的部分内容。

第二十四条　承认和执行法院裁决的效力

被承认和执行的法院裁决在被请求方境内应当与被请求方法院作出的裁决具有相同的效力。

第二十五条　仲裁裁决的承认与执行

双方应当根据一九五八年六月十日在纽约签订的《承认及执行外国仲裁裁决公约》，相互承认和执行在对方境内作出的仲裁裁决。

第二十六条　交换法律资料

双方应当根据请求，相互交换与本条约的实施相关的本国现行法律或者司法实践的资料。

第二十七条　外交或者领事代表送达文书和调查取证

一方可以通过本国派驻另一方的外交或者领事代表向在该另一方境内的本国国民送达司法文书和调查取证，但应当遵守该另一方法律，并且不得采取任何强制措施。

第二十八条　认证的免除

为适用本条约的目的，由双方法院或者其他主管机关制作或者证明，并且通过本条约第四条规定的联系途径转递的文件，免除任何形式的认证。

第二十九条　费　用

一、被请求方应当负担执行请求的费用，但请求方应当负担下列费用：

（一）有关人员按照本条约第十二条第五款的规定，前往、停留于和离开被请求方的费用；

（二）本条约第十四条第一款规定的津贴和（或）费用；

（三）鉴定人鉴定的费用；

（四）口译的费用；

（五）按照请求方要求的特殊方式执行请求发生的费用。

二、请求方应当根据请求预付其应负担的费用。

三、如果执行请求明显地需要超常性质的费用，双方应当协商决定可以执行请求的条件。

第三十条　其他合作基础

本条约不妨碍双方根据其他可适用的国际条约相互提供协助。双方也可以根据任何其他商定的安排提供协助。

第三十一条　与其他条约的关系

本条约不影响现有或将来双方缔结的双边或多边条约。

第三十二条　争议的解决

因解释或者实施本条约所产生的任何分歧，双方应当通过外交途径以协商和谈判的方式解决。

第三十三条　生效、修正和终止

一、双方根据本国法律完成本条约生效所需的一切必要程序后，应当通过外交照会通知对方。本条约自后一份照会发出之日起第三十天生效。

二、本条约可以经双方书面协议随时予以修正。此类修订应当按照本条第一款规定的相同程序生效，并构成本条约的一部分。

三、任何一方可以随时通过外交途径，以书面形式通知另一方终止本条约。终止自该通知发出之日后第一百八十天生效。本条约的终止不影响终止前提出的请求。

四、本条约适用于其生效后提出的请求，即使有关作为或者不作为发生于本条约生效前。

下列签署人经各自政府适当授权，签署本条约，以昭信守。

本条约于二〇一六年一月二十三日在德黑兰签订，一式两份，每份均以中文、波斯文和英文制成，三种文本同等作准。如遇解释上的分歧，以英文本为准。

中华人民共和国代表　　　　**伊朗伊斯兰共和国代表**

معاهده
معاضدت قضائی در موضوعات مدنی و تجاري
بین
جمهوري خلق چین و جمهوری اسلامی ایران

جمهوری خلق چین و جمهوری اسلامي ایران (که از این پس به صورت مفرد "طرف" و به صورت جمع "طرفها" خوانده میشوند) با تمایل به تقویت همکاری قضایی در موضوعات مدنی و تجاری بین دو کشور، بر اساس احترام متقابل به حاکمیت، برابری و منافع متقابل، تصمیم به انعقاد این معاهده گرفته و در موارد زیر توافق نمودند:

ماده 1
دامنه شمول معاضدت قضائی

به موجب این معاهده معاضدت قضائی شامل موارد زیر است:

الف) ابلاغ اوراق قضائي؛

ب) تحصیل ادله؛

پ) شناسائي و اجرای تصمیمات دادگاه و احکام داوري؛

ت) تبادل اطلاعات در زمینه قوانین؛

ث) هر شکل دیگر معاضدت قضایی در موضوعات مدنی و تجاری از جمله اما نه محدود به احوال شخصیه به نحوی که مغایر با قوانین طرفها نباشد.

ماده 2
تخفیف و معافیت از هزینههای دادرسی و کمکهای قانونی

1. اتباع هر طرف باید در قلمرو طرف دیگر حق داشته باشند از تخفیف یا معافیت از پرداخت هزینههای رسیدگی و کمک های قانونی تحت همان شرایط و تا همان حدودی برخوردار باشند که برای اتباع طرف دیگر پیشبیني شده است.

2. درخواست تخفیف یا معافیت از هزینههای رسیدگی یا درخواست کمکهای قانونی به گونه پیش بینی شده در بند 1 باید با گواهی وضعیت مالی متقاضی صادره از جانب مقام ذیصلاح طرفی که متقاضی در قلمرو آن سکونت یا اقامت دارد، همراه باشد. چنانچه متقاضی در قلمرو هیچ یک از طرفها سکونت یا اقامت نداشته باشد، چنین گواهی میتواند از سوی

مقامات دیپلماتیک یا کنسولی دولت متبوع وی صادر یا تأیید شود.
3. مقامات قضایی یا دیگر مراجع ذیصلاح که مسئول تصمیم گیری در مورد تقاضا برای تخفیف یا معافیت از هزینههای رسیدگی یا برای کمک های قانونی هستند، میتوانند تقاضای اطلاعات تکمیلی نمایند.

ماده 3
حمایت قضایی

1. اتباع هر طرف باید در قلمرو طرف دیگر از همان حمایت قضایی برخوردار باشند که اتباع طرف دیگر از آن برخوردارند و باید حق دسترسی به دادگاههای طرف دیگر را با همان شرایطی داشته باشند که اتباع طرف دیگر دارا هستند.
2. دادگاههای هر طرف نباید اتباع طرف دیگر را ملزم نمایند که برای هزینه های رسیدگی تنها به دلیل اینکه آنها خارجی هستند یا اقامتگاه یا محل سکونت آنها در قلمرو کشور آن نیست تضمین بسپارند.
3. مفاد بندهای 1 و 2 این ماده باید درباره اشخاص حقوقی که در قلمرو هر یك از طرفها واقع شده یا به ثبت رسیدهاند نیز طبق قوانین آن، اعمال شود.

ماده 4
مجاری ارتباط برای معاضدت قضایی

1. از نظر این معاهده، مراجع مرکزی تعیین شده از سوی طرفها در رابطه با موضوعاتی که در حیطه شمول این معاهده قرار میگیرد، از طریق مجاری دیپلماتیک با یکدیگر ارتباط برقرار خواهند نمود.
2. مراجع مرکزی موضوع بند 1 این ماده، از سوی جمهوری خلق چین، وزارت دادگستری و از سوی جمهوری اسلامی ایران، وزارت دادگستری میباشند.
3. در صورتی که هر کدام از طرفها، مرجع مرکزی تعیین شده خود را تغییر دهد طرف دیگر را از مجاری دیپلماتیک از تغییر مزبور مطلع خواهد نمود.

ماده 5
قوانین قابل اجرا در مورد معاضدت قضائی

طرفها باید برای اجرای درخواستهای معاضدت قضائی، قانون خود را اعمال نمایند مگر آنکه به گونه دیگری در این معاهده پیشبینی شده باشد.

ماده 6
رد معاضدت قضائی

1. چنانچه طرف درخواست شونده تشخیص دهد که ارائه معاضدت قضایی به حاکمیت، امنیت یا منافع اساسی عمومی آن لطمه میزند یا مخالف اصول اساسی قوانین داخلی آن است یا این که معاضدت مورد درخواست خارج از صلاحیت مراجع قضائي است، میتواند از ارائه معاضدت امتناع نماید و باید به طرف درخواست کننده دلایل امتناع را اطلاع دهد.

2. درخواست معاضدت برای ابلاغ اوراق قضائي یا تحصیل ادله، نباید از سوی طرف درخواست شونده صرفا به این علت که دادگاههای آن در رسیدگي به موضوع فعل دارای صلاحیت انحصاری هستند، رد شود.

ماده 7
شکل و محتوای درخواست معاضدت قضائی

1. درخواست معاضت قضائي باید به صورت مکتوب باشد و توسط مرجع درخواست کننده امضا یا ممهور گردد و باید دربردارنده موارد زیر باشد:

الف) نام مرجع درخواست کننده؛

ب) در صورت امکان، نام مرجع درخواست شونده؛

پ) نام کامل، تابعیت و نشانی شخص ذینفع درخواست و در مورد شخص حقوقی نام و نشانی؛

ت) در صورت لزوم، نام و نشانی نماینده طرف ذینفع در پرونده؛

ث) شرح ماهیت فعلی که درخواست در رابطه با آن صورت پذیرفته و خلاصه پرونده و قوانین مرتبط با آن؛

ج) شرح درخواست معاضدت؛

چ) دلایل و جزئیات روش خاص درخواست شده از سوی طرف درخواست کننده؛

ح) محدودیت زمانی که طی آن تمایل به اجرای درخواست وجود دارد؛

خ) سایر اطلاعاتی که ممکن است برای اجرای درخواست ضروری باشد.

2. چنانچه طرف درخواست شونده، اطلاعات ارائه شده از سوی طرف درخواست کننده را جهت اجرای درخواست طبق این معاهده کافی نداند، میتواند از طرف درخواست کننده تقاضای اطلاعات تکمیلی نماید.

ماده 8
زبان

1. مرجع مرکزی هر کدام از طرفها باید برای مکاتبه از زبان رسمی خود همراه با ترجمه آن به زبان طرف دیگر یا زبان انگلیسی استفاده نماید.
2. درخواستهای معاضدت قضائی و مدارک موید آن به صورت کتبی باید به زبان طرف درخواست کننده همراه با ترجمه آن به زبان طرف درخواست شونده یا زبان انگلیسی تنظیم شود.

ماده 9
ابلاغ اوراق قضایی

1. هر طرف باید درخواستهای طرف دیگر برای ابلاغ اوراق قضایی به اشخاص در قلمرو خود را طبق مفاد این معاهده، اجرا نماید.
2. طرف درخواست شونده باید درخواست ابلاغ اوراق را به روشی که در قانون آن پیشبینی شده اجرا نماید.
3. طرف درخواست شونده باید تا آنجا که مغایر با قوانین آن نباشد اوراق را طبق روش خاصی که از سوی طرف درخواست کننده تصریح گردیده است ابلاغ نماید.
4. چنانچه مرجع درخواست شونده صلاحیت اجرای درخواست را نداشته باشد، باید درخواست را به مرجع ذیصلاح جهت اجرا ارسال نماید.
5. چنانچه اجرای ابلاغ برای طرف درخواست شونده طبق نشانی ذکر شده از سوی طرف درخواست کننده دشوار باشد، طرف درخواست شونده باید اقدامات لازم را جهت پیدا گردن نشانی انجام دهد و در صورت ضرورت میتواند از طرف درخواست کننده، درخواست اطلاعات تکمیلی نماید. چنانچه طرف درخواست شوندهکماکان نتواند نشانی را پیدا نماید یا درخواست را به علل دیگر اجرا نماید، باید درخواست و اسناد موید آن را به طرف درخواست کننده مسترد و دلایل عدم امکان ابلاغ اوراق را ذکر نماید.

ماده 10
اعلام نتایج ابلاغ

طرف درخواست شونده باید از طریق مجاری ارتباطی پیشبینی در ماده 4 این معاهده، نتایج ابلاغ را به صورت کتبی همراه با تأییدیه ابلاغ که توسط مقام ابلاغ کننده، تنظیم گردیده باشد، به طرف درخواست کننده اعلام نماید. گواهی مذکور باید دربردارنده هویت از جمله نام کامل شخص مخاطب و تاریخ، محل و روشی که ابلاغ بر اساس آن انجام گرفته

است، باشد. در صورتی که شخص مخاطب از دریافت اوراق خودداری نماید، باید دلیل امتناع ذکر شود.

ماده 11
تحصیل ادله

1. هر طرف باید طبق مفاد این معاهده درخواست طرف دیگر را برای تحصیل ادله از جمله اخذ اظهارات طرف های ذینفع در پرونده و شهادت شهود، جمع آوری اشیاء و مدارک مستند، انجام ارزیابیهای کارشناسی یا اقدامات قضایی مرتبط با تحصیل ادله را اجرا نماید.

2. این معاهده در موارد زیر اعمال نخواهد شد:

الف) تحصیل ادله ای که قرار نیست در رسیدگی قضایی که شروع شده یا به اتمام رسیده، استفاده گردد.

ب) اخذ اسنادی که در درخواست مشخص نشده یا ارتباط مستقیم و نزدیکی با پرونده ندارد.

ماده 12
اجرای درخواست برای تحصیل ادله

1. طرف درخواست شونده باید درخواست تحصیل ادله را طبق قانون خود اجرا نماید.

2. طرف درخواست شونده تا آنجا که مغایر با قوانین آن نباشد باید اجرای درخواست تحصیل ادله را را به روش خاصی که از سوی طرف درخواست کننده خواسته شده است، اجرا نماید.

3. چنانچه مرجع مخاطب طرف درخواست شونده صلاحیت اجرای درخواست را نداشته باشد، باید درخواست را به مرجعی که صلاحیت اجرای آن را دارد، ارسال نماید.

4. چنانچه اجرای درخواست تحصیل ادله برای طرف درخواست شونده به دلیل عدم کفایت اطلاعات ارائه شده از سوی طرف درخواست کننده دشوار باشد، طرف درخواست شونده میتواند از طرف درخواست کننده بخواهد که اطلاعات تکمیلی ارائه نماید. چنانچه طرف درخواست شونده کماکان بنابر علل دیگری نتواند درخواست را اجرا نماید، باید درخواست و اسناد موید آن را با ذکر علت عدم امکان اجرای درخواست به طرف درخواست کننده مسترد نماید.

5. چنانچه طرف درخواست کننده به صراحت درخواست نماید، طرف درخواست شونده باید طرف درخواست کننده را از زمان و مکان اجرای درخواست مطلع نموده تا طرفهای ذینفع در پرونده یا نمایندگان آنها بتوانند حضور داشته باشند. طرف های فوقالذکر یا نمایندگان آنها باید هنگام حضور قوانین طرف درخواست شونده را رعایت کنند.

ماده 13
اعلام نتایج اجرای درخواست برای تحصیل ادله

طرف درخواست شونده باید از طریق مجاری ارتباطی پیشبینی شده در ماده 4 این معاهده، نتیجه اجرای درخواست تحصیل ادله را به صورت کتبی به طرف درخواست کننده اعلام و اشیاء مورد استناد بدست آمده را به طرف دیگر منتقل نماید.

ماده 14
حضور اشخاص برای تأمین دلیل

1. طرف درخواست شونده باید به درخواست طرف درخواست کننده، شخص را برای حضور در قلمرو طرف درخواست کننده به منظور تأمین دلیل دعوت نماید. طرف درخواست کننده باید شخص را از میزان و استاندارد هرگونه فوقالعاده و هزینه قابل پرداخت به وی مطلع نماید. طرف درخواست شونده باید فوری طرف درخواست کننده را از پاسخ شخص مطلع نماید. چنانچه شخص بپذیرد که برای تأمین دلیل در قلمرو طرف درخواست کننده حاضر شود، آن طرف باید فوقالعاده و یا هزینههای مربوطه را قبل از سفر به وی پرداخت نماید.
2. درخواست ابلاغ سندی که شخص را به منظور تأمین دلیل به حضور در قلمرو طرف درخواست کننده دعوت مینماید، باید حداکثر60 روز قبل از حضور برنامهریزی شده وی، به طرف درخواست شونده ارائه گردد، مگر در موارد اضطراری که در اینصورت طرف درخواست شونده میتواند با مدت کمتری موافقت نماید.

ماده 15
حق یا امتیاز جهت امتناع از تأمین دلیل

1. چنانچه شخصی که به موجب این معاهده ملزم به تأمین دلیل گردیده، ادعا کند که طبق قوانین طرف درخواست کننده از حق یا امتیاز استنکاف از تأمین دلیل برخوردار است، طرف درخواست شونده باید از طرف درخواست کننده درخواست نماید مدرک وجود آن حق یا امتیاز را ارائه نماید. گواهی ارائه شده از سوی طرف درخواست کننده باید به عنوان دلیل قاطع وجود حق یا امتیاز مزبور تلقی شود مگر آنکه دلیلی آشکار بر خلاف آن وجود داشته باشد.
2. شخصی که به موجب این معاهده ملزم به تأمین دلیل گردیده است، میتواند از تأمین دلیل خودداری نماید مشروط بر این که قوانین طرف درخواست شونده، در شرایط مشابه در دادرسیهایی که شروع آن در طرف درخواست شونده بوده است، این اجازه را داده باشد.

ماده 16
انتقال اشخاص در حبس برای تأمین دلیل

1. طرف درخواست شونده میتواند به درخواست طرف درخواست کننده موقتا شخص محبوس در قلمرو خود را جهت حضور به منظور تأمین دلیل به قلمرو طرف درخواست کننده منتقل نماید، مشروط بر اینکه آن شخص نیز به این انتقال رضایت داده باشد و طرفها قبلا به توافق کتبی در زمینه شرایط انتقال رسیده باشند.

2. چنانچه در حبس نگه داشتن شخص منتقل شده طبق قوانین طرف درخواست شونده ضروری باشد، طرف درخواست کننده باید آن شخص را در حبس نگه دارد.

3. طرف درخواست کننده باید شخص منتقل شده را فوری پس از اتمام تأمین دلیل به طرف درخواست شونده منتقل نماید.

4. از نظر این ماده، مدت زمانی که شخص منتقل شده طی آن در قلمرو طرف درخواست کننده در حبس بوده، از مدت حبس وضع شده در طرف درخواست شونده کسر خواهد شد.

ماده 17
حمایت از شهود و کارشناسان

1. شاهد یا کارشناس حاضر در قلمرو طرف درخواست کننده نباید از سوی آن طرف برای هر فعل یا ترک فعلی که قبل از ورود شخص به داخل قلمرو آن مرتکب شده مورد تعقیب، حبس، مجازات یا تحت هر محدودیت دیگر که سالب آزادی باشد، قرار گیرد. یا بدون رضایت قبلی طرف درخواست شونده و شخص مزبور ملزم به تأمین دلیل در رسیدگی دیگری غیر از مواردی شود که مربوط به درخواست است.

2. چنانچه شخص قلمرو طرف درخواست کننده را ظرف مدت پانزده روز پس از اعلام رسمی مبنی بر اینکه دیگر حضور وی ضروری نیست، ترک نکرده باشد یا آنکه پس از ترک به اختیار خود به آنجا برگشته باشد، اعمال بند 1 این ماده متوقف خواهد شد؛ اما این مدت شامل مدت زمانی نخواهد شدکه طی آن شخص به دلایل خارج از اراده خود نتواند قلمرو کشور درخواست کننده را آزادانه ترک کند.

3. شخصی که از پذیرش دعوت برای حضور جهت تأمین دلیل به گونه پیشبینی شده در مواد 14 یا 16 امتناع نماید، نباید به دلیل امتناع مزبور مشمول هیچ گونه مجازات یا هرگونه اقدامات الزامآوری قرار گیردکه محدود کننده آزادی وی باشد.

ماده 18
شناسائی و اجرای تصمیمهای دادگاه

1. تصمیمهای زیر که توسط دادگاه یک طرف پس از لازم‌الاجرا شدن این معاهده صادر گردیده است به موجب قیود و شرایط پیشبینی شده در این معاهده در قلمرو طرف دیگر به رسمیت شناخته شده و اجرا خواهد شد:
الف) تصمیمهایی که دادگاهها در جریان رسیدگی به موضوعات مدنی و تجاری اتخاذ مینمایند؛
ب) تصمیمهایی که دادگاهها در جریان رسیدگیهای جزائی خود در ارتباط با موضوعات مدنی مربوط به جبران خسارت و استرداد اموال متضررها اتخاذ مینمایند.
2. "تصمیمات دادگاه" موضوع بند 1 این ماده، شامل اسناد سازش صادره از سوی دادگاهها در زمینه موضوعات مدنی و تجاری میباشد.

ماده 19
تسلیم درخواست برای شناسایی و اجرای تصمیمات دادگاه

1. درخواست شناسائی و اجرای تصمیمات دادگاه میتواند به دادگاه تصمیم گیرنده محول گردد و باید از مجاری ارتباطی پیش بینی شده در ماده 4 این معاهده ارسال شود.
2. درخواست مزبور و مدارک ضمیمه آن میتواند پس از تکمیل فرآیند تصدیق مطابق قوانین طرف درخواست شونده، به عنوان یک روش دیگر، مستقیما توسط ذینفع پرونده به دادگاه صلاحیتدار طرف درخواست شونده تسلیم شود.

ماده 20
مدارک لازم برای شناسایی و اجرای تصمیمات دادگاه

1. درخواست شناسائی تصمیمات دادگاه و اجرای آنها باید به همراه مدارک زیر باشد:
الف) تصویر تصدیق شده تصمیم دادگاه و چنانچه بخشی از تصمیم اجرایی شده، گواهی اجرای آن بخش از تصمیم؛
ب) سندی مبنی بر قطعی بودن تصمیم و در صورتی که اجرای درخواست شده باشد، تأیید اینکه این تصمیم قابل اجراست مگر اینکه این مورد در خود تصمیم تصریح شده باشد؛
پ) سندی که تایید کند تصمیم به طور مقتضی به محکوم علیه ابلاغ گردیده و طرفی که اهلیت قانونی در دعوی نداشته، به طور مقتضی نماینده داشته است؛
ت) در خصوص تصمیم غیابی، سندی که تایید نماید طرف غایب به طور مقتضی احضار شده است.

2. درخواست، تصمیم و اسناد فوق‌الذکر باید با ترجمه تایید شده به زبان طرف درخواست شونده یا زبان انگلیسی همراه باشد.

ماده 21
امتناع از شناسائی یا اجرای تصمیم های دادگاه

از شناسائی یا اجرای تصمیمهای دادگاه مذکور در بند 1 ماده 18 این معاهده طبق مفاد ماده 6 این معاهده یا در موارد زیر می توان امتناع نمود:

الف) تصمیم مطابق با قوانین طرف صادرکننده هنوز قطعیت نیافته یا قابل اجرا نشده باشد؛

ب) دادگاه صادر کننده حکم طبق مفاد ماده 22 این معاهده صلاحیت نداشته باشد؛

پ) محکوم علیه به طور مقتضی احضار نشده باشد یا طرف فاقد اهلیت قانونی در دعوی به طور مقتضی نماینده نداشته باشد.

ت) جریان رسیدگی بین همان طرفها با همان موضوع در دادگاه طرف درخواست شونده تحت رسیدگی باشد؛

ث) تصمیم، با تصمیمی که از سوی دادگاه طرف درخواست شونده یا از سوی دادگاه کشور ثالث صادر و از سوی دادگاه طرف درخواست شونده مورد شناسایی قرار گرفته است، مغایر باشد؛ یا

ج) دادگاه طرف درخواست شونده صلاحیت انحصاری در زمینه موضوع پرونده داشته باشد.

ماده 22
صلاحیت برای شناسایی و اجرای تصمیم های دادگاه

به منظور اجرای شناسایی و اجرای تصمیمهای دادگاه، دادگاه طرفی که تصمیم را صادر کرده است صلاحیتدار شناخته میشود چنانچه:

الف) اقامتگاه یا محل سکونت خوانده، در زمانی که رسیدگیها اقامه شده است، در قلمرو آن طرف باشد؛

ب) جریان دعوا ناشی از فعالیت تجاری شعبهای از خوانده بوده که در قلمرو آن طرف قرار دارد؛

پ) خوانده صراحتا صلاحیت دادگاه آن طرف را پذیرفته باشد؛

ت) خوانده به اصل موضوع دعوی وارد گردد بدون آنکه به موضوع صلاحیت دادگاه ایراد کند؛

ث) در خصوص اختلاف های قراردادی، قرارداد در قلمرو آن طرف منعقد شده یا در آنجا اجرا شده یا باید بشود، موضوع دعوی در آنجا قرار داشته باشد؛

ج) در خصوص مسئولیت مدنی غیر قراردادی، تخلف یا نتیجه آن در قلمرو آن طرف رخ داده باشد؛
چ) در خصوص تعهدات مستمر، اقامتگاه یا محل سکونت بستانکار در زمانی که رسیدگی ها اقامه شده است در قلمرو آن طرف باشد؛
ح) اموال غیرمنقول موضوع دعوی در قلمرو آن طرف واقع شده باشد؛
خ) در خصوص وراثت، محل سکونت یا اقامتگاه متوفی در زمان فوت در قلمرو آن طرف بوده یا بخشهای اصلی اموال غیر منقول وی در آنجا بوده باشد؛ یا
د) در خصوص موضوعات مربوط به احوال شخصیه، محل سکونت یا اقامتگاه فرد در قلمرو آن طرف باشد.

ماده 23
تشریفات شناسایی و اجرای تصمیم های دادگاه

1. تشریفات پیش بینی شده در قوانین طرف درخواست شونده در مورد شناسایی تصمیمهای دادگاه و اجرای آنها اعمال خواهد شد.
2. دادگاه طرف درخواست شونده خود را محدود به بررسی انطباق تصمیم دادگاه با شرایط پیشبینی شده در این معاهده مینماید و به ماهیت تصمیم ها ورود نخواهد کرد.
3. چنانچه تصمیم دادگاه دارای چند بخش باشد و شناسائی و اجرای حکم بطور کامل امکان نداشته نباشد، دادگاه طرف درخواست شونده میتواند تنها بخشی از تصمیم را مورد شناسائی قرار داده یا اجرا نماید.

ماده 24
اعتبار شناسائی و اجرای تصمیم های دادگاه

تصمیمهای دادگاهی که مورد شناسائی قرار گرفته یا اجازه اجرای آنها صادر گردیده است، از همان اعتباری برخوردار هستند که تصمیم دادگاه طرف درخواست شونده در قلمرو آن، از آن برخوردار بوده است.

ماده 25
شناسائی و اجرای احکام داوری

هر طرف احکام داوری که در قلمرو طرف دیگر صادر شده است را مطابق «کنوانسیون

شناسائی و اجرای احکام داوری خارجی» منعقد شده در نیویورک به تاریخ 20 خرداد 1337 (10 ژوئن 1958)، مورد شناسائی و اجرا قرار میدهند.

ماده 26
مبادله اطلاعات پیرامون قوانین

طرفها بنا به درخواست، اطلاعات مربوط به قوانین لازم الاجرا یا رویه قضایی در کشورهای متبوع خود که مربوط به اجرای این معاهده باشد را مبادله مینمایند.

ماده 27
ابلاغ اوراق و تأمین دلیل از طریق مأموران سیاسی یا کنسولی

هر یک از طرفها میتواند از طریق مأمورین سیاسی یا کنسولی خود اوراق را به اتباع خود که در قلمرو طرف دیگر هستند با رعایت قانون آن طرف و بدون توسل به هر گونه اجبار، ابلاغ و تأمین دلیل نمایند.

ماده 28
معافیت از تصدیق

از نظر این معاهده، هر سندی که توسط دادگاهها یا مراجع صلاحیتدار دیگر طرفها صادر یا تایید و از طریق مجاری ارتباطی پیش بینی شده در ماده 4 این معاهده ارسال شده است، هر نوع از تصدیق معاف خواهد بود.

ماده 29
هزینه ها

1. طرف درخواست شونده هزینههای اجرای درخواست را تقبل خواهد نمود، اما هزینههای زیر بر عهده طرف درخواست کننده خواهد بود:

الف) هزینههای سفر اشخاص به طرف درخواست شونده و اقامت درآن و ترک آنجا به موجب بند 5 ماده 12 این معاهده؛

ب) هزینهها و یا فوق العادهها به گونه پیشبینی شده در بند 1 ماده 14؛

پ) هزینههای ارزیابیهای کارشناسی؛

ت) هزینههای ترجمه؛ و

ث) هزینههای ناشی از اجرای درخواست به روش خاص که طرف درخواست کننده درخواست نموده است.

2. در صورت تقاضا، طرف درخواست کننده باید هزینههایی را که تقبل کرده است قبلا پرداخت نماید.
3. چنانچه مشخص شود اجرای درخواست مستلزم هزینههای استثنایی است، طرفها برای تعیین نحوه و شرایطی که بر اساس آن درخواست میتواند اجرا میگردد، مشورت خواهند نمود.

ماده 30
سایر مبانی همکاری

این معاهده نباید مانع از ارائه معاضدت طرفها به یکدیگر مطابق با دیگر معاهدههای بینالمللی قابل اجرا شود. طرفها همچنین میتوانند مطابق با ترتیبات دیگر توافق شده به یکدیگر ارائه معاضدت نمایند.

ماده 31
ارتباط با دیگر معاهده ها

هیچ چیز در این معاهده بر معاهدههای دوجانبه یا چندجانبه فعلی یا آتی طرفها تاثیر نخواهد داشت.

ماده 32
حل و فصل اختلاف ها

هر گونه اختلاف ناشی از تفسیر و اجرای این معاهده باید به وسیله مشورت و مذاکره بین طرفها از مجاری دیپلماتیک حل و فصل گردد.

ماده 33
اجرا، اصلاح و خاتمه

1. هر طرف باید هنگامی که تمام اقدامات لازم طبق قوانین کشور خود را برای لازمالاجرا شدن این معاهده انجام داده باشد، طرف دیگر را با یادداشت دیپلماتیک مطلع خواهد نمود. این معاهده در سی امین روز از تاریخی لازمالاجرا خواهد شد که در آن یادداشت دیپلماتیک موخر ارسال شده است.
2. این معاهده در هر زمان با توافق کتبی بین طرفها مورد اصلاح قرار میگیرد. هر اصلاح مزبور طبق همان روشی که در بند 1 این ماده مقرر شده است، لازمالاجرا خواهد شد و بخشی از این معاهده را تشکیل خواهد داد.
3. هر یک از طرفها در هر زمان میتواند این معاهده را با اعلام کتبی از مجاری دیپلماتیک به طرف دیگر فسخ

نماید. فسخ 180 روز پس از تاریخ ارسال اعلامیه مزبور نافذ خواهد شد. فسخ این معاهده تاثیری بر درخواستهای ارئه شده قبل از فسخ نخواهد داشت.

4. این معاهده در مورد هر درخواست ارائه شده پس از لازم الاجرا شدن آن اعمال خواهد گردید، حتی اگر فعل یا ترک فعل مربوط، قبل از زمان لازمالاجرا شدن این معاهده رخ داده باشد.

برای گواهی مراتب بالا، امضاکنندگان زیر که به طور مقتضی از سوی دولتهای متبوع خود به این منظور مجاز شمرده اند این معاهده را امضا نمودند.

این معاهده در تهران در تاریخ 3 بهمن ماه 1394 هجری شمسی مطابق با 23 ژانویه 2016 میلادی در دو نسخه به زبانهای چینی، فارسی و انگلیسی تنظیم گردید که همه متون از اعتبار یکسان برخوردار هستند، در صورت بروز هرگونه اختلاف در تفسیر این معاهده متن انگلیسی ملاک خواهد بود.

از طرف جمهوری خلق چین	از طرف جمهوری اسلامی ایران

TREATY BETWEEN THE PEOPLE'S REPUBLIC OF CHINA AND THE ISLAMIC REPUBLIC OF IRAN ON JUDICIAL ASSISTANCE IN CIVIL AND COMMERCIAL MATTERS

The People's Republic of China and the Islamic Republic of Iran (hereinafter referred to individually as "the Party" and collectively "the Parties"),

Desirous to strengthen the judicial cooperation in civil and commercial matters between the two countries on the basis of mutual respect for sovereignty, equality and mutual benefit,

Have resolved to conclude this Treaty and have agreed as follows:

Article 1
Scope of Judicial Assistance

Judicial assistance under this Treaty shall include:

(a) the service of judicial documents;

(b) the taking of evidence;

(c) the recognition and enforcement of court decisions and

arbitral awards;

(d) the exchange of information on law;

(e) any other forms of judicial assistance in civil and commercial matters including but not limited to matters of personal status which are not in contradiction with the laws of the Parties.

Article 2
Reduction and Exemption from Costs of Proceedings and Legal Aid

1. Nationals of one Party shall, in the territory of the other Party, be entitled to reduction or exemption from payment of costs of proceedings and be entitled to legal aid under the same conditions and to the same extent as those for nationals of the other Party.

2. An application for reduction or exemption of costs of proceedings or for legal aid as provided for in paragraph 1 shall be accompanied by a certificate on the financial situation of the applicant that is issued by the competent authority of the Party in whose territory the applicant has his/her domicile or residence. If the applicant has no domicile or residence in the territory of either of the Parties, such certificate may be issued or verified by the diplomatic or consular agents of the Party of which that person is a national.

3. Judicial authorities or other competent authorities responsible for the decision on the application for reduction or exemption

of costs of proceedings or for legal aid may require additional information.

Article 3
Judicial Protection

1. Nationals of one Party shall, in the territory of the other Party, enjoy the same judicial protection as nationals of the other Party and shall have the right to access to courts of the other Party under the same conditions as those for the nationals of the other Party.

2. Courts of one Party shall not require nationals of the other Party to provide any security for costs of the proceedings only because that they are foreigners or they have no domicile or residence in its territory.

3. Provisions of paragraph 1 and 2 of this Article shall also apply to legal persons located and incorporated in the territory of either Party in accordance with its law.

Article 4
Channels of Communication for Judicial Assistance

1. For the purpose of this Treaty, the Central Authorities designated by the Parties shall communicate with each other for matters fall within the scope of this treaty through diplomatic channels.

2. The Central Authorities referred to in paragraph 1 of this Article shall be the Ministry of Justice for the People's Republic of China and the Ministry of Justice for the Islamic Republic of Iran.

3. Where either Party changes its designated Central Authority, it shall inform the other Party of such change through diplomatic channels.

Article 5
Laws Applicable to Judicial Assistance

The Parties shall apply their respective laws in executing requests for judicial assistance, unless otherwise provided for in this Treaty.

Article 6
Refusal of Judicial Assistance

1. If the Requested Party considers that provision of judicial assistance would prejudice its sovereignty, security or essential public interests, or is contrary to the fundamental principles of its national law, or the assistance sought is beyond the competence of its judicial authorities, it may refuse to provide assistance and shall inform the Requesting Party of the reasons of the refusal.

2. The request for assistance in service of judicial documents or taking of evidence shall not be refused by the Requested Party solely on the ground that its courts have exclusive jurisdiction over the subject matter of the action.

Article 7
Form and Content of Request for Judicial Assistance

1. Request for judicial assistance shall be made in writing and affixed with the signature or seal of the Requesting Authority and shall contain the following:

(a) the name of the Requesting Authority;

(b) the name of the Requested Authority, if possible;

(c) the full name, nationality and address of the person concerned in the request; in case of legal person, its name and address;

(d) the name and address of the representative of the party to the case who is concerned, if necessary;

(e) the description of the nature of the action to which the request relates and summary of the case and the relevant laws;

(f) the description of the assistance sought;

(g) the reasons and details of the particular method required by the Requesting Party;

(h) the time-limit within which the request is desired to be executed;

(i) other information which may be necessary for the execution of the request.

2. If the Requested Party considers that the information provided by the Requesting Party is not sufficient to enable the request to be dealt with in accordance with this Treaty, it may

require additional information from the Requesting Party.

Article 8
Language

1. The Central Authority of either Party shall use its official language to be accompanied with a translation in the language of the other Party or in English in their written communication.

2. Requests for judicial assistance and their supporting documents shall be written in the language of the Requesting Party and be accompanied by a translation in the language of the Requested Party or in English.

Article 9
Service of Judicial Documents

1. One Party shall, in accordance with provision of this Treaty, execute requests made by the other Party for service of judicial documents on persons in its territory.

2. The Requested Party shall execute a request for service by a method prescribed by its law.

3. The Requested Party shall, to the extent not contrary to its law, effect service by a particular method expressly required by the Requesting Party.

4. If the Requested Authority is not competent to execute the request, it shall transmit the request to the competent authority for execution.

5. If it is difficult for the Requested Party to effect service according to the address indicated by the Requesting Party, the Requested Party shall take necessary measures to ascertain the address and may, if necessary, require additional information from the Requesting Party. If the Requested Party still cannot ascertain the address or execute the request due to other reasons, it shall return the request and supporting documents to the Requesting Party and indicate the reasons which prevent the service.

Article 10
Notification of Results of Service

The Requested Party shall, through the channel of communication provided for in Article 4 of this Treaty, notify the Requesting Party in writing of results of service which shall be accompanied by a certificate of service produced by the authority executing the service. The certificate shall indicate the identity including full name of the person addressed, the date, place and method of the service. Where the person addressed refuses to accept, the reason of refusal shall be indicated.

Article 11
Taking of Evidence

1. One Party shall, in accordance with provisions of this Treaty, execute requests made by the other Party for taking of evidence, including obtaining statements of the Parties to the case

and testimonies of witnesses, taking material and documentary evidence, conducting expert evaluation or judicial acts relating to taking evidence.

2. This Treaty shall not apply to:

(a) taking of evidence which is not intended for use in judicial proceedings commenced or contemplated; or

(b) obtaining documents which are not specified in the request, or do not have direct and close connection with the case.

Article 12
Execution of Request for Taking of Evidence

1. The Requested Party shall execute a request for taking of evidence in accordance with its law.

2. The Requested Party shall, to the extent not contrary to its law, execute a request for taking of evidence by a particular method required by the Requesting Party.

3. If the addressed authority of the Requested Party is not competent to execute the request, it shall transmit the request to the competent authority for execution.

4. If it is difficult for the Requested Party to take evidence due to insufficiency of information provided by the Requesting Party, the Requested Party, may require additional information from the Requesting Party. If the Requested Party still cannot execute the request due to other reasons, it shall return the request and supporting documents to the Requesting Party and indicate the reasons which prevent the execution of the request.

5. If the Requesting Party so request explicitly, the Requested Party shall inform the Requesting Party of the time when, and the place where, the request will be executed, in order that the parties to the case or their representatives may be present. The above-mentioned parties or their representatives shall comply with the laws of the Requested Party when they are present.

Article 13
Notification of Results of Execution of Request for Taking Evidence

The Requested Party shall, through the channels of communication provided for in Article 4 of this Treaty, notify the Requesting Party in writing of the results of the execution of the request for taking evidence, and shall transfer evidential materials obtained.

Article 14
Availability of Persons to Give Evidence

1. The Requested Party shall, at the request of the Requesting Party, invite a person to appear in the territory of the Requesting Party to give evidence. The Requesting Party shall inform the person of the extent and standard of any allowances and/or expenses payable to him/her. The Requested Party shall promptly inform the Requesting Party of the person's response. If a person agrees to appear in the territory of the Requesting Party to give

evidence, that Party shall pay the allowances and/or expenses to the person prior to his/ her travel.

2. A request for the service of a document which invites a person to appear in the territory of the Requesting Party to give evidence shall be transmitted to the Requested Party no less than sixty days before the scheduled appearance unless, in urgent cases, the Requested Party agrees to a shorter period of time.

Article 15
Right or Privilege Not to Give Evidence

1. Where a person who is required to give evidence under this Treaty claims that there is a right or privilege not to give evidence under the laws of the Requesting Party, the Requested Party shall require the Requesting Party to provide a certificate on the existence of that right or privilege. The certificate provided by the Requesting Party shall be regarded as conclusive evidence on the existence of that right or privilege unless there is manifestly contrary evidence.

2. A person who is required to give evidence under this Treaty may choose not to give evidence where in similar circumstances in proceedings originating in the Requested Party, if the laws of the Requested Party so permit.

Article 16
Transfer of Persons in Custody for Giving Evidence

1. The Requested Party may, at the request of the Requesting Party, temporarily transfer the person in custody in its territory to the Requesting Party for appearance to give evidence, provided that the person so consents and the Parties have previously reached a written agreement on the conditions of the transfer.

2. Where the person transferred is required to be kept in custody under the laws of the Requested Party, the Requesting Party shall hold that person in custody.

3. The Requesting Party shall promptly return the person transferred to the Requested Party as soon as he/she has finished giving evidence.

4. For the purpose of this Article, the person transferred shall receive credit for service of the sentence imposed in the Requested Party for the period of time during which he/she was held in custody in the Requesting Party.

Article 17
Protection of Witnesses and Experts

1. The witness or expert present in the territory of the Requesting Party shall not be prosecuted, detained, punished or subject to any other restriction of personal liberty by that Party

for any acts or omissions which preceded that person's entry into territory, nor shall the person be obliged to give evidence in any proceeding other than that the request relates to, except with the prior consent of the Requested Party and that person.

2. Paragraph 1 of this Article shall cease to apply if that person has not left the Requesting Party within a period of fifteen days after that person has been officially notified that his/her presence is no longer required or, after having left, has voluntarily returned. But this period of time shall not include the time during which the person fails to leave the territory of the Requesting Party for reasons beyond his/her control.

3. A person who declines an invitation to give evidence as provided for in Articles 14 or 16 shall not, by reason of so declining, be subject to any sanctions or subject to any compulsory measures of restriction of personal liberty.

Article 18
Recognition and Enforcement of Court Decisions

1. The following decisions rendered by a court of one Party after the entry into force of this Treaty shall, under the terms and conditions provided for in this Treaty, be recognized and enforced in the territory of the other Party:

(a) decisions given by courts in proceedings concerning civil and commercial matters; or

(b) decisions given by courts in criminal proceedings with

regard to civil matters concerning the payment of damages and return of property for victims.

2. "Court Decisions" referred to in paragraph 1 of this Article shall include conciliation documents produced by courts concerning civil and commercial matters.

Article 19
Submission of Application for Recognition and Enforcement of Court Decisions

1. Application for recognition and enforcement of court decisions may be submitted to the court which rendered the decision and shall be transmitted through the channels of communication provided for in Article 4 of this Treaty.

2. Such application and its accompanied documents may alternatively be submitted directly by the party to the case to the competent court of the Requested Party after the completion of the process of authentication in accordance with the laws of the Requested Party.

Article 20
Documents to be Produced for Recognition and Enforcement of Court Decisions

1. Application for recognition and enforcement of court decisions shall be accompanied by:

(a) a certified copy of the court decision and, if a part of the decision has been enforced, the certificate for the enforced part of the decision;

(b) a document to establish that the decision is final and, where the enforcement is applied, to establish that the decision is enforceable, unless the decision itself has already so indicated explicitly;

(c) a document to establish that the decision has been duly served on the defeated party to the case and that the party who lacks the legal capacity in litigation has been duly represented;

(d) in case of default decision, a document to establish that the defaulting party to the case has been duly summoned.

2. The application, decision and documents mentioned above shall be accompanied by a certified translation in the language of the Requested Party or in English.

Article 21
Refusal of Recognition or Enforcement of Court Decisions

Recognition or enforcement of court decisions mentioned in paragraph 1 of Article 18 of this Treaty may be refused in accordance with the provisions of Article 6 of this Treaty, or if:

(a) the decision is not final or is not enforceable in accordance with the laws of the Party in which the decision is rendered;

(b) the court rendering the decision has no jurisdiction in accordance with the provisions of Article 22 of this Treaty;

(c) the defeated party to the case has not been duly summoned or the party who lacks the legal capacity in litigation has not been duly represented;

(d) proceedings between the same parties to the case and having the same subject matters are pending before a court of the Requested Party;

(e) the decision is inconsistent with a decision rendered by the court of the Requested Party, or rendered by the court of a third state and recognized by the court of the Requested Party; or

(f) the court of Requested Party has exclusive jurisdiction over the subject matter of the case.

Article 22
Jurisdiction for Recognition and Enforcement of Court Decisions

For the purpose of recognition and enforcement of court decisions, a court of the Party in which the decision has been rendered shall be considered as having jurisdiction if:

(a) the defending party to the case has his/her domicile or residence in the territory of the Party at the time when the proceeding was instituted;

(b) the proceeding is arising from business activities of the branch office of the defending party to the case that is located in the territory of that Party;

(c) the defending party to the case has accepted explicitly the jurisdiction of the court of that Party;

(d) the defending party to the case has argued the merits

without challenging the jurisdiction of the court;

(e) in case of contractual disputes, the contract has been concluded in the territory of that Party, or has been or should have been performed therein, or the object of the action is located therein;

(f) in case of non-contractual tort, the infringing act or the result has occurred in the territory of that Party;

(g) in case of the maintenance obligation, the creditor has his/her domicile or residence in the territory of that Party at the time when the proceeding was instituted;

(h) the immovable property as object of action is located in the territory of that Party;

(i) in case of succession, the deceased person had his/her domicile or residence in the territory of that Party at the time of his/her death, or the main parts of his/her estates is located therein; or

(j) in case of matters relating to personal status, the litigant has his/her domicile or residence in the territory of that Party.

Article 23
Procedure for Recognition and Enforcement of Court Decisions

1. The procedure provided for in the laws of the Requested Party shall be applied to the recognition and enforcement of court decisions.

2. The court of the Requested Party shall confine itself to

examination of whether the court decisions meet the terms and conditions provided for in this Treaty and shall not review their merits.

3. If the court decision contains elements which are severable and cannot be recognized or enforced as a whole, the court of the Requested Party may decide only to grant recognition or enforcement on part of them.

Article 24
Effect of Recognition and Enforcement of Court Decisions

The court decisions which have been granted recognition or enforcement shall have the same effect as those rendered by the courts of the Requested Party in the territory of that Party.

Article 25
Recognition and Enforcement of Arbitral Awards

Each Party shall recognize and enforce the arbitral awards rendered in the territory of the other Party in accordance with the *Convention on the Recognition and Enforcement of Foreign Arbitral Awards* concluded in New York on 10 June, 1958.

Article 26
Exchange of Information on Law

The Parties shall, upon request, exchange information concerning the laws in force and the judicial practice in their respective countries related to the implementation of this Treaty.

Article 27
Service of Documents and Taking of Evidence by Diplomatic or Consular Agents

Either Party may serve documents on and take evidence from its nationals in the territory of the other Party through its diplomatic or consular agents therein, provided that the laws of the other Party will be observed and no compulsory measures of any kind will be taken.

Article 28
Exemption of Authentication

For the purpose of this Treaty, any documents produced or verified by the courts or other competent authorities of the Parties and transmitted through the channels of communication provided for in Article 4 of this Treaty shall be exempted from any form of authentication.

Article 29
Expenses

1. The Requested Party shall bear the cost for executing the request, but the Requesting Party shall bear the following:

(a) expenses for persons to travel to, stay in and leave the territory of the Requested Party under paragraph 5 of Article 12 of this Treaty;

(b) allowances and/or expenses as provided for in paragraph 1 of Article 14;

(c) expenses for expert evaluations;

(d) expenses for interpretation; and

(e) costs arising from the particular method required by the Requesting Party.

2. The Requesting Party shall, upon request, pay in advance the expenses it shall bear.

3. If it becomes apparent that the execution of a request requires extraordinary expenses, the Parties shall consult to determine the terms and conditions under which the request can be executed.

Article 30
Other Basis for Cooperation

This Treaty shall not prevent the Parties from providing assistance to each other according to other applicable international agreements. The Parties may also provide assistance in accordance with any other agreed arrangements.

Article 31
Relations with Other Treaties

Nothing in this Treaty shall affect existing or future bilateral or multilateral treaties of the Parties.

Article 32
Settlement of Disputes

Any dispute arising from the interpretation and implementation of this Treaty shall be resolved by the means of consultations and negotiations between the Parties through diplomatic channels.

Article 33
Entry into Force, Amendment and Termination

1. Each Party shall inform the other Party by diplomatic note when all necessary steps have been taken under its laws for entry into force of this treaty. This Treaty shall enter into force upon the thirtieth day from the date on which the later diplomatic note is sent.

2. This Treaty may be amended at any time by written agreement between the Parties. Any such amendment will enter into force in accordance with the same procedure prescribed in paragraph 1 of this Article and will form part of this Treaty.

3. Either Party may terminate this Treaty at any time by notice in writing to the other Party through diplomatic channels. Termination shall take effect on the one hundred and eightieth day after the date on which the notice is given. Termination of this Treaty shall not affect the requests made prior to the termination.

4. This Treaty applies to any requests presented after its entry into force even if the relevant acts or omissions occurred before this Treaty enters into force.

IN WITNESS WHEREOF, the undersigned, being duly authorized thereto by their respective Government, have signed this Treaty.

DONE in duplicate at Tehran on this 23rd day of January 2016, in the Chinese, Persian and English languages, all texts being equally authentic. In case there is divergence of interpretation of this Treaty, the English text shall prevail.

For the People's Republic of China **For the Islamic Republic of Iran**

图书在版编目（CIP）数据

司法协助类条约集. 2016—2023年 / 中华人民共和国外交部条约法律司主编. —北京：世界知识出版社，2023.12

ISBN 978-7-5012-6715-6

Ⅰ. ①司… Ⅱ. ①中… Ⅲ. ①司法协助—双边条约—汇编—中国、国外 Ⅳ. ①D826 ②D926

中国国家版本馆CIP数据核字（2024）第002771号

书　　名	**司法协助类条约集（2016—2023年）** Sifa Xiezhulei Tiaoyueji (2016–2023 Nian)
编　　者	中华人民共和国外交部条约法律司
责任编辑	印秋丹
责任出版	赵　玥
责任校对	张　琨
出版发行	世界知识出版社
地址邮编	北京市东城区干面胡同51号（100010）
网　　址	www.ishizhi.cn
电　　话	010-65233645（市场部）
经　　销	新华书店
印　　刷	北京虎彩文化传播有限公司
开本印张	720mm × 1020mm　1/32　14印张
字　　数	452千字
版次印次	2024年12月第一版　2024年12月第一次印刷
标准书号	ISBN 978-7-5012-6715-6
定　　价	246.00元